KLAUSUR UND HAUSARBEIT

Methodik der Fallbearbeitung für Studium und Examen

„Die 7 Schritte zum Erfolg"

2003

Dr. Uwe Pense

ALPMANN UND SCHMIDT Juristische Lehrgänge Verlagsges. mbH & Co. KG
48149 Münster, Annette-Allee 35, 48001 Postfach 1169, Telefon (0251) 98109-33/28
AS-Online: www.alpmann-schmidt.de

Dr. Pense, Uwe

Klausur und Hausarbeit, Methodik der Fallbearbeitung
für Studium und Examen „Die 7 Schritte zum Erfolg“

1. Auflage 2003

ISBN 3-89476-672-7

Vorwort

Wie schaffe ich mein Examen?

Jurastudentinnen und Jurastudenten haben als Ziel das Juristische Staatsexamen. Auf dem Weg zu diesem Ziel müssen Klausuren und Hausarbeiten als Übungs- und Prüfungsarbeiten geschrieben und bestanden werden. Damit soll der Bearbeiter seine juristischen Fähigkeiten zeigen, dass er in der Lage ist, in einer begrenzten Zeit einen Sachverhalt nachvollziehbar juristisch zu beurteilen. Damit ergeben sich die Fragen: Wie schreibe ich eine Klausur? Wie schreibe ich eine Hausarbeit? Wie löse ich einen Fall? Diese Fragen sind der Ausgangspunkt für das vorliegende Skript.

Für das erfolgreiche Schreiben von Klausuren und Hausarbeiten sind Kenntnisse und Fähigkeiten aus zwei unterschiedlichen Bereichen der Rechtswissenschaften erforderlich. Bildlich gesprochen handelt es sich um zwei Säulen, auf denen sich das Examen gründet. Die erste Säule ist die Dogmatik, d.h. die Rechtsordnung („Theorie"). Sie beinhaltet die Zusammenhänge des Rechts und die Beziehungen und das Verhältnis der Rechtsnormen. Die zweite Säule ist die Methodik, d.h. die Anwendung des Rechts („Praxis"). Die Rechtsanwendung besteht in der Falllösung. Die Lösung eines Falles ist die Tätigkeit, die von einem Juristen in der Praxis erwartet wird.

Voraussetzung für die Anwendung des Rechts auf einen praktischen Fall ist zunächst die eingehende Kenntnis der juristischen Zusammenhänge. Dieser Bereich bereitet erfahrungsgemäß die geringeren Schwierigkeiten. Die Kenntnisse des juristischen Systems werden grundlegend von den Universitäten vermittelt. Darüber hinaus lassen sich die Kenntnisse durch das Studium von Lehrbüchern oder mit eigenen Ausarbeitungen, z.B. Karteikarten oder Exzerpten, erarbeiten. Hierzu gehört auch das Lernen von Definitionen, die quasi wie Vokabeln einer Sprache auswendig gelernt werden können. Jedoch zeigt die Erfahrung, dass häufig Schwierigkeiten bestehen, das vorhandene juristische Wissen bei der Lösung eines Falles umzusetzen. Die besten Kenntnisse nützen nichts, wenn man das Wissen nicht richtig anzuwenden weiß. Für das Bestehen des Staatsexamens ist es unbedingt Voraussetzung, auch die Anwendung des Rechts zu beherrschen, also zu zeigen, dass man in der Lage ist, einen Fall zu lösen. Das kann und muss man lernen. Dabei will die Einführung in die Methodik der Fallbearbeitung helfen.

Mit dem Skript „Klausur und Hausarbeit" soll der Weg zur Falllösung aufgezeigt werden. Es wird dargelegt, in welchen einzelnen Schritten vorzugehen ist, um zur richtigen Lösung eines Falles zu gelangen.

Das Skript wendet sich an Jurastudentinnen und Jurastudenten im Anfangssemester, die zum ersten Mal die juristische Methode kennenlernen wollen. Darüber hinaus soll es auch den Examenskandidaten die Technik vermitteln, umfangreiche und schwierige Fälle meistern zu können.

Die methodischen Probleme einer Fallbearbeitung sind für alle Rechtsgebiete – Privatrecht, Öffentliches Recht und Strafrecht – im Wesentlichen gleich. Insoweit können sie zusammen dargestellt werden. Im Vordergrund steht die Bearbeitung eines Falles aus dem Privatrecht. Auf die Besonderheiten im Öffentlichen Recht und im Strafrecht wird jeweils hingewiesen.

Grundlage für das Skript ist die von Herrn Dr. Thomas verfasste Bearbeitung „Juristische Klausurtechnik". Damit wurde eine wertvolle Basis für die vorliegende Bearbeitung gegeben. Die grafische Darstellung der chinesischen Weisheit „Der Weg ist das Ziel" hat dankenswerterweise Frau Pei Zhang (Xi 'an, V.R. China) gestaltet.

Gewidmet ist dieses Skript dem verehrten Herrn Josef Alpmann.

Bochum, im Januar 2003 Uwe Pense

INHALTSVERZEICHNIS

Literaturverzeichnis

Arzt, Gunther	Die Strafrechtsklausur, 6. Aufl. 2000
Bacher, Klaus/ Freymann, Hans-Peter	Methodisches Lernen in der Arbeitsgemeinschaft, JuS 1992, 622–623
Diederichsen, Uwe/ Wagner, Gerhard	Die BGB-Klausur, 9. Aufl. 1998
Dietrich, Bernhard	Die Formalien der juristischen Hausarbeit, Jura 1998, 142–151
Engisch, Karl	Einführung in das juristische Denken, 9. Aufl. 1997
Erichsen, Hans-Uwe	Hinweise für die Übungen im Öffentlichen Recht, Jura 1970, 35–38
Esser, Josef	Vorverständnis und Methodenwahl in der Rechtsfindung, 1983
Geilen, Gerd	Methodische Hinweise zur Bearbeitung von Strafrechtsfällen, Jura 1979, 536–549
Haft, Fritjof	Juristische Rhetorik, 6. Aufl. 1999
Haft, Fritjof	Einführung in das juristische Lernen, 6. Aufl. 1997
Herzberg, Rolf Dietrich	Kritische Überlegungen zur Methodik der Fallbearbeitung, JuS 1990, 728–732, 810–816
Horn, Eckhard	Sprachfehler, Formfehler, Denkfehler, Jura 1984, 499–502
Kaufmann, Arthur/ Hassemer, Winfried	Einführung in die Rechtsphilosophie und Rechtstheorie der Gegenwart, 6. Aufl. 1994
Koch, Hans-Joachim/ Rüßmann, Helmut	Juristische Begründungslehre, 1982

Larenz, Karl	Methodenlehre der Rechtswissenschaft, 6. Aufl. 1991 (Studienausgabe: 4. Aufl. Januar 2000, Canaris, Klaus-Wilhelm)
Medicus, Dieter	Bürgerliches Recht, 19. Aufl. 2002
Olzen, Dirk/ Wank, Rolf	Zivilrechtliche Klausurenlehre mit Fallrepetitorium, 3. Aufl. 2001
Röhl, Klaus F.	Allgemeine Rechtslehre, 2. Aufl. 2001
Rollmann, Christian	Die juristische Hausarbeit, JuS 1988, 42–48
Rollmann, Christian	Die Examensvorbereitung, JuS 1988, 206–212
Rüthers, Bernd	Rechtstheorie, 1999
Schmalz, Dieter	Methodenlehre, 4. Aufl. 1998
Schneider, Egon	Logik für Juristen, 5. Aufl. 1999
Schroeder, Friedrich-Christian	Die Bewertung juristischer Prüfungsleistungen, JuS 1980, 310–315
Schwabe, Jürgen	Geheimnisvolle Gutachtentechnik, Jura 1996, 533–538
Schwerdtfeger, Gunther	Öffentliches Recht in der Fallbearbeitung, 11. Aufl. 2003
Tettinger, Peter J.	Einführung in die juristische Arbeitstechnik, 2. Aufl. 1992
Velte, Johannes	Methodische Hinweise zur Falllösung im Zivilrecht, Jura 1980, 193–204
Zippelius, Reinhold	Einführung in die juristische Methodenlehre, 7. Aufl. 1999
Zuck, Holger	Das Anfertigen von Übungsarbeiten – praktische Hinweise für Anfänger, Fortgeschrittene und Examensarbeiten, JuS 1999, 905–912

1. Abschnitt: Einleitung

A. Überblick

In diesem Skript geht es um die Methodik der Fallbearbeitung bei Klausuren und Hausarbeiten. Auf dem Weg zum 1. Staatsexamen sind Klausuren und Hausarbeiten als Übungs- oder Prüfungsarbeiten anzufertigen. Die Aufgabe in einer Klausur oder Hausarbeit besteht darin, einen Fall zu lösen; das bedeutet, zu einem Sachverhalt mit einer rechtlichen Fragestellung eine Antwort zu geben. Vorgegebenes Ziel ist damit die Anfertigung einer Falllösung. Bei der Bearbeitung der Aufgabe stellt sich die Frage: Wie löse ich einen Fall? Wie finde ich die Antwort? Wie gehe ich dabei vor?

Das Bewältigen einer Fallbearbeitung erschließt sich nicht durch schlichtes Raten. Es ist auch keine Zauberei oder Geheimwissenschaft. Vielmehr handelt es sich um wissenschaftliches Arbeiten. Die Vorgehensweise muss, da es sich bei der Juristerei um eine Wissenschaft handelt, wissenschaftlichen Anforderungen genügen. Eine wissenschaftliche Vorgehensweise erfordert einen Gegenstand und eine Methode. Der zu beurteilende Gegenstand ist für Juristen der Fall, ein Lebenssachverhalt. Die Vorgehensweise erfolgt durch Anwendung einer juristischen Arbeitstechnik. Ausgangspunkt einer wissenschaftlichen Untersuchung ist die Aufgabenstellung. Bei der juristischen Fallbearbeitung ergibt sich die Aufgabenstellung aus der Fallfrage. Für die Lösung des Falls wird, ausgehend von der Fragestellung, planmäßig Schritt für Schritt vorgegangen und so das Ergebnis, die Beantwortung der Fallfrage, gefunden. Dieser wissenschaftliche Gedankengang ist in einer schriftlichen Falllösung darzulegen, sodass der Leser nachvollziehen kann, wie der Fallbearbeiter die Lösung entwickelt hat.

Ziel einer juristischen Fallbearbeitung ist nun aber nicht nur eine nachvollziehbare Lösung. Entscheidend ist vielmehr eine richtige Lösung, d.h. die zutreffende Beantwortung der Fallfrage. Nur für eine richtige Lösung gibt es ausreichende Punkte. Damit schließt sich die Frage an: Wie gelange ich zur richtigen Falllösung? Wie finde ich die richtige Antwort auf die Fallfrage?

Nur der richtige Weg führt zur richtigen Lösung. Für die Erarbeitung der Falllösung ist damit ein methodisch richtiges Vorgehen erforderlich. Für das methodengeleitete Vorgehen stehen dem Juristen juristische Denk- und Arbeitstechniken als Handwerkszeug zur Verfügung. Es handelt sich um Denk- und Anwendungsformen, mit denen er in die Lage versetzt wird, die juristische Beurteilung des Sachverhalts vorzunehmen.

Ziel des Skriptes ist es, aufzuzeigen, welches der richtige Weg bei der Fallbearbeitung ist. Es ist zu vermitteln, welche Arbeitstechniken als Handwerkszeug lege artis anzuwenden sind, um zur richtigen Lösung zu kommen. Den Weg dorthin zeigt die juristische Methodik der Fallbearbeitung.

B. Methodik der Fallbearbeitung

I. Fallbearbeitung

In juristischen Klausuren und Hausarbeiten wird eine Fallbearbeitung, d.h. die Erarbeitung der Lösung eines Falls verlangt.

Der zu beurteilende Fall wird in der Aufgabenstellung, dem Falltext, vorgegeben. Der Fall besteht aus einem Sachverhalt, an den sich in der Regel eine Fallfrage anschließt. Der Falltext beschreibt einen Lebenssachverhalt. Er beinhaltet eine Abfolge von Ereignissen. Es handelt sich dabei um eine Ansammlung von Tatsachen eines menschlichen Verhaltens oder sonstiger Geschehnisse.

Die Fallbearbeitung erstreckt sich von der Fallfrage bis zu deren Beantwortung, dem Ergebnis. Bildlich gesprochen ist die Fallbearbeitung der Lösungsweg, d.h. die Brücke zwischen der Fallfrage und der Falllösung. Der Lösungsweg erfolgt durch eine rechtliche Beurteilung des Sachverhalts in der Form einer juristischen Begutachtung. Die Beantwortung der Fallfrage kann nicht unmittelbar erfolgen. Es wäre eine Illusion zu glauben, man könnte das Ergebnis zufällig wissen oder erahnen. Vielmehr ist die Lösung in bestimmten Schritten zu entwickeln. Es handelt sich um die konsequente Anwendung juristischer Prinzipien und Denkmodelle, womit die Schritte, die zu gehen sind, durch die juristische Methode vorgegeben sind.

II. Methodik

Methodik ist die Kunst des planmäßigen Vorgehens. Dabei geht es um die Einhaltung einer bestimmten Methode. Methode ist der Weg zum Ziel. Das Wort Methode geht auf das griechische Wort „Methodos“ zurück. „Methodos“ ist zusammengesetzt aus „Meta“ und „Hodos“. „Hodos“ bezeichnet den Weg und „Meta“ hat die Bedeutung „nach“ oder „hinten“. Damit umschreibt „Methodos“ das Nachgehen, den Weg zu etwas hingehen. Es bedeutet im übertragenen Sinn den Gang einer Untersuchung. Unter Methode ist daher ein planmäßiges folgerichtiges Verfahren, Vorgehen oder Handeln zu verstehen. Durch die Methodik werden nach einem folgerichtigen Denkverfahren die Schritte für den Weg zur Erreichung eines bestimmten Ziels aufgezeigt. Die Methode ist der rote Faden zum Ziel.

III. Juristische Methode

Juristische Methode ist die planmäßige juristische Bearbeitung eines Falls. Ziel der juristischen Methode ist die richtige Lösung des Falls. Die juristische Methode der Fallbearbeitung zeigt den richtigen Lösungsweg, d.h. welche Schritte planmäßig zu gehen sind, um ausgehend von der Fallfrage zu einem richtigen Ergebnis zu gelangen. Zunächst beschreibt die juristische Methode einen bestimmten Weg, welche gedanklichen Schritte zur Falllösung vorzunehmen sind. Darüber hinaus zeigt sie den Weg auf, wie die gefundenen Gedankenfolgen in schriftlicher Form darzustellen sind.

Die juristische Methode findet Anwendung in der Klausur und in der Hausarbeit. Beide Aufgabenstellungen unterscheiden sich prinzipiell nicht. Klausurtechnik ist auch Hausarbeitstechnik. Eine Hausarbeit ist nichts anderes als eine „große Klausur". Der Unterschied besteht in der Länge der Bearbeitungszeit und in dem Umfang der Darstellung. In der Hausarbeit wird eine eingehende Bearbeitung der rechtlichen Probleme und eine umfassende Darstellung der verschiedenen Ansichten zu Rechtsproblemen erwartet. Das ändert aber nichts daran, dass eine Hausarbeit von der Denktechnik und der Darstellungsart so zu schreiben ist wie eine Klausur. Insoweit wird für die Anfertigung der juristischen Hausarbeit im Staatsexamen empfohlen, diese zunächst so zu schreiben, als handele es sich um eine Klausur (sog. Klausurlösung, vgl. Rollmann JuS 1988, 42 ff.; s. unten S. 181).

C. Stationen der Fallbearbeitung

Die juristische Methode der Fallbearbeitung erfordert eine Vielzahl von Arbeitsschritten. Bei der Anfertigung der Lösung einer Klausur oder Hausarbeit lassen sich im Wesentlichen drei Arbeitsbereiche der Fallbearbeitung unterscheiden: Fall, Gesetz und Lösung. Hierbei handelt es sich bildlich um die „drei großen Arbeitsbereiche" einer Fallbearbeitung. Daraus ergeben sich die drei Stationen der Fallbearbeitung: der Sachverhalt, die Begutachtung und das Gutachten. Die drei aufgezeigten Stationen erfordern im Wesentlichen drei Arbeitstätigkeiten: Lesearbeit, Denkarbeit, Schreibarbeit. Insoweit besteht die Lösung eines Falles aus Lesen, Denken, Schreiben.

I. Erste Station der Fallbearbeitung

Die erste Station der Fallbearbeitung betrifft den Arbeitsbereich „Fall" und erfordert eine Arbeit am Sachverhalt. Die einzelnen Arbeitsschritte sind das Aufnehmen und das Aufarbeiten des Sachverhalts.

II. Zweite Station der Fallbearbeitung

Die zweite Station der Fallbearbeitung betrifft den Arbeitsbereich „Gesetz" und beinhaltet die Begutachtung des Sachverhalts. Es handelt sich um die juristische Beurteilung des Falls in Form einer gedanklichen Lösung der rechtlichen Fragen zu dem Sachverhalt. Die rechtliche Beurteilung des Sachverhalts ist in folgerichtigen Denkschritten aufgrund einer methodengeleiteten Gedankenfolge vorzunehmen.

Sachverhalt und rechtliche Beurteilung sind strikt auseinander zu halten. Sie haben jeweils eigene Aufgabenstellungen und eigene Arbeitsmethoden. Entsprechend dieser getrennten Vorgehensweise bei der Bearbeitung eines Falls ist auch im Folgenden zunächst die Arbeitstechnik für die Arbeit am Sachverhalt dargestellt (2. Abschnitt: Sachverhalt – juristische Lesetechnik). Anschließend folgt die Darlegung der Arbeitstechnik für die juristische Begutachtung (3. Abschnitt: Begutachtung – juristische Denktechnik).

III. Dritte Station der Fallbearbeitung

Die dritte Station der Fallbearbeitung betrifft den Arbeitsbereich „Lösung" und beinhaltet die Erstellung des Gutachtens. Es handelt sich um die schriftliche Formulierung des Gedankengangs der rechtlichen Beurteilung des Falls in Form einer Niederschrift (4. Abschnitt: Gutachten – juristische Schreibtechnik).

D. Beispielsfall

„VERBA DOCENT, EXEMPLA TRAHUNT"

(Worte lehren, Beispiele ziehen einen mit)

Die Methodik der Fallbearbeitung erschließt sich am besten bei einer konkreten Falllösung. Hierfür wurde der sog. Pinscher-Fall ausgewählt.

Dieser Fall zeichnet sich einerseits durch seine Kürze im Sachverhalt aus. Andererseits macht er eine Vielzahl von Bereichen der Methodik der Fallbearbeitung besonders anschaulich.

Es wird empfohlen, die Lösung des Falls entsprechend den Stationen der aufgezeigten Fallbearbeitung nachzuvollziehen.

Der Pinscher-Fall
Frau F geht mit ihrem Pinscher spazieren. Der Pinscher wird von einem Schäferhund angefallen. Frau F ruft: „So helfen Sie doch!" A trennt die Hunde, dabei wird er von dem Schäferhund gebissen. Der Anzug wird erheblich beschädigt. A verlangt von Frau F Ersatz. Wem der Schäferhund gehört, ist nicht zu klären.

2. Abschnitt: Sachverhalt (juristische Lesetechnik)

A. Vorüberlegung

In der ersten Station der Fallbearbeitung geht es zunächst um die Arbeit am Sachverhalt. Ziel der juristischen Arbeit ist die Anfertigung einer Falllösung. Eine Falllösung ist nur korrekt, wenn der richtige Fall bearbeitet worden ist. Eine Lösung kann nicht mehr richtig sein, wenn ihr ein unvollständiger oder unzutreffender Sachverhalt zugrunde liegt.

Voraussetzung für die richtige Beantwortung der Fallfrage ist, dass bei der Falllösung der richtige Sachverhalt bearbeitet wird. Hierfür ist eine genaue und umfassende Kenntnis des gesamten zu beurteilenden Lebenssachverhalts erforderlich. Zunächst muss der richtige Sachverhalt festgestellt werden. Den Sachverhalt zu ermitteln erfordert eine gründliche Arbeit am Sachverhalt. Für die Arbeit am Sachverhalt sollte man sich Zeit nehmen. Viele Bearbeiter sind verständlicherweise unter dem Gefühl des Zeitdrucks bestrebt, sich so schnell wie möglich der Begutachtung zuzuwenden. Dieser Versuchung gilt es mit Willensstärke und Übung zu widerstehen. Eine schlechte Bewertung einer Falllösung beruht häufig darauf, dass der Sachverhalt verkannt oder nicht erschöpfend ausgewertet worden ist.

In diesem Abschnitt soll die Methode der Arbeit am Sachverhalt dargestellt werden. Die Stationen der Arbeit am Sachverhalt beinhalten im Wesentlichen zwei Arbeitsschritte: Das Erfassen des Sachverhalts und das Aufarbeiten des Sachverhalts. Dabei sollen die Arbeitsschritte im Einzelnen erläutert werden, um auch bei schwierigen und unübersichtlichen Fällen den Sachverhalt richtig erfassen zu können. Außerdem wird aufgezeigt, welche technischen Hilfsmittel dienlich sein können, um sich den Sachverhalt zu veranschaulichen.

B. Zielrichtung der Sachverhaltsarbeit

Ziel der Arbeit am Sachverhalt ist, den Sachverhalt präzise festzustellen. Dazu muss der Sachverhalt richtig aufgenommen werden. Der Sachverhalt ist richtig aufgenommen, wenn die Umstände des Geschehens vollständig und zutreffend erfasst worden sind.

Wichtig ist hierbei, sich klarzumachen, dass nur die im Sachverhalt genannten Tatsachen und rechtlichen Beurteilungen zugrunde gelegt werden dürfen. Grundsätzlich gilt: Der Sachverhalt ist heilig. Es ist der Fall zu lösen, der vor einem liegt. Es dürfen keine Tatsachen hinzugefügt oder weggelassen werden, etwa um eine gute Lösung zu erzielen. Besonders gefährlich ist es, einen ähnlichen Fall und dessen Lösung zu kennen und den vorliegenden Fall dahin anpassen zu wollen. Die unbefangene Erfassung des Sachverhalts wird erfahrungsgemäß dadurch erschwert, dass sich bereits beim Lesen des Falltextes zahlreiche Erinnerungen an bekannte „ähnliche Fälle" einstellen. Diese vermeintliche Wissensoase verleitet nicht selten dazu, die Besonderheiten der gestellten Aufgabe zu vernachlässigen. Da schon geringe Sachverhaltsverschiebungen die rechtliche Beurteilung grundlegend verändern können, wird vor der juristischen Sünde einer Sachverhaltsmanipulation (sog. „Sachverhaltsquetsche") eindringlich gewarnt. Abhilfe kann hier nur dadurch geschaffen werden, dass man sich bewusst bemüht, die aufkommende Euphorie über die womöglich bekannte Problematik zu unterdrücken und den Sachverhalt genauso vorbehaltslos zu analysieren, als ob er gänzlich neu wäre. Nur diese Einstellung und Handhabung bietet die erforderliche Ausgangslage dafür, den Sachverhalt richtig zu erfasssen und damit auch den richtigen Fall zu lösen.

C. Aufnahme des Sachverhalts

Der erste Arbeitsschritt besteht in dem Aufnehmen des Sachverhalts. Hierzu sind der Sachverhalt zu erfassen und die Sachverhaltsumstände zu sammeln und ggf. zu ordnen.

I. Erfassen des Sachverhalts

1. Lesen des Falltextes

Nach Erhalt des Falltextes besteht die Aufgabe zunächst darin, sich durch wiederholtes sorgfältiges Lesen die geschilderten Umstände des Falls klar zu machen. Der Fallbearbeiter sollte den Sachverhalt bewusst und mit Verstand lesen. Sofern in dem Fall Vorschriften angegeben worden sind, sind diese nachzulesen. Das erste Lesen dient dazu, die Grundzüge des Falls kennen zu lernen. Beim zweiten und ggf. dritten Lesen sind alle angeführten Umstände aufzunehmen.

Oft werden erst bei mehrfachem Durchlesen des Sachverhalts alle Einzelheiten nach und nach klar. Vielfach erscheint der Sachverhalt als lückenhaft. In diesen Fällen genügt es, dass der Sachverhalt in den Grundzügen klar ist. Häufig zeigt sich nämlich erst beim rechtlichen Durchdenken, welche Bedeutung die zunächst unklaren Ausführungen haben, oder dass es auf die vermeintlich fehlenden Angaben nicht ankommt. Andererseits ist es selbst dann, wenn man meint, man habe den Sachverhalt genau verstanden, ratsam, während der Falllösung immer wieder in den Sachverhalt zu sehen. Insoweit gilt der Grundsatz, dass eine gute Falllösung sich nur aus einem ständigen Hin- und Herwandern des Blicks zwischen Sachverhalt und rechtlicher Begutachtung ergibt (sog. Lehre vom Pendelblick). Selbst nach Fertigstellung der Lösungsskizze sollte man den Sachverhalt noch einmal zur Kontrolle durchlesen.

2. Hineindenken in den Sachverhalt

Die Lesephase ist abgeschlossen, wenn der Bearbeiter den Fall umfassend kennt. Das Ziel ist erreicht, wenn man den Fall wie ein eigenes Erleben nachempfindet. Man könnte das Erleben des Falls so beschreiben, dass der „Fall in einem lebt“.

Zum vollständigen Erfassen des Sachverhalts gehört es auch, sich in die verschiedenen beteiligten Personen hineinzudenken. Aus der Sicht jeder einzelnen Person sind deren Interessen zu erfassen und nachzuvollziehen, wobei auch insbesondere wirtschaftliche Interessen maßgeblich sind. Aus dem Interesse einer Person lässt sich das Begehren ableiten, das dann später im Rahmen der juristischen Begutachtung Ausgangspunkt für das Anspruchs- oder Klagebegehren ist.

3. Hilfsmittel

Zum Hineindenken in den Sachverhalt kann es hilfreich sein, den Fall bildlich aufzunehmen, indem man das Geschehen wie einen Film vor seinem geistigen Auge ablaufen lässt (Filmtechnik).

Bei umfangreichen Sachverhalten im Rahmen einer Übungs- oder Examenshausarbeit kann es auch sinnvoll sein, sich selbst oder einer anderen Person (Freunden, Eltern, Oma) den Sachverhalt zu erzählen (Erzähltechnik). Dies sollte ggf. sogar mehrmals erfolgen. Wer anderen den Sachverhalt anschaulich wiedergeben kann, der hat das Ziel erreicht, den Fall für sich zu verinnerlichen.

II. Sammeln der Sachverhaltsumstände

1. Sachverhaltsumstände

Sachverhaltsumstände sind alle im Sachverhalt geschilderten tatsächlichen oder rechtlichen Umstände. Dazu gehören das Verhalten von Personen und sonstige Geschehnisse sowie die Eigenschaften von Personen oder Gegenständen.

2. Vollständigkeit

Die durch das Lesen aufgenommenen Umstände sind vollständig zu sammeln („Durchforsten des Sachverhalts“). Dem Fallbearbeiter müssen alle Fakten und Details bekannt sein, die der Falltext enthält. Der Sachverhalt ist nichts anderes als eine „Was-ist-passiert-Geschichte“. Jedes Detail, mag es zunächst auch noch so unwichtig erscheinen, kann für die rechtliche Beurteilung bedeutsam sein. Daraus folgt, dass keine vorschnelle Vorauswahl getroffen werden sollte. Vielfach enthält der Sachverhalt auch unwesentliche Angaben für die spätere rechtliche Beurteilung. Hierbei handelt es sich um Umstände, die dazu dienen, den Sachverhalt anschaulich zu schildern und in einen Sinnzusammenhang zu bringen. Es wäre jedoch verfehlt, bereits jetzt Details auszuscheiden, weil sie keine Bedeutung für die Falllösung zu haben scheinen. Diese Beurteilung kann erst im Rahmen des späteren juristischen Gutachtens getroffen werden. Insoweit gilt es, den Sachverhalt auszuschöpfen.

3. Ideenzettel

Bereits in diesem Stadium des Sammelns der Umstände sollte der Fallbearbeiter einen Ideenzettel anlegen. Auf diesem Zettel könnten die ersten spontanen Ideen notiert werden. Es kann sich um erkannte Probleme, Parallelfälle, ein Judiz für die Lösung oder sonstige Besonderheiten handeln. Die ersten Ideen sind oft die besten! Kein Bearbeiter wagt sich ohne juristische Vorkenntnisse an die Lösung eines Falls. Vielmehr sind bei den meisten Fallbearbeitern schon grundlegende Rechtskenntnisse vorhanden, die aus der Erfahrung ein wichtiges Judiz begründen können. Wenn im späteren Verlauf der Bearbeitung Zweifelsfragen auftauchen, für die sich keine eindeutige Lösung finden lässt, bleibt immer noch der Rückgriff auf die ersten Ideen.

III. Ordnen der Sachverhaltsumstände

Der Falltext schildert den Sachverhalt meist in chronologischer Reihenfolge. Diese Darlegungsform ist aber nicht zwingend. Manchmal werden einzelne Umstände auch nachgeschoben oder mit der Fallfrage verbunden. Dann bietet es sich an, den Sachverhalt zunächst für sich selbst in eine chronologische Reihenfolge zu bringen.

Andererseits kann es auch hilfreich sein, den Sachverhalt abweichend von einer chronologischen Reihenfolge zu betrachten (Aufgliedern des Sachverhalts). Die Aufteilung des vorgegebenen Sachverhalts in mehrere Sachverhaltsteile dient dazu, den Sachverhalt überschaubar zu machen. Der Sachverhalt kann insbesondere nach Sachverhaltsabschnitten, nach Personen oder nach Rechtsfolgen aufgegliedert werden.

1. Ordnen nach Sachverhaltsabschnitten

Eine Aufgliederung in Sachverhaltsabschnitte bietet sich bei unterschiedlichen Lebenssachverhalten an. Dies gilt insbesondere, wenn der Fall Verhaltensweisen enthält, die mehreren unabhängigen Lebenssachverhalten zuzuordnen sind.

Beispiel aus dem Strafrecht: Ein Täter hat mehrere Straftaten begangen, die in keinem Zusammenhang miteinander zu sehen sind. Hieraus resultiert bei der späteren rechtlichen Beurteilung die Einteilung in Tatkomplexe – Beleidigung des A gegenüber B am 10.05.2001, Diebstahl des A bei C am 20.05.2001.

2. Ordnen nach Personen

Eine Aufgliederung nach Personen betrachtet die Relationen der Beteiligten. Dies kann sinnvoll sein, wenn mehrere Personen in einem Sachverhalt in verschiedenen Beziehungen zueinander vorkommen.

Beispiele:

1. (Zivilrecht): Unterschiedliche rechtsgeschäftliche Beziehungen zwischen mehreren Beteiligten, Vertrag zwischen A und B, Vertrag zwischen B und C.

2. (Strafrecht): Mehrere Täter begehen in unterschiedlichem Zusammenwirken Straftaten, Handlungen des A, Handlungen des B, gemeinsame Handlungen von C und D.

3. Ordnen nach dem Begehren

Eine Aufgliederung nach dem Begehren kommt in Betracht, wenn eine Person gegenüber einer anderen Person mehrere Interessen verfolgt oder geltend macht. Das Begehren entspricht den Rechtsfolgen der zu ermittelnden Rechtsnormen.

Beispiele:

1. (Zivilrecht): A verlangt von B Schadensersatz, A verlangt von B Herausgabe einer Sache.
2. (Öffentliches Recht): A begehrt eine Bauerlaubnis für ein Objekt X und eine Bauerlaubnis für ein Objekt Y.

D. Aufarbeitung des Sachverhalts

Der zweite Arbeitsschritt besteht in dem Aufarbeiten des Sachverhalts. Es geht darum, sich den Sachverhalt unter Verwendung optischer Hilfsmittel wie beispielsweise dem Hervorheben und Herausstellen von Textpassagen oder der Anfertigung einer Fallskizze anschaulich zu machen.

I. Veranschaulichen

1. Optische Betrachtung

Um sich das Geschehen anschaulich zu machen, hilft eine optische Betrachtung des Falltextes und des Sachverhalts. Es gibt verschiedene Hilfsmittel, die dazu dienen, sich den Sachverhalt auf optische Weise zu veranschaulichen.

2. Hilfsmittel

Für die optische Betrachtung kommen insbesondere zwei Mittel in Betracht. Hilfsmittel für die optische Betrachtung des Falltextes ist eine Kenntlichmachung von Textpassagen. Hilfsmittel für die optische Betrachtung des Sachverhalts ist die Anfertigung einer Sachverhaltsskizze.

3. Anwendung

Die hier aufgezeigten Hilfsmittel sind nicht allgemein verbindlich. Es handelt sich lediglich um Anregungen. Mit etwas Fantasie wird jeder seine eigene Technik entwicklen, wie er sich den Sachverhalt durch Kenntlichmachung oder Skizzen anschaulich machen kann. Der Einsatz der Hilfsmittel ist auch nicht bei jeder Falllösung erforderlich. Eine Anwendung ist immer dann sinnvoll, wenn es sich um umfangreiche und komplizierte Sachverhalte handelt.

II. Kenntlichmachen von Textpassagen

Eine Kenntlichmachung von Textpassagen dient dazu, den Falltext detailiert in Einzelheiten zu betrachten. Sie erfolgt durch die Hervorhebung von besonderen Umständen des Sachverhalts.

1. Mittel der Kenntlichmachung

Mittel der Kenntlichmachung sind die farbliche Kennzeichnung durch Textmarker oder das Unterstreichen von Textpassagen.

Bei der Kenntlichmachung durch einen Textmarker können durch verschiedene Farben unterschiedliche Kennzeichnungen vorgenommen werden. Ansonsten kann eine Kennlichmachung durch Unterstreichungen und Einkreisungen erfolgen. Dabei lassen sich beispielsweise folgende Varianten von Strichen und Einkreisungen verwenden:

- Linie ————
- Doppellinie ════
- unterbrochene Linie ----------
- Kreis ○
- Oval ⬭

2. Objekte der Kenntlichmachung

Die Objekte der Kenntlichmachung sollten fallbezogen je nach Rechtsgebiet festgelegt werden.

Im Strafrecht bietet es sich beispielsweise an, die Verben („Tu-Wörter") zu unterstreichen. Damit wird das Verhalten einer Person deutlich, was im Strafrecht Anknüpfungspunkt für eine Strafbarkeit ist. Weiter lässt sich mit einer anderen Kennzeichnung das markieren, was die Person gedacht hat. Damit wird der innere Wille deutlich, der zur Feststellung des Vorsatzes erforderlich ist. Hieraus lassen sich wichtige Erkenntnisse für die spätere rechtliche Beurteilung der Strafbarkeit herleiten. Es kann verglichen werden, was eine Person gemacht hat und was sie gedacht hat. Stimmen objektives Verhalten und subjektiver Wille überein, ist eine Bestrafung wegen Vorsatztat möglich. Fehlt zu einem objektiven Verhalten der subjektive Wille, kommt der Bereich der Irrtümer in Betracht. Ist der subjektive Wille zwar gegeben, nicht aber ein entsprechendes objektives Verhalten, kommt eine Versuchsstrafbarkeit in Betracht. Das Beispiel zeigt, dass sich durch die Kenntlichmachung des Sachverhalts die Grundlagen für die spätere Falllösung erschließen können.

3. Umfang der Kenntlichmachung

Eine Kenntlichmachung ist nur dann effektiv, wenn nicht größere Bereiche einheitlich gekennzeichnet werden. Sinnvoll ist es, nur besonders wichtige Passagen hervorzuheben. Außerdem sollte man sich unterschiedliche Kennzeichnungen überlegen, die einheitlich durchgehend angewandt werden.

III. Anfertigen einer Fallskizze

Eine Fallskizze dient dazu, den Sachverhalt zu überschauen. Eine solche Situation kann beispielsweise bei einer Mehrzahl von Personen oder mehrfachen Rechtsbeziehungen gegeben sein. Bei komplizierten Sachverhalten empfiehlt es sich daher, eine Fallskizze anzufertigen.

1. Sachverhaltsbeziehungen

Eine Fallskizze über die Sachverhaltsbeziehungen stellt die Relationen der beteiligten Personen dar. Insbesondere im Zivilrecht werden damit die Rechtsbeziehungen zwischen den Beteiligten gekennzeichnet. Dafür können folgende Symole verwendet werden:

– Vertrag	A ═══ B
– Unwirksamkeit des Vertrages	A ═╳═ B
– Anspruch	A ──➤ B
– Erlöschen des Anspruchs	A ─╳➤ B
– Einrede (für B)	A ──➤| B
– Recht an Gegenstand	A ─── □
– Übertragung von Gegenständen	A □-➤ B

In ähnlicher Weise lassen sich im Öffentlichen Recht Sachverhalte mit Drittbeziehungen grafisch veranschaulichen (z.B. Störerauswahl bei Zusammentreffen von Handlungs- und Zustandsstörer, baurechtliche oder gewerberechtliche Verwaltungsakte mit Drittwirkung). Im Strafrecht können Skizzen zur Klärung zivilrechtlicher Vorfragen (Eigentumslage, Vermögensschaden) sowie bei Anschlussstraftaten (z.B. Kettenhehlerei, Geldwäsche) nützlich sein.

2. Sachverhaltsverlauf

Sofern der Sachverhalt eine Vielzahl von Daten enthält, kommt als Fallskizze ein Zeitstrahl oder eine Zeittabelle in Betracht, die den Sachverhaltsverlauf wiedergibt. Dadurch lässt sich Klarheit über den Ablauf der Ereignisse gewinnen. Sollte es bei den späteren rechtlichen Begutachtungen auf bestimmte Zeitpunkte oder Fristen ankommen, so kann deren Einhaltung durch einen Blick auf die Zeittabelle kontrolliert werden.

Insbesondere im Bereich des Sachenrechts ist ein Zeitstrahl sinnvoll, aus dem die Übertragungsakte in der zeitlichen Abfolge abgelesen werden können.

Beispiel: Zeitstrahl

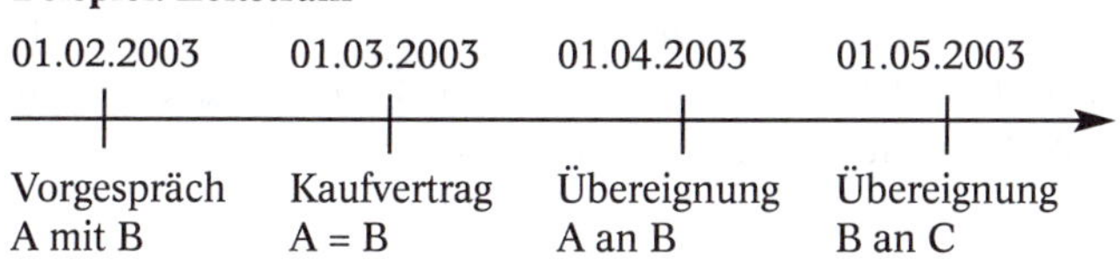

Bei umfangreichen Sachverhalten mit mehreren Personen und einer Bedeutung des zeitlichen Ablaufs kann es erforderlich sein, sowohl eine Fallskizze über die Rechtsbeziehungen als auch eine Fallskizze über den Sachverhaltsverlauf anzufertigen.

3. Abkürzungen

Die Fallskizze kann durch das Hinzufügen von weiteren Details ergänzt werden. Beispielsweise lassen sich die Rechtsbeziehungen, sofern sie eindeutig bestimmt sind, durch die Angabe der rechtlichen Vorschriften kennzeichnen. Darüber hinaus können sonstige Details des Sachverhalts anschaulich eingefügt werden, beispielsweise Rechtsformen oder Erklärungen der beteiligten Personen.

Zur Bezeichnung sollten eindeutige, leicht wiedererkennbare Abkürzungen herangezogen werden.

Beispiele:

AR = Anwartschaftsrecht, E = Erbe, G = Gesetz, Ges = Gesellschaft, Gter = Gesellschafter, Gf = Geschäftsführer, GH = Geschäftsherr, GS = Grundschuld, GV = Gerichtsvollzieher, Hyp = Hypothek, ME = Miterbengemeinschaft, RV = Rechtsverletzung, SÜ = Sicherungsübereignung, V = Vertrag, VA = Verwaltungsakt, Vertr = Vertreter, WE = Willenserklärung

Die Verwendung sinnvoller Abkürzungen kann jeder schon frühzeitig für sich verwirklichen. Abkürzungen helfen bei der Zeitknappheit, Zeit für Schreibarbeit einzusparen und Raum für die zu leistende Denkarbeit zu schaffen.

E. Besondere Hinweise

I. Unklarer Sachverhalt

1. Problemsituation

Schwierigkeiten können entstehen, wenn der Aufgabentext unklare oder bestrittene Sachverhaltsangaben enthält, sodass eine für die rechtliche Beurteilung erhebliche Tatsache ungewiss bleibt. Derartige Sachverhaltszweifel werden bei der Falllösung oft quälender empfunden als schwierige Rechtsfragen. Zur Problemlösung ist zu versuchen, im Wege der Auslegung eine Aufklärung herbeizuführen, ohne dabei jedoch den Sachverhalt zu überdehnen.

2. Auslegung des Sachverhalts

Wie bereits dargelegt gilt der Grundsatz: Der Sachverhalt ist heilig. Als Grundlage der juristischen Arbeit muss er so genommen werden, wie er ist. Auch unwahrscheinliche oder lebensfremde Angaben dürfen nicht in Zweifel gezogen werden. Willkürliche Sachverhaltsmanipulationen machen das Gutachten unrettbar unzulänglich.

Ausnahmen von der Verbindlichkeit bestehen, sofern im Sachverhalt zur Vereinfachung oder Abkürzung der Bearbeitung juristische Fachausdrücke verwendet werden. Diese sind i.d.R. verbindlich.

Beispiel: A leiht sich von seinem Freund B ein Buch.

Juristische Fachausdrücke sind nicht verbindlich, wenn sie erkennbar umgangssprachlich verwendet werden.

Beispiel: A „leiht" sich bei einem Mietwagenunternehmen einen „Leihwagen".

Keine Bindung besteht an Rechtsausführungen der Parteien. Hierfür gilt auch der für das Gericht geltende Grundsatz: „Da mihi facta, dabo tibi ius" („Gib mir die Fakten, dann gebe ich Dir das Recht"). Im Sachverhalt enthaltene Rechtsauffassungen sind lediglich Anregungen für den Bearbeiter, diese Gesichtspunkte zu prüfen.

Beispiel: In einem Kündigungsschutzprozess macht der Kläger geltend, es fehle an der Zustimmung des Betriebsrates nach § 103 BetrVG. Dieser Angabe kann zwar entnommen werden, dass der Betriebsrat tatsächlich nicht zugestimmt hat. Ob eine solche Zustimmung aber erforderlich war und welche Folgen ihr Fehlen ggf. hat, ist eine Rechtsfrage, die selbstständig zu prüfen und zu entscheiden ist.

Erweist sich die geäußerte Rechtsansicht als unhaltbar, so ist darauf an der entsprechenden Stelle kurz hinzuweisen. Verbirgt sich in der Äußerung bestimmter Rechtsansichten eine Sachverhaltsangabe oder die Abgabe einer Willenserklärung, so ist dies bei der rechtlichen Beurteilung zugrunde zu legen.

Zeigen sich im Sachverhalt unklare oder widersprüchliche Angaben, sollte der Sachverhalt nochmals gründlich überarbeitet werden. Es ist zu versuchen, die unklaren oder widersprüchlich erscheinenden Angaben im Wege der Auslegung nach der Lebenserfahrung und unter Würdigung des Gesamtzusammenhangs mit dem vorgegebenen Sachverhalt in Einklang zu bringen. Erweist sich der zweifelhafte Sachverhaltsumstand als ergebnisrelevant, so empfiehlt es sich, die rechtliche Entwicklung des Falls für jede der möglichen Sachverhaltsalternativen gedanklich durchzuspielen. Oft zeigt sich dabei, dass der Fall bei der einen Alternative nicht weitergeführt werden kann, während es bei der anderen möglich ist, die rechtliche Erörterung fortzusetzen und die Problematik auszuschöpfen. In einem solchen Fall sollte man die Unklarheit durch problemfreundliche Auslegung taktvoll heilen und als vom Fall nahe gelegte Sachverhaltsergänzung kennzeichnen.

Insoweit sollte der Fallbearbeiter bemüht sein, Mängel des Falltextes taktvoll auszugleichen. Dies gilt umso mehr, als dem Aufgabensteller regelmäßig eine bestimmte Problematik vor Augen stand und rechtlich interessante Sachverhaltsverschiebungen durch Zusatzfragen offen ausgewiesen werden. Kein Prüfer sieht es gern, wenn man ihm den Fall „kaputtmacht" oder ihm die Mehrdeutigkeiten oder Widersprüche seines Aufgabentextes allzu deutlich vor Augen führt.

3. Aufklärung

Erscheinen die Widersprüche unüberwindlich, kann bei einer Übungsarbeit eine Nachfrage bei der Aufsichtsperson oder dem Aufgabensteller angebracht sein. Stellt sich das Problem im Rahmen der Examenshausarbeit, besteht ausnahmsweise die Möglichkeit, beim Justizprüfungsamt nachzufragen. Hiervon sollte jedoch nur in wirklich begründeten Ausnahmefällen eines unklaren Sachverhalts Gebrauch gemacht werden. Ansonsten besteht die Gefahr, zu offenbaren, die Grundlagen der juristischen Methode der Behandlung unklarer Sachverhalte nicht zu beherrschen. Lässt sich eine Aufklärung nicht erreichen, besteht möglicherweise die Notwendigkeit einer Alternativlösung. Hierbei handelt es sich um eine Frage, welche die rechtliche Beurteilung betrifft, worauf später bei der Behandlung des Gutachtens näher eingegangen wird (s. 3. Abschnitt E. II.).

II. Lücke im Sachverhalt

1. Problemsituation

Probleme mit dem Sachverhalt ergeben sich auch, wenn der Aufgabentext lückenhaft ist und es sich um eine für die rechtliche Beurteilung erhebliche Tatsache handelt. Zunächst ist zu versuchen, die Lücke durch eine nach der Lebenserfahrung zulässige Unterstellung zu schließen.

2. Auslegung: Zulässige Unterstellungen

Grundsätzlich dürfen im Sachverhalt fehlende Angaben nicht unterstellt werden, denn alles, was man für die Lösung braucht, steht im Sachverhalt. Ausnahmsweise sind Unterstellungen zulässig, d.h. ein nicht geschilderter Umstand darf als bestehend angenommen werden.

Unterstellungen sind aufgrund einer lebensnahen Auslegung des Sachverhalts zulässig. Den Sachverhalt nach der Lebenserfahrung auszulegen ist nicht nur erlaubt, sondern sogar geboten. Enthält der Sachverhalt zu einem Umstand, auf den es für die rechtliche Beurteilung ankommt, keine Angaben, so darf der nach der Lebenserfahrung normale Verlauf zugrunde gelegt werden. Insoweit ist der Normalfall zu unterstellen. Einer besonderen Erwähnung des Umstands bedarf es nicht, da nur Abweichungen vom gewöhnlichen Verlauf besonders hervorzuheben sind.

Beispiele:

- Der Vorgang hat sich im Inland abgespielt
- Die Beteiligten sind Deutsche, voll geschäftsfähig, schuldfähig und sich über die Bedeutung ihrer Erklärungen und Handlungen im Klaren
- Grundstückseigentümer ist im Grundbuch eingetragen
- Hypothekengläubiger besitzt den Hypothekenbrief
- Eheleute haben wirksam die Ehe geschlossen und leben im gesetzlichen Güterstand
- Eine Behörde ist sachlich und örtlich zuständig

Beispiel: Professor P hat sich für ein halbes Jahr in das Wochenendhaus eines Bekannten zurückgezogen, um eine wissenschaftliche Arbeit zu entwerfen. Der Nachbar N hat einen

Hahn, der von frühmorgens bis spätabends kräht. P und N sprechen darüber. N erklärt sich bereit, P den Hahn für 200 € zu verkaufen. P zahlt die 200 €, der Hahn wandert in den Kochtopf. Drei Tage später hat N einen neuen Hahn derselben krähfreudigen Gattung.

Hier darf man dem Sachverhalt entnehmen, dass P und N bei Verkauf des Hahnes wenigstens stillschweigend darüber einig waren, dass mit dem Erwerb des Hahnes durch P der Zweck verfolgt wurde, das Hahnengeschrei zu unterbinden. Sonst wäre ja auch der überhöhte Preis unerklärlich. Das sollte man allerdings kurz erklären, damit der Leser merkt, dass man die Unterstellung erst nach pflichtgemäßer Prüfung vorgenommen hat, notfalls so: „Obwohl der Sachverhalt hierzu keine Angaben enthält, darf nach der Lebenserfahrung davon ausgegangen werden, dass N die Absicht des P, mit dem Erwerb des Hahnes das Hahnengeschrei zu unterbinden, erkannt hat. Indiz hierfür ist der überhöhte Preis."

Grundsätzlich kann auch die Einhaltung von Formalien unterstellt werden.

Beispiele:

1. (Zivilrecht): Taucht im Sachverhalt ein „Wechsel" auf, so ist anzunehmen, dass die Formvoraussetzungen des Art. 1 WG beachtet sind.

2. (Öffentliches Recht): Bei Gesetzen oder Satzungen ist von einem ordnungsgemäßen Normsetzungsverfahren auszugehen.

3. (Prozessrecht): Ist über eine Klage zu entscheiden, kann, soweit der Sachverhalt keine näheren Angaben enthält, davon ausgegangen werden, dass die Klage formgerecht erhoben und beim örtlich zuständigen Gericht eingereicht worden ist.

Kann eine Person ihre Rechtsstellung durch Abgabe einer Erklärung verbessern, so ist zu unterstellen, dass sie diese Erklärung abgeben wird.

Beispiele:

1. Erklärung der Anfechtung, sofern noch keine Frist abgelaufen ist, der Kündigung, des Rücktritts, der Aufrechnung; Geltendmachung einer Einrede oder Haftungsbeschränkung; Berufung auf Schuldnerschutz (§§ 407, 408 BGB) oder Registerpublizität (§ 15 HGB).

2. Ist nach der Fragestellung zu prüfen, ob A mit Erfolg Anfechtungsklage erheben kann, so kann im Rahmen einer Zulässigkeitsprüfung unterstellt werden, dass er Widerspruch eingelegt hat (sofern noch fristgemäß möglich) und dieser erfolglos geblieben ist.

3. Gelegentlich kann man auch Erklärungen Dritter unterstellen, z.B. im Fall des § 3 Abs. 3 VwVfG die Zustimmung der „nunmehr zuständigen Behörde". Dagegen kann nicht ohne weiteres unterstellt werden, dass der Kläger eine von seinem ursprünglichen Klagebegehren wesentlich abweichende Klageänderung vornimmt.

Bei der Suche nach Umständen, die der Sachverhalt nicht ausdrücklich bezeichnet, ist von einer lebensnahen Betrachtungsweise und von dem Gesamtzusammenhang des Falls auszugehen. Allgemein gilt, je knapper und abstrakter die Sachverhaltsschilderung, desto eher sind Unterstellungen bzw. Ergänzungen erlaubt. Detaillierte Fallbeschreibungen lassen eher auf Vollständigkeit der Angaben schließen, sodass davon auszugehen ist, dass die nicht mitgeteilten Umstände nicht vorliegen.

3. Echte Sachverhaltslücken

Lässt sich aus den vorgenannten Kriterien auch unter Würdigung des Gesamtzusammenhangs des Falls keine zulässige Unterstellung von Umständen begründen, ist davon auszugehen, dass der Umstand auch nicht gegeben ist. Ist es erforderlich, diesen Umstand bei der rechtlichen Beurteilung des Falls zugrunde zu legen, dann liegt eine echte Sachverhaltslücke vor. Maßgeblich für diese Feststellung ist, ob der fehlende Umstand nach der Fragestellung und den anzuwendenden Rechtsnormen für das Ergebnis relevant ist.

In dieser Situation besteht möglicherweise ebenfalls die Möglichkeit einer Aufklärung durch Nachfragen bzw. die Notwendigkeit einer Alternativlösung (s. 3. Abschnitt E. III.).

III. Sachverhaltsabwandlung

1. Problemsituation

Probleme können auftauchen, wenn der Sachverhalt Abwandlungen enthält. Hier muss sich der Bearbeiter zunächst durch Auslegung Klarheit darüber verschaffen, inwieweit Sachverhalt und Fragestellung des Ausgangsfalls sich unterscheiden.

Beispiel: Die Fragestellung lautet: Welche Ansprüche hat A gegen B? Welche Ansprüche hat B gegen C? Ändert sich am Ergebnis etwas, wenn A bösgläubig war? – Hier kann sich die Abwandlung sowohl auf die Ansprüche des A gegen B wie die des B gegen C beziehen. Die Auslegung kann aber auch ergeben, dass die Bösgläubigkeit im Verhältnis B - C keine Bedeutung hat, sodass sich die Abwandlung nur auf die erste Frage erstreckt.

2. Eingeschränkte Aufgabenstellung

Bei Abwandlungen braucht der Gedankengang der Prüfung nicht wieder von vorn zu beginnen. Falls die Übersichtlichkeit nicht leidet, kann man nach einer Überleitung (z.B.: „Bezüglich der schuldrechtlichen Seite ändert sich nichts“) an der Stelle einsetzen, an der sich möglicherweise etwas ändert (z.B.: „Bezüglich des Anspruchs aus § 985 könnte sich insofern etwas ändern, als A nicht mehr Eigentümer ist“). Danach wird normal weitergeprüft.

3. Kontrollüberlegung

Fallabwandlungen lassen regelmäßig Rückschlüsse auf die Auslegung oder Lösung des Ausgangsfalls zu. Da nämlich die Abwandlung aus der Sicht des Aufgabenstellers zu einer neuen Fragestellung hinführen soll, ist eine Bearbeitung des Übungsfalls i.d.R. dann misslungen, wenn für die Abwandlung kein neues Problem übrig bleibt.

F. Zusammenfassung

Die erste Station der Fallbearbeitung betrifft die Arbeit am Sachverhalt. Eine gründliche Arbeit am Sachverhalt ist Voraussetzung für eine richtige Falllösung. Ziel ist es, den Sachverhalt in allen Einzelheiten genau zu kennen. Innerhalb der Sachverhaltsarbeit sind zwei Arbeitsschritte vorzunehmen.

Zunächst muss der Sachverhalt aufgenommen werden. Das Erfassen des Sachverhalts erfolgt durch mehrmaliges Lesen. Es kommt darauf an, alle geschilderten Sachverhaltsumstände zu kennen und in den Gesamtzusammenhang des Falls einordnen zu können. Hierbei kann ein Hineindenken in den Sachverhalt, d.h. in die Stellung und die Interessen der beteiligten Personen hilfreich sein. Es gilt das Gebot der Vollständigkeit, d.h. es sind möglichst alle Umstände aufzunehmen. Die Sachverhaltsumstände können chronologisch oder nach Sachverhaltsabschnitten, Personen sowie Begehren geordnet werden.

Als nächstes ist der Sachverhalt aufzuarbeiten. Dies empfiehlt sich insbesondere bei umfangreichen Sachverhalten. Die Aufarbeitung wird durch ein optisches Veranschaulichen des Sachverhalts ermöglicht. Zur Veranschaulichung können einzelne Textpassagen, insbesondere Handlungen, innere Einstellungen der beteiligten Personen sowie Eigenschaften von Personen und Sachen kenntlich gemacht werden. Mittels einer Fallskizze kann der Sachverhalt überschaubar gemacht werden. Möglich ist eine Darstellung der Sachverhaltsbeziehungen oder des Sachverhaltsverlaufs.

Ein besonderes Problem sind unklare Sachverhalte. Grundsätzlich gilt, dass der Sachverhalt so, wie er vorgefunden wird, verbindlich ist. Sofern Unklarheiten und Widersprüche bestehen, ist zu versuchen, diese im Wege der Auslegung nach der Lebenserfahrung und unter Würdigung des Gesamtzusammenhangs mit dem vorgegebenen Sachverhalt in Einklang zu bringen. Die Unterstellung fehlender Angaben ist grds. unzulässig. Zulässig ist allerdings eine lebensnahe Auslegung des Sachverhalts. Bei schier unüberwindlichen Widersprüchen kann daran gedacht werden, beim Aufgabensteller nachzufragen. Bei echten Sachverhaltslücken, die verschiedene Lösungsmöglichkeiten zulassen, kann es notwendig sein, eine alternative Begutachtung zu erstellen. Enthält der Sachverhalt eine Abwandlung, kann sich die Prüfung der Abwandlung auf die Problempunkte beschränken, bei denen sich etwas ändert.

G. Zum Beispielsfall

Die Erkenntnisse der Arbeit am Sachverhalt sollen nun bei dem „Pinscher-Fall" (s.o. 1. Abschnitt D.) geübt werden:

1. Schritt: Aufnehmen des Sachverhalts

Das Aufnehmen des Sachverhalts erfolgt durch Lesen des Falltextes. Das Erfassen der fallrelevanten Umstände ist im Hinblick auf die Kürze des Falls nicht schwierig. Hilfreich kann es sein, sich in die beteiligten Personen hineinzudenken. Dabei kann man folgende Fragen stellen: Was hat A erlebt? Warum möchte A etwas von F? Warum will F nicht zahlen?

Wichtig ist, sich zu verdeutlichen, dass nicht der Pinscher der F, sondern der fremde Hund den A gebissen hat.

2. Schritt: Aufarbeiten des Sachverhalts

Bei dem Aufarbeiten des Sachverhalts könnte eine Fallskizze dienlich sein, welche die Sachverhaltsbeziehungen wiedergibt. Ob eine Rechtsbeziehung zwischen A und F besteht ist nicht sicher. F ist Eigentümer des Pinschers. Die Eigentumsverhältnisse am großen Hund sind nicht geklärt.

Hieraus ergibt sich folgende Fallskizze:

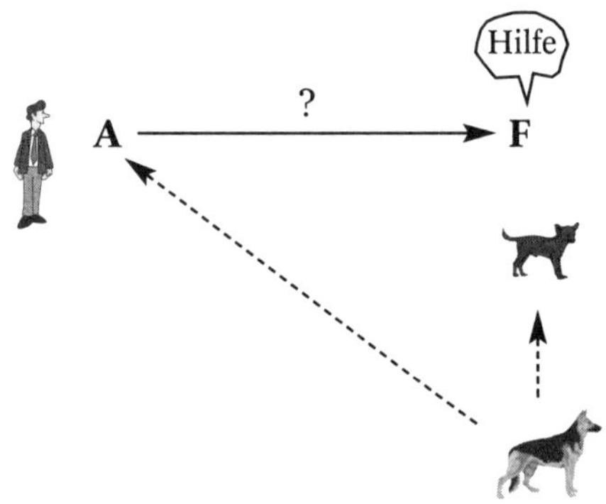

3. Abschnitt: Begutachtung (juristische Denktechnik)

A. Vorüberlegung

In der zweiten Station der Fallbearbeitung geht es um die rechtliche Begutachtung des Sachverhalts. Begutachtung bedeutet die Bewertung des Sachverhalts anhand eines juristischen Maßstabs. Mittel der Begutachtung sind besondere juristische Denktechniken. Sie führen in einer geordneten Gedankenfolge zur Lösung.

Ausgangspunkt ist die Fallfrage. Ziel ist das Ergebnis der Begutachtung, die Lösung der Fallfrage. Dazwischen liegt der Lösungsweg. Es handelt sich um die Brücke zwischen Fallfrage und Lösungsergebnis. Auf dem Weg zum Ziel hat der Fallbearbeiter einen bestimmten Weg zu beschreiten durch Anwendung einer bestimmten Denktechnik. Zunächst sollte sich der Fallbearbeiter vor Augen halten, dass er ab jetzt eine rechtliche Denkarbeit zu bewältigen hat. Er muss sich gedanklich zum Lösungsergebnis vortasten.

Die Abfolge der Gedanken ist nicht zufällig. Vielmehr ist eine planmäßige Vorgehensweise des Denkens einzuhalten. Die Denktechnik orientiert sich an einem methodengeleiteten Vorgehen. Dabei sind die einzelnen Schritte des Denkablaufs grds. vorgegeben. Die Abfolge der einzelnen Denkschritte gilt es zu beherrschen, um auch unbekannte und komplizierte Fälle zielsicher lösen zu können.

Im Rahmen der rechtlichen Beurteilung des Sachverhalts sind im Wesentlichen drei Arbeitsschritte vorzunehmen: Das Erfassen der Aufgabe (Fragestellung), eine Vorarbeit bzgl. der Rechtsnormen und die eigentliche Rechtsanwendung.

B. Zielrichtung der Begutachtung

Der erste Arbeitsschritt besteht darin, die Zielrichtung der Begutachtung zu bestimmen. Die Zielrichtung orientiert sich an der Aufgabenstellung. Ziel ist die Beantwortung der Fallfrage, damit besteht die grundsätzliche Aufgabe darin, auf die Fallfrage nach einer rechtlichen Beurteilung eine Antwort zu geben.

Zunächst gilt es, die Aufgabenstellung genau zu erfassen. Hierzu ist ein Herausarbeiten bzw. Aufarbeiten der Fragestellung erforderlich. In der Regel enthält der Falltext eine oder mehrere Fragestellungen. Ist die Fallfrage unklar oder fehlt eine ausdrückliche Fallfrage, ist die Fragestellung im Wege der Auslegung zu ermitteln. Darüber hinaus kann es zur übersichtlichen Gestaltung sinnvoll sein, eine Fragestellung in mehrere Teilfragen aufzugliedern.

I. Herausarbeiten der Fragestellung

1. Konkrete Fallfrage

Sofern der Falltext eine konkrete Fallfrage ausdrücklich formuliert, ist diese Ausgangspunkt der Überlegungen.

Beispiel: Hat A gegenüber B einen Anspruch auf Schadensersatz? – Ist das Handeln der Verwaltung rechtmäßig? – Wie hat sich A strafbar gemacht?

Bei einer solchen konkreten Fallfrage beschränkt sich die Arbeit darauf, ein Gutachten anzufertigen, das allein die gestellte Frage beantwortet. Darüber hinausgehende Ausführungen wären überflüssig, ja sogar falsch.

Im gegenwärtigen Stadium der Bearbeitung braucht die Fragestellung nicht bis in alle Einzelheiten untersucht zu werden. Es muss nur das Wesentliche der Fragestellung klar sein. Einzelheiten können später geklärt werden. Auch Zusatzfragen und Abwandlungen bleiben zunächst unberücksichtigt.

2. Auslegung der Fragestellung

Eine Auslegung ist erforderlich, wenn der Falltext eine konkrete Fallfrage nicht enthält oder die gestellte Frage unklar oder unvollständig ist.

a) **Begehren**

Ausgangspunkt der Auslegung ist das Begehren. Maßgebend ist in erster Linie das in dem Falltext vom Aufgabensteller vorgegebene Ziel. Im Übrigen ist auf den geäußerten oder mutmaßlichen Willen der Beteiligten abzustellen. Dabei ist maßgeblich, worum es einem Beteiligten überhaupt geht, d.h. welchen Rechtsschutz er für sich haben möchte. Bei praktischen Fällen ist der Wille des Klägers oder Beklagten bzw. der ein Einschreiten in Betracht ziehenden Verwaltungsbehörde bzw. des von einer behördlichen Maßnahme betroffenen Bürgers maßgebend.

Soweit der Wille des Aufgabenstellers bzw. der am Sachverhalt beteiligten Personen nicht ohne weiteres deutlich ist, kommt es darauf an, die im Sachverhalt erkennbaren oder potenziellen Interessengegensätze herauszufinden. Hierzu muss man sich zunächst die Interessengegensätze klarmachen. Dazu sind die möglichen Interessen und Ziele eines jeden Beteiligten herauszuarbeiten und als Rechtsschutzziel in Betracht zu ziehen.

Beispiel: Infolge eines Versehens des Architekten wurde das Haus des E über die Grenze zum Nachbarn N hin gebaut. Die Fragestellung lautet: „Welche Ansprüche hat N?“ – Hier muss man sich überlegen, worauf das Interesse des N gerichtet sein kann: Auf Schadensersatz gegenüber dem Architekten? Auf Beseitigung des Überbaus gegenüber E? Auf Klärung der Eigentumsverhältnisse an dem Überbau? Auf ein Nutzungsrecht an dem Überbau? Auf Besitzeinräumung? Auf Wertersatz oder Schadensersatz? – Ergibt sich beispielsweise aus dem Sachverhalt, dass E bereit ist, eine Überbaurente zu zahlen, so besteht insoweit kein Interessenkonflikt; diese Frage ist dann nicht zu behandeln. Anders ist es aber, wenn die Höhe der Rente streitig ist.

Wegen der großen Bedeutung der Fragestellung für die gesamte Bearbeitung ist selbst bei ausdrücklicher Formulierung der Fallfrage stets zu überlegen, wie diese genau zu verstehen ist. Auch die wörtliche Fassung einer Fragestellung ist in einen juristisch sinnvollen Zusammenhang einzuordnen.

Beispiel: A hat dem B eine Rechnung für eine lange zurückliegende Leistung geschickt. B will nicht zahlen und beruft sich darauf, der Anspruch des A sei verjährt. Die anschließende Fragestellung lautet: „Zu Recht?" – Die Prüfung der Verjährung für sich allein ist nicht sinnvoll. Vielmehr ist die Fragestellung dahin auszulegen: „Kann A von B Bezahlung der Rechnung verlangen?" Nach dieser Fragestellung sind zumindest kurz Entstehen und Erlöschen des Anspruchs, danach das Bestehen von Gegenrechten, insbesondere Verjährung, zu prufen.

Bei den Überlegungen zur Fragestellung ist die Rolle zu berücksichtigen, in die sich der Bearbeiter nach der Aufgabenstellung zu versetzen hat. Hat sich der Bearbeiter in die Rolle des Richters zu versetzen („Wie wird das Gericht entscheiden?"), so muss er berücksichtigen, dass der Richter im Zivil- und Verwaltungsprozess an die Klageanträge gebunden ist. Allerdings darf und muss er ggf. Anregungen und Hinweise geben (§ 139 ZPO, § 86 Abs. 2 VwGO). Darüber hinaus darf er eine Sachentscheidung nur fällen, wenn er die Zulässigkeit der Klage bejaht. Dies erfordert eine Aufteilung der Fragestellung in die Zulässigkeit und Begründetheit der Klage. Ist der Sachverhalt so zu verstehen, dass der Bearbeiter sich in die Rolle eines Rechtsanwalts zu versetzen hat, so ist er freier gestellt. Ein Rechtsanwalt muss nach rechtlichen Gestaltungsmöglichkeiten suchen und den Mandanten umfassend beraten.

Beispiel: A kommt zum Rechtsanwalt und zeigt ihm einen Bescheid, durch den sein Antrag auf Erlass eines Verwaltungsaktes abgelehnt worden ist. Der von A eingelegte Widerspruch ist erfolglos geblieben. A bittet den Rechtsanwalt, dagegen zu klagen. – Stellt der Rechtsanwalt fest, dass die Klagefrist abgelaufen ist, so darf er sich nicht mit dem Hinweis darauf begnügen. Vielmehr muss er überlegen, ob nicht ein neuer Antrag, evtl. mit geänderter Begründung, gestellt werden kann. Auch Ersatzansprüche sind in Betracht zu ziehen. Ggf. kann ein Antrag auf Wiedereinsetzung in den vorigen Stand gestellt werden.

b) **Fragestellung: Rechtslage**

Eine häufige Fragestellung lautet ganz allgemein: „Wie ist die Rechtslage?" Diese Fragestellung ist auch zugrunde zu legen, wenn im Sachverhalt keine ausdrückliche Frage formuliert ist.

Grds. sind dann sämtliche Rechtsbeziehungen zwischen den im Sachverhalt erwähnten Personen zu untersuchen, soweit der Sachverhalt gegenwärtige und praktische Interessengegensätze deutlich macht. Dies gilt dann nicht, wenn sich aus vorhergehenden Ausführungen und dem Gesamtzusammenhang des Sachverhalts ergibt, dass die Frage nach der Rechtslage als ganz gezielte Frage auszulegen ist. Bei einer derartigen Konkretisierung darf der Fall nur in dieser Richtung untersucht werden.

Beispiele:

1. (Zivilrecht): Mieter M hat mit dem von V gemieteten Kfz einen Totalschaden erlitten. „V verlangt Schadensersatz. Wie ist die Rechtslage?" – Hier sollen ersichtlich nur Schadensersatzansprüche und nicht etwa Herausgabeansprüche hinsichtlich des beschädigten Autos geprüft werden.

2. (Öffentliches Recht): Gegen A ist eine Ordnungsverfügung ergangen. Der Sachverhalt endet folgendermaßen: „A legt gegen die Verfügung Widerspruch ein. Der zur Entscheidung über den Widerspruch zuständige Beamte bittet um eine Auskunft über die Rechtslage." – Hier er-

gibt sich, dass über den Widerspruch zu entscheiden ist. Vielleicht ist auch ein kurzer Hinweis auf die Klagemöglichkeit zweckmäßig. Dagegen sind Schadensersatzansprüche wegen Amtspflichtverletzung, Enteignung oder Aufopferung nicht zu behandeln.

Ansonsten ist im Zweifel die Fragestellung grds. weit auszulegen. Im Öffentlichen Recht ist bei der Frage nach der Rechtslage grds. nicht nur die Rechtmäßigkeit (materielle Rechtslage im engen Sinn) zu prüfen, sondern es sind auch die verfahrensrechtlichen (prozessualen) Möglichkeiten darzustellen, die den Beteiligten zur Verfügung stehen. Dies gilt selbst dann, wenn sich aus der materiellen Prüfung ergibt, dass ein Rechtsbehelf unbegründet wäre. Denn möglicherweise folgt der Betroffene nicht dem Ergebnis der materiellen Prüfung und will gleichwohl klagen oder Widerspruch einlegen. Im Strafrecht sind bei der Frage nach der strafrechtlichen Rechtslage grds. alle nach dem Sachverhalt möglichen Straftaten zu prüfen. Eine Ausnahme besteht bei Handlungen verstorbener Personen, bei denen eine Strafverfolgung nicht mehr stattfinden kann. Außerdem sind Ordnungswidrigkeiten nicht zu erörtern, da es sich nicht um Straftaten handelt.

c) **Typische Fragestellung**

Zur Ermittlung der möglichen Fallfrage kann auf typische Fragestellungen zurückgegriffen werden. Hierzu gibt es im Strafrecht und im Zivilrecht idealtypische Frageformeln.

Im Strafrecht lautet die Frageformel: Wer hat sich wodurch wie strafbar gemacht?

- Wer? Der oder die Täter
- Wodurch? Verhalten, an das eine Strafbarkeit anknüpfen kann
- Wie? Straftatbestände

Im Zivilrecht lautet die Frageformel: Wer kann von wem was warum woraus verlangen? („die fünf goldenen W's“)

- Wer? Anspruchsteller/Partei
- Von wem? Anspruchsgegner/Partei
- Was? Ziel/Begehren
- Warum? Sachverhalt
- Woraus? Anspruchsgrundlagen

3. Formulierung der Fallfrage

Die Ermittlung der Fragestellung endet mit einer konkreten Formulierung der Fallfrage. Die Formulierung muss den Anforderungen an eine juristische Fragestellung entsprechen.

a) **Rechtstechnische Fassung**

Der Wille des Aufgabenstellers bzw. der Beteiligten sowie die Interessenkonflikte müssen durch eine Fragestellung ausgedrückt werden, auf die eine Antwort in Anwendung von Rechtsvorschriften möglich ist. Bei Arbeiten in der juristischen Ausbildung und im Examen haben die Fragestellungen meist bereits eine derartige rechtstechnische Fassung (z.B.: Kann A von B Zahlung, Herausgabe, Berichtigung des Grundbuchs verlangen? Ist die Ordnungsverfügung rechtmäßig? Hat A sich strafbar gemacht?). Anderenfalls, z.B. bei der allgemein gehaltenen Frage nach der Rechtslage, muss der Bearbeiter die Aufgabenstellung in eine oder mehrere solcher Fragestellungen umformen.

Sofern der Falltext bereits eine juristische Fragestellung enthält, kann diese nicht ohne weiteres übernommen werden. Maßgeblich ist, ob durch die Fragestellung der Interessenkonflikt des Sachverhalts zutreffend erfasst und umfassend ausgeschöpft wird. Anderenfalls ist eine erweiterte Fragestellung anhand der tatsächlichen Interessenkonflikte zugrunde zu legen. Dies gilt insbesondere auch dann, wenn im Falltext Fragen und Rechtsansichten eines am Geschehen beteiligten Nichtjuristen wiedergegeben werden. Derartige Fragen eines Rechtslaien dürfen nicht ohne weiteres als juristische Fragestellung verstanden werden, sondern sind im Hinblick auf das wirkliche Begehren auszuformulieren.

Beispiel: Der Pkw des A ist bei einem Verkehrsunfall von B beschädigt worden. A fragt, ob er Aufwendungsersatz wegen der Reparaturkosten verlangen kann? – Die Fallfrage ist dahingehend zu formulieren, ob A einen Anspruch auf Schadensersatz gegenüber B hat.

b) **Wirtschaftliche Betrachtung**

Bei der Formulierung der Fragestellung sollte der Fallbearbeiter diese nicht frühzeitig juristisch technisch einengen, sondern zunächst wirtschaftlich praktisch formulieren (z.B.: „Anspruch auf 300 €“ und nicht „Anspruch auf Schadensersatz“, denn es könnte auch ein Anspruch auf Herausgabe eines Erlöses in Betracht kommen). Die Vorgabe, der Fallbearbeiter habe sich streng an die Aufgabenstellung zu halten, wird missverstanden, wenn es zu einer interessenwidrigen Einengung auf den juristisch technischen Sinn führt.

Beispiele:

1. (Zivilrecht): A hat ein Grundstück an B übereignet. Die geschlossenen Verträge sind möglicherweise fehlerhaft. A richtet ein Schreiben an B, wonach er Rückübereignung des Grundstücks verlangt. Die Fragestellung lautet: „Zu Recht?“ – Hier wäre es nicht ausreichend, die Fragestellung lediglich dahin auszulegen, ob A von B Rückübereignung verlangen kann, und nur dies zu prüfen. Denn es kommt auch ein Grundbuchberichtigungsanspruch (§ 894 BGB) in Betracht. Vielmehr ist die Fragestellung so auszulegen: „Welche Ansprüche hat A gegenüber B bezüglich des Grundstücks?“

2. (Öffentliches Recht): Im Sachverhalt wird ein vom Bundestag beschlossenes Gesetz wiedergegeben. Daran schließt sich die Frage an: „War der Bundesgesetzgeber für den Erlass des Gesetzes zuständig?“ – Diese Frage ist nicht von einem Laien gestellt, sondern vom Aufgabensteller. Da anzunehmen ist, dass dem Aufgabensteller der juristisch technische Inhalt des Begriffs „zuständig“ bekannt ist, ist die Frage wörtlich zu nehmen und nur die Zuständigkeit zu erörtern. Anderenfalls hätte der Aufgabensteller formulieren müssen: „Ist das Gesetz verfassungsgemäß?“ – Etwas anderes gilt beispielsweise dann, wenn in dem Falltext von einem rechtlichen Laien die Frage gestellt wird, ob der Gesetzgeber für eine bestimmte Regelung zuständig gewesen ist. Hier ist nicht anzunehmen, der Aufgabensteller habe die Prüfung auf die Zuständigkeitsfrage beschränken wollen.

3. (Öffentliches Recht): Bei einem Polizeieinsatz wurde das Auto des A von der Polizei in Anspruch genommen und dabei beschädigt. Es entstanden Reparaturkosten in Höhe von 1.600 €. A fragt, ob er vom Land Schadensersatz verlangen kann. – „Schadensersatz“ kann hier nicht technisch gemeint sein, da es dem A letztlich nur um die Zahlung von 1.600 € geht. Es sind also auch Ansprüche auf Entschädigung sowie auf Aufwendungsersatz zu prüfen.

c) **Singuläre Fragestellung**

Bei der Formulierung und der Fallfrage ist darauf zu achten, dass Ausgangspunkt eines Gedankenganges immer nur eine einzige Frage ist. Es ist nicht zulässig, mehrere Fragen zu verbinden, d.h. sie nebeneinander oder alternativ zu stellen.

Beispiel (für eine unzulässige Fragestellung): „Hat A einen Schadensersatzanspruch gegen B oder C?" – Da A möglicherweise Ansprüche gegen beide hat, sind die beiden Fragen nacheinander zu prüfen.

Etwas anderes gilt dann, wenn für einen Anspruchsteller aufgrund einer Rechtsnorm mehrere Rechtsfolgen möglich sind.

Beispiel: A hat gegenüber dem Verkäufer B wegen einer mangelhaften Sache einen Anspruch aus § 437 BGB.– Hier kann man prüfen, inwieweit A ein Wahlrecht hat zwischen Nacherfüllung, Rücktritt, Minderung, Schadensersatz und Aufwendungsersatz.

II. Aufgliedern der Fragestellung

Die ermittelte Fragestellung kann durch eine Aufgliederung weiter bearbeitet werden. Ist die Fragestellung so allgemein oder komplex, dass sie nicht durch eine Rechtsnorm beantwortet werden kann, so bedarf sie der Aufgliederung in Teilfragen. Typisch hierfür sind die allgemeinen Fragestellungen: „Wie ist die Rechtslage?", „Wie ist über die Klage zu entscheiden?" und „Was ist dem A zu raten?" Für solche komplexen Fragen gibt es keine einzelnen Rechtsnormen, vielmehr sind diese Gesamtfragen in Teilfragen aufzugliedern.

Für die Unterteilung der Fragestellung können dieselben Merkmale herangezogen werden wie für die Aufteilung des Sachverhalts (s.o. 2. Abschnitt, C. III.). Danach ist eine Aufgliederung möglich nach Sachverhaltsabschnitten, Personen und dem Begehren.

1. Aufgliedern nach Sachverhaltsabschnitten

Ein komplexer Sachverhalt lässt sich in einzelne Sachverhaltsabschnitte zergliedern, wenn es sich um selbstständig abgrenzbare Ereignisse handelt.

a) **Zivilrecht**

Im Zivilrecht bietet sich eine Aufteilung in Sachverhaltsabschnitte an, wenn es sich um abgrenzbare Geschehnisse handelt, insbesondere aus eigenständigen Rechtsbeziehungen, die jede für sich einen eigenen Fall darstellen könnten.

Beispiel: A, B und C haben eine Gesellschaft gegründet. A hat ein Grundstück eingebracht und erklärt, dieses könne mit einer Lagerhalle bebaut werden. Es stellt sich heraus, dass das Grundstück nicht bebaut werden darf. Der Gesellschaftsvertrag bestimmt, dass die Einstellung von Arbeitnehmern nur aufgrund eines Gesellschaftsbeschlusses zulässig ist. B hat X als zweiten Buchhalter eingestellt, obwohl ein Gesellschaftsbeschluss nicht vorlag.– Hier ist eine Aufgliederung nach Sachverhaltsteilen möglich:

- Die Rechtsbeziehungen der Beteiligten bezüglich des eingebrachten, aber nicht bebaubaren Grundstücks
- Die Rechtslage bezüglich der Einstellung des X

Daraus folgt bezüglich des Grundstücks die Fragestellung nach den Ansprüchen zwischen der Gesellschaft und A sowie bezüglich der Einstellung des X die Frage nach den Ansprüchen zwischen der Gesellschaft und B bzw. zwischen X und B.

b) **Öffentliches Recht**

Im Verwaltungsrecht kommt eine Aufgliederung in Sachverhaltsabschnitte in Betracht, wenn selbstständige Verwaltungsentscheidungen vorliegen.

Beispiel: Nachdem E eine Baugenehmigung erhalten hat, stellt sich heraus, dass ein Bauverbot besteht. Die Behörde nimmt die Baugenehmigung zurück. Trotzdem baut E weiter. Als gegen E eine Abbruchverfügung ergeht, fragt E „nach der Rechtslage". – Aufgliederung nach der Rechtmäßigkeit

- der Zurücknahmeverfügung
- der Abbruchverfügung

Darüber hinaus kann ggf. nach Ersatzansprüchen des E oder seinen prozessualen Möglichkeiten gefragt werden.

c) **Strafrecht**

Auch im Strafrecht ist es häufig erforderlich, nach Sachverhaltsabschnitten aufzugliedern und für jeden Teil gesondert die Strafbarkeit zu bestimmen.

Beispiel: Gaststätteninhaber G sah, wie der ihm als rabiater Schläger bekannte Gast A seine Angestellte K schlug und zu Boden warf. G ergriff einen Revolver und forderte A auf, sofort aufzuhören. Als A nicht reagierte, gab G einen gezielten Schuss neben die Beine des A ab. Dabei traf er die K ins Bein. A reagierte wiederum nicht. Als G sodann versuchte, die Polizei telefonisch zu verständigen, drang A auf ihn ein. Nun schoss G dem A mit einem gezielten Schuss ins Bein. Daraufhin ließ A von G ab. Hat G sich strafbar gemacht? – Aufgliederung: Strafbarkeit des G wegen

- der Aufforderung unter Vorhalten des Revolvers
- des missglückten Warnschusses
- des Schusses ins Bein des A

2. Aufgliedern nach Personen

Sind mehrere Personen beteiligt, kann eine Aufgliederung des Sachverhalts und der Fragestellungen nach Personen erfolgen. Im Zivilrecht ist der Sachverhalt jeweils in Zwei-Personen-Verhältnisse aufzulösen:

- Welche Ansprüche hat A gegenüber B?
- Welche Ansprüche hat A gegenüber C?
- Welche Ansprüche hat B gegenüber A?
- Welche Ansprüche hat B gegenüber C?
- Welche Ansprüche hat C gegenüber A?
- Welche Ansprüche hat C gegenüber B?

Über die Reihenfolge der Prüfung entscheidet die Zweckmäßigkeit. In Haftungsfällen kann man z.B. mit Ansprüchen gegen den wirtschaftlich stärkeren Schuldner oder den unmittelbaren Schadensverursacher beginnen. Kommt als Rechtsfolge die Pflicht zur Abtretung von Ansprüchen in Betracht, so sollte man die abzutretenden Ansprüche vorrangig prüfen. Dadurch vermeidet man eine unübersichtliche Inzidentprüfung. Aus demselben Grund prüft man vor der Haftung des vollmachtlosen Vertreters aus § 179 zuerst Ansprüche gegen den angeblichen Vertretenen.

Im Strafrecht kann zunächst die Strafbarkeit des A und anschließend die Strafbarkeit des B untersucht werden. Sinnvoll ist eine Aufteilung nach Personen dann, wenn mehrere Personen unterschiedlich beteiligt sind, z.B. Strafbarkeit des A als Alleintäter? Strafbarkeit von A und B als Mittäter?

3. Aufgliedern nach dem Begehren

Eine Aufgliederung des Sachverhalts und der Fallfrage ist entsprechend den nach dem Begehren in Betracht kommenden Rechtsfolgen möglich.

Im Zivilrecht erfolgt die Aufgliederung nach dem Anspruchsbegehren, z.B.: Hat A einen Anspruch auf Herausgabe? Hat A einen Anspruch auf Schadensersatz? Die Reihenfolge der Prüfung der Fallfragen bestimmt sich grds. nach Ordnungskriterien (z.B.: Erfüllungsansprüche vor Schadensersatzansprüchen). Gibt der Anspruchsteller zu erkennen, woran ihm hauptsächlich gelegen ist (z.B.: Herausgabe der Sache, hilfsweise deren Veräußerungserlös), ist die begehrte Reihenfolge maßgeblich.

III. Überlegungen für den Aufbau der Falllösung

1. Grundsätzlich übereinstimmender Aufbau

Die Aufgliederung der Fragestellung ist grds. auch für den späteren Aufbau der gutachterlichen Prüfung maßgeblich. Soweit eine Aufgliederung der Fragestellung in Teilfragen erfolgt ist, ergibt sich daraus bereits eine erste grobe Gliederung der Falllösung. Auch sind die dabei herausgearbeiteten Teilfragen die Ausgangsfragen für die sich anschließende Rechtsanwendung. Mehrere Fragestellungen werden grds. getrennt behandelt. Jede Teilfrage ist ein eigenständiger Denkschritt des Gutachtens.

Beispiel:

- ▶ Teil 1: Anspruch des A gegenüber B auf Herausgabe des Buches
- ▶ Teil 2: Anspruch des A gegenüber B auf Schadensersatz

Grds. wird die im Sachverhalt bestimmte Reihenfolge eingehalten, es sei denn, eine andere Reihenfolge ergibt sich zwingend aus der Sache (z.B. wenn Frage 2 eine Vorfrage im Rahmen der Frage 1 ist), oder es sprechen gewichtige Zweckmäßigkeitsgesichtspunkte für eine Umstellung.

Beispiel: A verlangt aus einer unerlaubten Handlung Schadensersatz von dem Geschäftsherrn H und von dem Verrichtungsgehilfen V. – Hier ist es sinnvoll, mit den Ansprüchen gegenüber dem Verrichtungsgehilfen V zu beginnen und anschließend die Ansprüche gegenüber dem Geschäftsherrn H zu prüfen, dessen Haftung eine tatbestandsmäßige und rechtswidrige Handlung eines Verrichtungsgehilfen voraussetzt.

Gelegentlich lassen sich zwei selbstständig gestellte Fallfragen gar nicht selbstständig behandeln, sondern müssen zusammen geprüft werden.

Beispiel: „Hat A einen Anspruch? Gegen wen ist er zu richten?“ – In der Regel lassen sich Anspruch, Anspruchsgläubiger und Anspruchsschuldner nicht trennen. Dann sind beide Fragen nach einem dies klarstellenden Einleitungssatz zusammen zu behandeln.

2. Abweichende Aufbaumöglichkeiten

Ein Aufbau der Falllösung entsprechend der Aufgliederung der Fragestellung ist nicht zwingend. Sofern es zweckmäßig erscheint, kann von der aufgezeigten Unterteilung abgewichen werden.

a) **Zivilrecht**
Im Zivilrecht sind folgende Gliederungen des Aufbaus möglich:

- Aufgliederung: Personen/Sachverhaltsteile/Anspruchsbegehren:
  I. Ansprüche des A gegen B
    1. Wegen der vertraglichen Vereinbarung
      a) auf Erfüllung
      b) auf Schadensersatz
    2. Wegen Verletzung von Rechten
  II. Ansprüche C gegen B

  (Formel für diesen Aufbau: Wer, von wem, warum, was?)
- Aufgliederung in Sachverhaltsteile/Anspruchsbegehren/Personen:
  A. Ansprüche wegen der vertraglichen Vereinbarung
    I. Ansprüche auf Erfüllung
      1. Ansprüche des A gegen B
      2. Ansprüche des A gegen C
    II. Ansprüche auf Schadensersatz

  (Formel für diesen Aufbau: Warum, was, wer, von wem?)
- Aufgliederung in Sachverhaltsteile/Personen/Anspruchsbegehren:
  A. Ansprüche wegen der vertraglichen Vereinbarung
    I. Ansprüche des A
      1. auf Erfüllung
        a) gegen B
        b) gegen C
      2. auf Schadensersatz

  (Formel für diesen Aufbau: Warum, wer, was, von wem?)

Grds. dürfte es sinnvoll sein, zunächst eine Aufgliederung nach Personen vorzunehmen, da diese die Beteiligten an einem Rechtsverhältnis und auch die möglichen Parteien eines Rechtsstreits sind.

In Fällen, in denen nicht von vornherein Ansprüche geltend gemacht werden, kommen auch andere Aufgliederungen der Fragestellung in Betracht.

Beispiel: A ist Gesellschafter einer OHG. Außer der Gesellschaftsbeteiligung hat er noch Privatvermögen. Er ist in zweiter Ehe verheiratet und hat aus beiden Ehen Kinder. Er fragt, welche Rechtslage eintritt, falls er stirbt, und was er für den Fall seines Todes zu regeln hat. – Hier kann sich die Aufgliederung nach den verschiedenen Vermögensteilen (OHG-Beteiligung, Vermögen), nach gesetzlicher und testamentarischer Erbfolge oder nach verschiedenen Erwerbsarten (Erbeinsetzung, Vermächtnis, Pflichtteil) richten.

b) **Öffentliches Recht**
Im Öffentlichen Recht kommt, sofern es um die Rechtmäßigkeit eines Verwaltungshandelns und den Rechtsschutz geht, eine Aufgliederung entsprechend der Frage nach der Rechtmäßigkeit und nach Rechtsbehelfen in Betracht:

- Prüfung der Rechtmäßigkeit,
- Möglichkeiten der Rechtsbehelfe.

3. Aufbauhilfen

Hilfen für den Aufbau eines Gutachtens können sich aus den idealtypischen Frageformeln ergeben.

Im Zivilrecht gibt es die Frageformel: Wer? will von wem? was? warum? woraus? (s.o. 3. Abschnitt, B. I. 2.). Die Frageformel ermöglicht zunächst ein umfassendes Herausarbeiten der in Betracht kommenden Fragestellungen. Sie hilft darüber hinaus im Verlauf der weiteren Begutachtung, den richtigen Aufbau zu finden. Sie ermöglicht es, für jede Rechtsbeziehung die einschlägigen Anspruchsgrundlagen aufzufinden. Bei dem „Warum" gibt es drei typische Lebenssachverhalte. Es handelt sich um

- eine Sonderbeziehung zwischen zwei Personen,
- eine Tätigkeit, die jemand für einen anderen verrichtet hat und
- einen Eingriff in fremde Rechte.

Diesen drei typischen Lebenssachverhalten sind bestimmte Anspruchsgrundlagen zuzuordnen (s. Anlage 3). Ebenso lassen sich bei dem „Was" dem Anspruchsbegehren die in dem Gutachten zu prüfenden Anspruchsgrundlagen zuordnen (s. Anlage 3).

C. Sammlung der Rechtsnormen

Der zweite Arbeitsschritt des Gutachtens beinhaltet eine Vorarbeit. Vor der eigentlichen Rechtsanwendung beginnt die juristische Denktechnik mit einer Vorarbeit im Hinblick auf die Rechtsnormen. Es handelt sich um eine grobe Sichtung der Rechtsnormen für die Fallbearbeitung. Im Rahmen dieses Arbeitsschrittes sind die in Betracht kommenden Rechtsnormen aufzufinden, auszuwählen und in eine vorläufige Prüfungsreihenfolge zu bringen. Dieser Arbeitsschritt ist aus zwei Gründen von erheblicher Bedeutung. Das Übersehen einer einschlägigen Rechtsnorm kann den Klausurerfolg gefährden. Der Vollständigkeitsauftrag eines juristischen Gutachtens gebietet es, alle fallverdächtigen Rechtsnormen zu erörtern, die die mit der Fallfrage anvisierte Rechtsfolge auslösen können.

I. Suchen der Rechtsnormen

1. Rechtsnormen für die Falllösung

Die Vorarbeit beinhaltet die Suche nach den möglichen Rechtsnormen. Die Frage ist, wie die für die rechtliche Begutachtung, also für die Lösung des Falles relevanten Normen gefunden werden können. Die maßgeblichen Normen sind je nach Rechtsgebiet unterschiedlich. Im Zivilrecht geht es in der Regel zunächst darum, Anspruchsgrundlagen zu finden. Im Öffentlichen Recht sind in erster Linie Rechtsgrundlagen oder Ermächtigungsgrundlagen für staatliches Handeln zu erkennen. Im Strafrecht geht es um Straftatbestände, die die Strafbarkeit einer Person begründen.

Bei der praktischen Rechtsanwendung kommt es auf bestimmte Arten von Rechtsnormen an. In einer Falllösung sind stets bestimmte Vorschriften nach Paragraphen, Absätzen und Sätzen bezeichnet anzuwenden. Da eine einzige Vorschrift jeweils kaum ausreicht, um einen praktisch bedeutsamen Rechtsfall zu beurteilen, beruht eine Falllösung fast immer auf einer Mehrheit von Rechtsnormen.

Beispiel: Selbst bei einem einfachen Diebstahl (§ 242 StGB) richtet sich die Fremdheit der Sache nach §§ 929 ff. BGB, und es kann über Vorsatz, Rechtswidrigkeit und Schuld nur entschieden werden, indem man die §§ 15 ff., 19 ff., 32 ff. StGB heranzieht.

Für die Rechtsanwendung ist bedeutsam, welche Funktion einer Rechtsnorm bei der konkreten Falllösung zukommt. Es lassen sich Antwortnormen, Gegennormen und Hilfsnormen unterscheiden.

a) **Antwortnormen**

Antwortnormen sind Rechtsnormen, deren Rechtsfolge die Fallfrage unmittelbar beantwortet. Ist nach einem Anspruch gefragt, so ist Antwortnorm die Anspruchsgrundlage.

Beispiel: Geht die Fallfrage dahin, ob der Verkäufer vom Käufer die Zahlung des Kaufpreises verlangen kann, ist die Antwortnorm § 433 Abs. 2 BGB; bei der Frage, ob A von B Eigentum an einer beweglichen Sache erworben hat, kann § 929 oder § 950 BGB Antwortnorm sein. Lautet die Frage, ob E Erbe geworden ist, so können §§ 1924 ff., 1937, 1938, 1941 BGB Antwortnormen sein.

Geht es im Verwaltungsrecht um die Frage, ob die Behörde einschreiten darf, so besteht die Antwortnorm aus der Zuständigkeits- und Ermächtigungsvorschrift.

Beispiel: Einschreiten der Behörde gemäß § 15 VersG, § 8 PolG NRW.

Im Strafrecht sind die Straftatbestände die Antwortnormen.

Beispiel: Strafbarkeit des A wegen Diebstahls gemäß § 242 StGB.

Antwortnorm kann auch eine Vorschrift sein, die genau das (kontradiktorische) Gegenteil des Gefragten anordnet, weil auch dadurch die Fallfrage beantwortet wird.

Beispiel: Geht es um die Verfügung über einen Anteil am Gesellschaftsvermögen, so ist § 719 Abs. 1 BGB Antwortnorm, weil dort bestimmt ist, dass eine solche Verfügung nicht möglich ist. Geht es beispielsweise um die Nichtigkeit eines VA, so sind nicht nur § 44 Abs. 1 und Abs. 2 VwVfG Antwortnormen, sondern auch § 44 Abs. 3, da in den dort geregelten Fällen die Frage nach der Nichtigkeit mit „nein" zu beantworten ist.

Nicht entscheidend ist, ob die Norm gerade die eigentliche Problematik des Falles behandelt. Antwortnorm im Hinblick auf die Fallfrage ist eine Norm bereits dann, wenn sie den Einstieg in die Falllösung vermittelt.

Beispiel: Verlangt der Verkäufer vom Käufer Zahlung des Kaufpreises, und verweigert der Käufer die Zahlung, weil er die Kaufsache für mangelhaft hält, so ist Antwortnorm § 433 Abs. 2 BGB, obwohl das Vorliegen der Voraussetzungen dieser Vorschrift möglicherweise ganz unproblematisch ist. Die Problematik taucht erst im Rahmen der §§ 434 ff. BGB auf. Gleichwohl sind diese Vorschriften nicht Antwortnormen, weil sie ihrer Rechtsfolge nach nicht auf Kaufpreiszahlung gerichtet sind.

Eine Antwortnorm kann aus einer einzigen Vorschrift (z.B. § 433 Abs. 2 BGB), aus mehreren sich ergänzenden Vorschriften (z.B. Schmerzensgeldanspruch aus §§ 253 Abs. 2, 823 BGB) oder einer ganzen Kette von Vorschriften (z.B. Schadensersatz §§ 437 Nr. 3, 280 Abs. 1, Abs. 3, 281 BGB) bestehen.

Verweist die Antwortnorm ausdrücklich auf eine andere Norm, so ist zwischen Tatbestandsverweisung (Rechtsgrundverweisung) und Rechtsfolgenverweisung zu unterscheiden. Bei der Tatbestandsverweisung sind sowohl die Voraussetzungen der verweisenden Norm als auch der Norm, auf die verwiesen wird, zu prüfen.

Beispiele: Bei §§ 951, 812 BGB sind bei Anwendung des § 812 BGB auch dessen Voraussetzungen einer Vermögensverschiebung durch Leistung oder in sonstiger Weise zu prüfen; § 254 Abs. 2 S. 2 BGB – Bei der Bezugnahme auf § 278 BGB handelt es sich nach allgemeiner Meinung um eine Rechtsgrundverweisung; § 992 BGB Rechtsgrundverweis auf § 823 BGB.

Eine Rechtsfolgenverweisung ist anzunehmen, wenn die verweisende Vorschrift selbst regelt, wann die Rechtsfolge eintritt. Dann ergeben sich die Voraussetzungen ausschließlich aus der verweisenden Norm. Die Norm, auf die verwiesen wird, greift nur hinsichtlich ihrer Rechtsfolge ein; ferner kann sie die Funktion einer Gegennorm haben.

Beispiel: § 684 BGB – Rechtsfolgenverweis auf das Bereicherungsrecht

b) **Gegennormen**

Gegennormen sind Rechtsnormen, die die Rechtsfolge der Antwortnorm oder einer anderen, zur Falllösung benötigten Vorschrift ausschließen oder einschränken. Nach der im Zivilrecht üblichen Ausdrucksweise handelt es sich um

- rechtshindernde Einwendungen, die das Entstehen des nach der Antwortnorm möglichen Rechtsverhältnisses bzw. Anspruchs von vornherein ausschließen (z.B. Nichtigkeit eines Vertrags nach §§ 123, 134 oder 138 BGB)
- rechtsvernichtende Einwendungen, die ein entstandenes Rechtsverhältnis später wieder zum Erlöschen bringen oder jedenfalls für den bisherigen Gläubiger einen Erlöschensgrund bewirken (z.B. Erfüllung gemäß §§ 362, 387, 397, 314, 346 BGB)
- rechtshemmende Einwendungen (Einreden), die die Durchsetzbarkeit des Rechts hindern (z.B. Verjährung, § 214 BGB).

Die durch einen Verwaltungsakt begründete Rechtsfolge endet, wenn der VA durch die Behörde zurückgenommen oder widerrufen wird (§§ 48, 49 VwVfG als verwaltungsrechtliche rechtsvernichtende Einwendungen). Strafrechtliche Gegennormen verbieten eine Bestrafung, wenn der Täter nicht rechtswidrig oder nicht schuldhaft gehandelt hat (z.B. §§ 32 ff. StGB).

c) **Hilfsnormen**

Hilfsnormen definieren oder erläutern ein Tatbestandsmerkmal der Antwort- oder Gegennorm oder einer anderen zu ihrer Anwendung benötigten Vorschrift. Ihre Ausgliederung erleichtert das Verständnis und vermeidet Wiederholungen.

Beispiele:

Sachbegriff in § 90 BGB, Vertretenmüssen in § 276 BGB, Zustandekommen eines Vertrags in §§ 145 ff. BGB; im Verwaltungsrecht Begriff des Verwaltungsaktes in § 35 VwVfG; im Strafrecht Personen- und Sachbegriffe in § 11 StGB.

d) **Bedeutung**

Die Unterscheidung zwischen Antwort-, Gegen- und Hilfsnormen hilft, Fehler beim Einstieg in die Falllösung zu vermeiden. Sie kann verhindern, dass Vorschriften übersehen werden und die Prüfung vorzeitig abgebrochen wird. Sie erleichtert die Prüfung in der richtigen Reihenfolge.

Die Falllösung hat stets mit der Antwortnorm zu beginnen. Diese ist selbst dann zumindest kurz zu behandeln, wenn sie ganz unproblematisch ist und die Parteien sich um ganz andere Fragen streiten.

Beispiele:

1. (Zivilrecht): A verlangt von B Zahlung, B beruft sich auf Verjährung. Der Streit geht allein um die Frage, ob die Forderung verjährt ist. – Bei der Prüfung ist mit der Anspruchsgrundlage für den Anspruch des A gegen B zu beginnen. Das Problem der Verjährung erscheint erst im Rahmen der Gegennorm.

2. (Öffentliches Recht): Geht die Fallfrage dahin, ob die Behörde gegenüber A einen bestimmten VA erlassen darf, so sind zunächst eine Zuständigkeits- und eine Ermächtigungsnorm zu suchen, da diese Vorschriften die Antwortnormen sind. Ob der VA Grundrechte des A verletzt, ist nicht als Erstes, sondern im Zusammenhang mit den genannten Vorschriften, etwa bei der Frage, ob die Vorschriften verfassungsmäßig sind, ob die Grenzen des Ermessens überschritten sind, oder als selbstständige Gegennorm zu prüfen.

3. (Strafrecht): Geht es um die Strafbarkeit, so ist stets mit einem Straftatbestand zu beginnen, auch wenn die Problematik beispielsweise bei einem Rechtsfertigungs- oder Schuldausschließungsgrund liegt.

Zum „Gesetz", unter das subsumiert wird, gehört nicht nur die Antwortnorm, sondern hierzu gehören auch die Hilfsnormen und die Gegennormen. Vor der endgültigen Antwort auf die aufgeworfene Frage ist daher stets zu überlegen, ob nicht Hilfsnormen oder Gegennormen eingreifen. Insbesondere ist es falsch, die Antwortnorm direkt unter ein Tatbestandsmerkmal zu subsumieren, wenn dieses in einer Hilfsnorm definiert wird.

Beispiel: Geht es um die Frage, ob im Monat April um 5.00 Uhr morgens noch Nachtzeit i.S.d. § 104 StPO ist, so wäre es falsch, dies mit der Begründung zu bejahen, die meisten Leute schliefen um 5.00 Uhr morgens noch. Vielmehr endet nach der Hilfsnorm des § 104 Abs. 3 StPO die Nachtzeit um 4.00 Uhr.

Die Rechtsfolge der Antwortnorm darf noch nicht als endgültig und abschließend angesehen werden. Vielmehr steht sie unter dem Vorbehalt, dass keine Gegennorm eingreift. Solange nicht sämtliche in Betracht kommenden Gegennormen geprüft sind, besteht keine Gewissheit, dass die aufgeworfene Frage richtig beantwortet werden kann.

Beispiel: Selbst wenn man § 362 Abs. 1 BGB (Erfüllung) bejaht hat und daher glaubt, der Anspruch sei erloschen, so kann das anders sein, wenn einer von mehreren Gesamtschuldnern den Gläubiger befriedigt hat; dann erlöschen die gegen die anderen Gesamtschuldner gerichteten Ansprüche regelmäßig nicht in voller Höhe, sondern gehen nach § 426 Abs. 2 BGB teilweise auf den Gesamtschuldner über, der geleistet hat (§ 426 Abs. 2 BGB als Gegennorm zur Gegennorm des § 362 BGB).

e) **Reihenfolge**
Aus den obigen Überlegungen ergibt sich folgende Prüfungsreihenfolge:

- Die Prüfung beginnt stets mit der Antwortnorm.
- Die sich auf ihre Tatbestandsmerkmale beziehenden Hilfsnormen werden bei den Tatbestandsmerkmalen der Antwortnorm, also im Zusammenhang mit der Antwortnorm geprüft.
- Anschließend folgen die Gegennormen: Zunächst die rechtshindernden, dann die rechtsvernichtenden Einwendungen und zuletzt die rechtshemmenden Einwendungen (Einreden). Auch bei diesen Vorschriften können Hilfsnormen eingreifen.

2. Normsuche

Die Normsuche dient dem Auffinden der in Betracht kommenden Rechtsnormen. Die Normsuche erfolgt aufgrund von Wissen von einschlägigen Normen und einem planmäßigen Suchen im Gesetz.

a) **Wissen**
Geeignete Fundstelle ist zunächst das bereits vorhandene Wissen. Am besten ist es natürlich, wenn man die möglichen Rechtsnormen bereits kennt. Die Erfahrung ist eine Oase des Wissens. Wer das Lösen von Fällen häufig geübt hat, wird auf einen breiten Fundus an einschlägigen Rechtsvorschriften zurückgreifen können. Das Wissen wird ergänzt, indem einem mögliche Rechtsnormen „einfallen“. Hierbei helfen ein konzentriertes Überlegen und die Intuition.

b) **Suche**
Sofern das vorhandene Wissen nicht ausreicht, muss man sich auf die Suche begeben. Ausgangspunkt ist das Gesetz. Das Gesetz ist die Quelle des Rechts. Am besten arbeitet ein Jurist mit den bekannten Gesetzessammlungen Schönfelder, Sartorius und den landesrechtlichen Gesetzen für das jeweilige Bundesland. In der Gesetzessammlung muss zunächst das richtige Gesetz gefunden werden. Dies ist meist unproblematisch, wenn es sich um einen Fall handelt, der eindeutig einem Gesetz zuzuordnen ist (Zivilrecht, Strafrecht). Anderenfalls beginnt die Suche mit der Ausschau nach dem richtigen Gesetz. Dies kann besondere Schwierigkeiten bereiten, wenn es sich um unbekannte Rechtsmaterien handelt, mit denen man nicht alltäglich beschäftigt ist. Bei der Suche in den Gesetzessammlungen kann das am Ende befindliche Sachregister hilfreich sein. Auch wenn man das Gesetz kennt oder gefunden hat, kann sich die weitere Suche nach den in Betracht kommenden Rechtsnormen schwierig gestalten. Dies gilt insbesondere für das Bürgerliche Gesetzbuch mit seinen über 2.300 Paragraphen. Bei dem Auffinden der einschlägigen Rechtsnormen können Suchstrategien weiterhelfen.

c) **Zielrichtung**
Die Suche nach den für die Falllösung einschlägigen Vorschriften erfolgt anhand ihrer unterschiedlichen Funktionen nach drei Arten von Normen:

- Welche Antwortennormen (Anspruchsgrundlagen, Zuständigkeits- und Ermächtigungsvorschriften, Straftatbestände) kommen in Betracht und in welcher Reihenfolge?
- Welche Gegennormen könnten relevant sein und in welcher Reihenfolge?
- Welche Hilfsnormen zu den Antwort- und Gegennormen kommen in Betracht?

3. Suchstrategien

Bei der Normsuche können Suchstrategien hilfreich sein. Dabei stellt sich die für jede geistige Arbeit grundlegende Frage: Wie erwirkt man genügend und richtige Einfälle? Auch für die juristische Falllösung kommt es entscheidend darauf an, die fallverdächtigen Vorschriften möglichst schnell und vollständig herauszufinden.

a) **Einfälle**
Ausgangspunkt dafür, dass einem etwas einfällt, sind konzentriertes Überlegen und die Intuition. Dabei hilft die Erkenntnis, dass sich geistige Arbeit stets zwischen zwei Polen bewegt: „Kreative Fantasie" und „programmiert diszipliniertes Denken". Also muss man sich zunächst in eine Situation versetzen, in der die Bedingungen für die kreative Fantasie möglichst günstig sind. Man bezeichnet sie recht anschaulich als „brainstorming". Hierbei lässt man Disziplin, Kritik usw. zunächst ganz beiseite und öffnet sich möglichst vielen Einfällen. Zunächst sind dabei alle Einfälle unkritisch zu sammeln. Das muss man bewusst tun, und man muss sich hierfür auch bewusst eine bestimmte Zeit nehmen. Weitere Suchstrategien ergeben sich aus der Beschäftigung mit dem Gesetz und dem Sachverhalt.

b) **Suche im Gesetz**
Zunächst ist das Gesetz möglichst umfassend heranzuziehen („Blättern im Gesetz"). Auch wenn man eine Vorschrift gefunden hat, sollte man weiterlesen. Man liest „die Norm und um die Norm herum" und „die Norm rauf und runter". Vielleicht findet sich in einem späteren Absatz oder in einer späteren Vorschrift eine Ergänzung oder eine Ausnahme zu der gefundenen Norm. Insoweit gilt: „Ein Blick ins Gesetz erleichtert die Rechtsfindung."

Handelt es sich um ein umfangreicheres Gesetz, so ist diesem meist eine Gliederungsübersicht vorangestellt. Im Zivilrecht überlegt man, welcher Rechtsmaterie die gefundene Norm zuzuordnen ist (z.B. § 433 BGB: Kaufrecht). Innerhalb des aufgefundenen Rechtsgebietes sucht man weiter nach einschlägigen Normen, insbesondere Gegen- und Hilfsnormen. Anschließend ist zu überlegen, ob im Allgemeinen Teil Normen zu finden sind. Im Strafrecht überlegt man, welche Rechtsgüter der Täter verletzt haben könnte. Hierzu überfliegt man die Inhaltsübersicht des Besonderen Teils und sucht anhand der Überschriften nach fallverdächtigen Tatbeständen. Schließlich kann eine Suche im Sachverzeichnis weiterhelfen („Idiotenwiese").

c) **Suche im Sachverhalt**
Auch der Sachverhalt ist immer zu Rate zu ziehen. Er enthält häufig mehr Hinweise als man beim ersten Durchlesen aufgenommen hat. Es ist oft verwunder-

lich, welche Details beim mehrfachen Durchlesen plötzlich noch deutlich werden. Manche Details erschließen sich erst, wenn man bereits mit rechtlichen Überlegungen begonnen hat und dann nochmals auf den Sachverhalt zurückblickt.

Der Sachverhalt enthält die Interessenkonflikte und auch auch bereits die Gesichtspunkte, an die die Rechtsordnung die Lösung knüpft. Das Erkennen und Würdigen dieser Gesichtspunkte führt zu den Antwortnormen. Bei der Geltendmachung zivilrechtlicher Ansprüche kann man dem Sachverhalt beispielsweise entnehmen,

- dass Anspruchsteller und Anspruchsgegner eine Sonderbeziehung eingegangen sind, woraus sich Ansprüche herleiten (Anspruchsgrundlage Vertrag, z.B. § 433 BGB oder bei atypischen Verträgen §§ 311, 241 BGB);
- dass der Anspruchsteller behauptet, er habe für den Anspruchsgegner etwas geleistet (Anspruchsgrundlage: Geschäftsführung ohne Auftrag, §§ 677 ff. BGB; ungerechtfertigte Bereicherung, §§ 812 ff. BGB; Forderungsübergang, §§ 398, 426 BGB);
- dass der Anspruchsteller behauptet, der Anspruchsgegner habe ihm gegenüber eine Rechtsgut- oder Rechtsverletzung begangen.

In schwierigen Situationen, insbesondere wenn das Herausfinden der Anspruchsgrundlagen zunächst nicht gelingt, kann man auf die Technik des Hineindenkens in das Begehren der beteiligten Personen zurückgreifen. Man versetzt sich in die Position der Person, die den Anspruch geltend macht (Anspruchsteller), und versucht, als dessen einseitiger Parteivertreter (Rechtsanwalt) die Argumente zusammenzutragen, die für den Anspruchsteller sprechen könnten. Im Stadium des brainstorming sollten es möglichst viele Gesichtspunkte sein, auch laienhafte, juristisch noch nicht eingeordnete Argumente. Es wird festgestellt, „warum" der Anspruch geltend gemacht wird. Dann versucht man, zu den diese Gesichtspunkte berücksichtigenden Rechtsvorschriften zu kommen. Hierbei kann auch ein Rückgriff auf die bekannte idealtypische Frageformel hilfreich sein, und zwar in der Frageform: „Wer will von wem was warum und woraus?"

Diese Technik des Hineindenkens gilt für alle Rechtsgebiete. In den typischen Fällen des Verwaltungsrechts versetzt man sich zunächst in die Position der Behörde und überlegt, welche Gesichtspunkte für die Zulässigkeit des Verwaltungshandelns sprechen könnten. Dann schließt sich die weitere Überlegung an, welche Zuständigkeits- und Ermächtigungsvorschriften diesen Gesichtspunkten Rechnung tragen. Im Strafrecht versetzt man sich in die Position eines Staatsanwaltes oder des durch die Tat Verletzten und überlegt, was diese gegen die am Sachverhalt Beteiligten möglicherweise alles vorbringen könnten. Diese Vorwürfe führen entweder zur Prüfung von Straftatbeständen oder sie werden als strafrechtlich unerheblich wieder ausgeschieden.

Um die Gegennormen aufzufinden, sollte man sich umgekehrt in die Situation des Anspruchsgegners versetzen und sich die Frage stellen: Warum will dieser die aus der Antwortnorm folgende Rechtsfolge nicht gelten lassen? Dabei kann zu fragen sein: Warum

- hält er den Anspruch für nicht gegeben?
- hält der Adressat einer Verfügung diese trotz Eingreifens einer Zuständigkeits- und Ermächtigungsgrundlage für nicht rechtmäßig?
- meint er, sich nicht strafbar gemacht zu haben?

Die Technik des Hineindenkens in die beteiligten Personen ist mehrmals zu wiederholen. Das Zusammenspiel von Antwortnormen und Gegennormen wird deutlich, wenn man sich in die beteiligten Personen abwechselnd hineindenkt. Am besten fühlt man sich

- zunächst als Anspruchsteller oder dessen Parteivertreter (Rechtsanwalt des Klägers), der die Rechtslage geltend macht,
- anschließend als Anspruchsgegner bzw. dessen Parteivertreter (Rechtsanwalt des Beklagten),
- und nach Bejahung einer Gegennorm wieder als Anspruchsteller bzw. Parteivertreter, um möglicherweise noch eine die Gegennorm ausschließende Norm zu finden.

Vielleicht ist folgende Überlegung noch etwas anschaulicher: Nach jeder gedanklichen Prüfungsebene hat ein Beteiligter vorläufig „verloren". Der Beklagte ist Verlierer nach Bejahung einer Anspruchsgrundlage, der Kläger ist Verlierer nach Bejahung eines Erlöschensgrundes usw. Um die Prüfung weiter zu führen, stellt man sich jeweils auf den Standpunkt desjenigen, der bis dahin „verloren" hat und fragt: Was könnte dieser von seinem Standpunkt aus noch geltend machen? Allerdings ist beim zweiten Schritt (Beklagtenseite) folgende Besonderheit zu berücksichtigen: Die Interessen des Anspruchsgegners werden vom Gesetz nicht nur bei der Gegennorm berücksichtigt, sondern auch bereits bei der Antwortnorm. Das Argumentationsmaterial des Anspruchsgegners ist daher zunächst daraufhin zu untersuchen, ob es nicht bereits im Rahmen der Antwortnorm zu berücksichtigen war. Erst wenn das nicht der Fall ist, kann es zum Auffinden einer Gegennorm führen.

Beispiel: A macht gegen B einen Anspruch auf Rückzahlung eines Geldbetrags aus § 812 BGB geltend. Er beruft sich darauf, der Betrag sei zwar ursprünglich für ihn bestimmt gewesen, jedoch auf das Konto des X überwiesen worden. – Dann ist zunächst im Rahmen des § 812 BGB zu prüfen, ob überhaupt eine Leistung von A an B erfolgt ist, ehe man den Wegfall der Bereicherung nach § 818 Abs. 3 BGB als Gegennorm in Erwägung zieht.

II. Auswählen der Rechtsnormen

1. Vollständigkeit

Die bei der Normsuche aufgefundenen Normen müssen gesammelt werden. Bei dem Sammeln der Rechtsnormen gilt das Gebot der Vollständigkeit.

a) Grundsatz: Alle Normen

Es ist grds. davon auszugehen, dass alle Normen, die Grundlage der rechtlichen Beurteilung sein können, zu erfassen sind. Welche Normen letztlich die begehrte Rechtsfolge ergeben, lässt sich erst nach der Prüfung sagen. Außerdem lässt sich noch nicht absehen, ob es überhaupt eine Rechtsnorm gibt, aus der sich die begehrte Rechtsfolge ableiten lässt. Aus diesem Grund ist bei der Auswahl der Rechtsnormen eine großzügige Handhabung geboten. Es sind zunächst alle Rechtsnormen in Betracht zu ziehen, die irgendwie mit dem Begehren im Zusammenhang stehen. Hieraus ergibt sich: Beim Auswählen der Rechtsnormen gilt das Gebot der Vollständigkeit.

b) **Antwortnormen**

Einer genaueren Überlegung bedarf es, ob man bei der Suche und Auswahl der zu prüfenden Antwortnormen mehr auf die Voraussetzungen oder mehr auf die Rechtsfolge der Norm abstellt. Der Aufbau einer Rechtsnorm legt es nahe, zunächst die Voraussetzungen in Betracht zu ziehen („von den Voraussetzungen zur Rechtsfolge"). Bei der praktischen Tätigkeit eines Richters liegt eine Klageschrift mit einem bestimmten Klageantrag vor, der eine Rechtsfolge bezeichnet. Dann liegt es nahe, die eine derartige Rechtsfolge enthaltenden Rechtsnorm zu suchen und deren Voraussetzungen zu prüfen („von der Rechtsfolge zu den Voraussetzungen"). Jedoch hat jede der beiden Betrachtungsweisen Mängel: Ein Abstellen allein auf die Voraussetzungen ist dann untunlich, wenn die Rechtsfolge offenbar nicht passt.

Beispiel: §§ 823, 253 Abs. 2 BGB – Schmerzensgeld bei einer Eigentumsverletzung

Allein auf die Rechtsfolge sollte man zumindest dann nicht abstellen, wenn unklar ist, inwieweit die Rechtsfolge des Gesetzes mit dem Begehren übereinstimmt.

Beispiele: § 536 a BGB – Es wäre unnötig, vor Prüfung der Voraussetzungen schon die Frage zu behandeln, ob § 536 a BGB seiner Rechtsfolge nach auch Mangelfolgeschäden erfasst und ob der Schaden, dessen Ersatz verlangt wird, ein Mangelfolgeschaden ist; § 670 BGB bzgl. Schadensersatz.

Richtig ist es, bei der Suche der Antwortnormen den Blick sowohl auf die Voraussetzungen wie auf die Rechtsfolge zu richten. Man betrachtet zunächst den Lebenssachverhalt (z.B. Kauf eines Kfz, Verkehrsunfall) und sucht Vorschriften, die ihren Voraussetzungen nach einen solchen Lebenssachverhalt regeln (z.B. §§ 433 ff. BGB, § 823 BGB, § 7 StVG). Dann betrachtet man die Rechtsfolgen, um die es geht.

Beispiel: Verlangt der Käufer, dem eine mangelhafte Sache geliefert worden ist, den Kaufpreis zurück, so sind §§ 434, 437 Nr. 2 BGB in Betracht zu ziehen. Verlangt der Käufer Lieferung einer mangelfreien Sache, so prüft man §§ 434, 437 Nr. 1, 439 BGB.

Je stärker das Anspruchsbegehren einer gesetzlich ausgeformten Rechtsfolge entspricht, umso mehr ist bei der Auswahl der Antwortnormen die Rechtsfolge in den Vordergrund zu stellen.

Beispiel: Wird Schadensersatz verlangt, darf nicht § 1004 BGB herangezogen werden. Verlangt ein Polizeibeamter Beseitigung eines Spruchbandes, über das sich eine auf der Straße versammelte Menschenmenge empört, so darf nicht auf § 15 VersammlungsG abgestellt werden, weil das Verlangen des Polizeibeamten weder „Verbot" noch „Auflösung" einer Versammlung ist.

c) **Gegen-/Hilfsnormen**

Für die Auswahl von Gegen- und Hilfsnormen gilt Entsprechendes:

- Es kommen nur Gegennormen in Betracht, die die Rechtsfolge der Antwortnorm ausschließen, einschränken oder modifizieren.

  Beispiel: Ist die Anspruchsgrundlage (Antwortnorm) auf Aufwendungsersatz gerichtet, so darf die auf Schadensersatz bezogene Vorschrift des § 254 BGB jedenfalls nicht ohne zusätzliche Begründung (etwa Analogie) angewandt werden.

- Es kommen nur Hilfsnormen in Betracht, die sich auf Tatbestandsmerkmale der Antwort- oder Gegennormen beziehen.

  Beispiel: Enthält die Antwortnorm das Tatbestandsmerkmal „vertretbare Sachen“, so darf nur § 91 BGB geprüft werden und nicht etwa § 92 BGB, selbst wenn die Voraussetzungen des § 92 BGB möglicherweise vorliegen.

2. Prüfungsrelevanz

Die bei der Normsuche gefundenen Normen sind auf ihre Prüfungsrelevanz zu untersuchen. Dies führt zu einem Ausscheiden von Normen, die nicht als prüfungsrelevant angesehen werden.

a) **Auswahlkriterien**

Hat man bei der Normsuche eine Mehrzahl von Rechtsnormen in Betracht gezogen, so muss man nunmehr entscheiden, welche wirklich geprüft werden. Welche der in Betracht kommenden Rechtsnormen zu prüfen sind, ist bereits im Rahmen der vorbereitenden Überlegungen bedeutsam. Die nicht zu prüfenden Normen sind auszuscheiden. Geprüft werden diejenigen, deren Eingreifen nach einigen Überlegungen „möglich“ ist, in Abgrenzung zu den mehr oder weniger „abwegigen“ Vorschriften. Zwar erfolgt bei dieser im Wege der Vorarbeit zu treffenden Normauswahl noch keine Subsumtion, jedoch handelt es sich um einen ähnlichen Vorgang. Es erfolgt ein kurzer und grober Vergleich zwischen Rechtsnorm und Sachverhalt. Führt dieser Vergleich zur Gewissheit, dass die Norm offensichtlich nicht eingreift, so bleibt sie außer Betracht. Anderenfalls wird sie geprüft. Genauere Regeln gibt es für diesen Vorgang nicht. Letztlich entscheiden hier das Rechtsgefühl und die Erfahrung, wie üblicherweise verfahren wird. Vorschriften, die sich ohne weiteres mit nur einem Satz überzeugend ablehnen lassen, brauchen nicht geprüft zu werden.

Beispiel: Die freiwillige Hingabe einer Sache schließt possessorische Herausgabeansprüche gemäß § 861 BGB aus. Bei Forderungen fehlt es derart eindeutig an einer Sachqualität, dass Zueignungsstraftaten gemäß §§ 242, 246 StGB von vornherein ausscheiden.

Zu berücksichtigen ist, dass bei der Darstellung des Gutachtens auch Normen zu prüfen sind, die im Ergebnis verneint werden. Es ist aufzuzeigen, welche nahe liegenden Normen ernsthaft in Betracht zu ziehen waren (Technik des Häuserbauens und Häusereinreißens).

b) **Zivilrecht**

Die Frage der Prüfungsrelevanz einer Rechtsnorm soll zunächst für die zivilrechtlichen Anspruchsgrundlagen dargestellt werden. Im Zivilrecht sind grds. alle Anspruchsgrundlagen maßgeblich. Es sind selbstverständlich weitere in Betracht kommende Anspruchsgrundlagen zu prüfen, falls die bisher geprüften nicht eingreifen. Wenn im Ergebnis kein Anspruch eingreift, müssen alle in Betracht kommenden Anspruchsgrundlagen sehr sorgfältig geprüft werden. Nur dies führt zu einem richtigen Ergebnis und zu einer überzeugenden Entscheidung. Ansonsten wird der Anspruchsteller/Kläger nicht bereit sein, das für ihn negative Ergebnis zu akzeptieren. Weitere Anspruchsgrundlagen sind auch dann zu prüfen, wenn sie eine für den Fall relevante weitergehende oder sonst günstige Rechtsfolge haben (z.B. bezüglich Beweislast, Verjährung, Haftungsumfang, Prozessart, Gerichtsstand). Anders könnte es aber sein, wenn ein Anspruch bereits bejaht ist und weitere Anspruchsgrundlagen keine darüber hinausgehenden Rechtsfolgen haben. Dann könnte man die Prüfung weiterer Anspruchsgrundlagen als Verstoß gegen das Prinzip der Notwendigkeit ansehen. Jedoch gilt im Grundsatz: Es sind alle in Betracht kommenden Anspruchsgrundlagen zu prüfen.

Aus arbeitsökonomischen Gesichtspunkten und Zweckmäßigkeitsgesichtspunkten sind jedoch Einschränkungen zu machen. Hat man bereits mehrere Anspruchsgrundlagen in überzeugender Weise bejaht, so sollte man Anspruchsgrundlagen, die nicht eingreifen, nicht mehr erörtern, sowie Anspruchsgrundlagen, die eingreifen, kurz behandeln. Zu erwägen ist auch, ob man nicht Anspruchsgrundlagen weglässt, die in der Sache nichts Neues bringen. Im Grunde geht es hier um die richtige Schwerpunktbildung und einen geschickten Aufbau (s. 3. Abschnitt E. I. und 4. Abschnitt E. I.).

Das Vollständigkeitsgebot gilt entsprechend für andere zivilrechtliche Rechtsfolgen wie beispielsweise

- für mehrere Erlöschensgründe oder Einreden
- für die Bejahung einzelner Tatbestandsmerkmale aufgrund von Hilfsnormen (z.B. kann sich ein Mangel der Kaufsache sowohl aus § 434 Abs. 1 BGB als auch § 434 Abs. 2 BGB ergeben)
- für mehrere Eigentumserwerbs- und -verlustgründe.

Allerdings darf man sich dabei nicht mit der Logik in Widerspruch setzen. So kann ein bereits erloschener Anspruch nicht ein zweites Mal erlöschen. Wohl aber kann ein Anspruch aus zwei Gründen erlöschen. Ebenso wenig kann ein erloschener Anspruch durch eine Einrede gehemmt sein.

Die für das Zivilrecht geltenden Grundsätze sind prinzipiell auch in anderen Rechtsgebieten anzuwenden.

c) **Öffentliches Recht**

Im Öffentlichen Recht sind alle in Betracht kommenden Zuständigkeitsvorschriften und Ermächtigungsgrundlagen für das Handeln der Behörde zu prüfen. Aus der Sicht des Bürgers, insbesondere bei Rechtsbehelfen, sind alle möglichen Rechtswidrigkeitsgründe und Rechtsverletzungen zu prüfen. Es handelt sich um die „Anspruchsgrundlagen“ des Bürgers im Verhältnis zum Staat. Geht es um die Verfassungsmäßigkeit eines Gesetzes, so sind sämtliche formellen und materiellen Verstöße zu erörtern. Auch hier ergeben sich Einschränkungen aus Gründen der Logik.

Beispiel: Hat man bei der Prüfung eines im Ermessen stehenden Verwaltungsaktes das Vorliegen der von der Behörde angenommenen Ermächtigungsgrundlage verneint, so kann man Ermessensfehler nicht mehr prüfen.

d) **Strafrecht**

Im Strafrecht sind grds. alle Straftatbestände einschließlich aller infrage kommenden Merkmale, alle Rechtfertigungs- und Schuldausschließungsgründe zu prüfen.

Beispiel: Einschränkung – Hat man im Strafrecht einen Rechtfertigungsgrund bejaht, so verbietet sich die Prüfung eines Schuldausschließungsgrundes.

3. Ideenzettel

Zweckmäßig ist es, bereits bei der Suche der Rechtsnormen und bei der Auswahl der Rechtsnormen einen Ideenzettel anzulegen. Hierauf sind zunächst die gefundenen Rechtsnormen zu notieren. Zusätzlich sollte man fast alles, was einem dabei einfällt, durch ein Stichwort auf dem Papier festhalten und als „VÜ" (Vorüberlegung) kennzeichnen. Inwieweit die Ergebnisse dieser freien Assoziationen brauchbar sind, zeigt sich bei der späteren Prüfung. Wie wertvoll diese ersten Gedanken sind, hängt weitgehend von dem positiven Wissen des Fallbearbeiters ab, d.h. welche Anspruchsgrundlagen und Regelungszusammenhänge er bereits behalten und verstanden hat.

Die Überlegung, die man sich bei dem Suchen und Auswählen der Rechtsnormen gemacht hat, stellen einen wesentlichen Teil der juristischen Denkarbeit dar. Es empfiehlt sich, die wichtigen Gedanken schriftlich festzuhalten. Unter „VÜ" (Vorüberlegung) notiert man,

- welche Vorschriften in Betracht gezogen werden (Anspruchsgrundlagen einschließlich Gegennormen, Ermächtigungsgrundlagen, Straftatbestände),
- welche davon nicht ernsthaft zu prüfen sind (durchstreichen) einschließlich Begründung,
- wo die Problemschwerpunkte liegen (unterstreichen) und
- welche Ergebnisse möglich sind (Weichenstellungen und Verzweigungen).

Diese Vorüberlegung wird nach Anwendung der juristischen Denktechnik die Grundlage für die Lösungsskizze (s. unten 4. Abschnitt C.).

III. Ordnen der Rechtsnormen

1. Rangfolge

Bei der Prüfung der bei der Normsuche gefundenen und anschließend ausgewählten Rechtsnormen ist eine bestimmte Rangfolge einzuhalten, die von den Besonderheiten des jeweiligen Rechtsgebietes bestimmt wird. Bereits im Rahmen der Vorarbeit ist zu überlegen, in welcher Reihenfolge die Rechtsnormen anzuwenden sind.

Die Rangfolge richtet sich nach dem Rangverhältnis. Vorrangige Rechtsnormen müssen zuerst geprüft werden. Bei gleichrangigen Rechtsnormen entscheidet die Zweckmäßigkeit. Im Übrigen gelten für jedes Rechtsgebiet spezifische Ordnungskriterien.

2. Ordnungskriterien

Ordnungskriterien sind der Vorrang und die Zweckmäßigkeit.

a) **Rangverhältnis**

Es gibt vier Fälle des Vorrangs: Logischer Vorrang, Spezialvorschriften, prozessualer Vorrang und Parteibestimmung.

aa) **Logischer Vorrang**

Ein logischer Vorrang besteht, wenn eine Frage nur behandelt werden kann, nachdem zuvor eine andere Frage entschieden wurde. Ob eine Norm oder eines ihrer Merkmale erst geprüft werden kann, nachdem man zuvor über eine andere Norm oder ein anderes Merkmal in einem bestimmten Sinne entschieden hat, ist nach dem abstrakten Inhalt des Gesetzes und nicht nach den konkreten Fallumständen zu beurteilen.

Beispiele:

- Die Gültigkeit (Verfassungsmäßigkeit) einer Norm, d.h. ihre Vereinbarkeit mit höherrangigem Recht ist zu klären, bevor man ihre Voraussetzungen erörtert.
- Die Normen des Eigentümer-Besitzer-Verhältnisses, §§ 985 ff. BGB, schließen zugunsten des gutgläubigen Eigenbesitzers die allgemeinen Regeln der §§ 812 ff. und 823 ff. BGB aus, vgl. §§ 992, 993 BGB. Die Anwendbarkeit der §§ 812 ff., 823 ff. BGB ist deshalb logisch vorrangig vor der Frage, ob die Tatbestandsmerkmale erfüllt sind.
- Bei Fällen mit Auslandsberührung stellt sich die Frage, ob deutsches Recht überhaupt anwendbar ist (vgl. Art. 3 ff. EGBGB, §§ 3 ff. StGB).
- Bei einer unerlaubten Handlung gemäß § 823 Abs. 1 BGB ist die Rechtsverletzung logisch vorrangig vor der Widerrechtlichkeit und dem Verschulden. Die Widerrechtlichkeit ist wiederum logisch vorrangig vor dem Verschulden.
- Bei § 812 Abs. 1 S. 1 BGB ist die Leistung bzw. Vermögensverschiebung in sonstiger Weise logisch vorrangig vor dem Fehlen eines Rechtsgrundes.
- Logisch vorrangig ist das Entstehen des Anspruchs vor dem Erlöschen und vor dem Bestehen von Einreden.

Gegenbeispiel: Bei § 985 BGB sind die Merkmale Eigentum und Besitz logisch gleichrangig, weil man das Eigentum des einen und den Besitz des anderen unabhängig voneinander prüfen kann. Liegt der Fall so, dass der Anspruchsgegner nicht Besitzer ist, so darf man ein logisches Rangverhältnis nicht etwa mit folgender Begründung behaupten: „Fehlt es am Besitz, so entfällt der Anspruch, das Eigentum braucht dann nicht mehr geprüft zu werden." Das Entfallen des Anspruchs folgt nämlich allein daraus, dass bei mehreren Tatbestandsmerkmalen sämtliche Merkmale (kumulativ) vorliegen müssen; das ist keine Frage des logischen Rangverhältnisses. Es gilt ja auch das Umgekehrte: Fehlt es am Eigentum, so kommt es auf den Besitz nicht mehr an.

bb) **Spezialvorschriften**

Spezialvorschriften sind vorrangig vor allgemeinen Vorschriften, subsidiäre Vorschriften treten zurück. Spezialität liegt vor, wenn zwei Normen denselben Sachverhalt erfassen und sich nur dadurch unterscheiden, dass eine von ihnen sämtliche Voraussetzungen enthält, die ihren Anwendungsbereich enger begrenzen (z.B. Diebstahl mit Waffen, § 244 Abs. 1 StGB, im Verhältnis zum einfachen Diebstahl, § 242 StGB).

Im Zivilrecht und im Öffentlichen Recht werden Spezialnormen stets vor den allgemeinen Normen geprüft. Werden Spezialnormen bejaht, so sind die von ihnen verdrängten allgemeinen Normen gar nicht mehr zu erwähnen, sofern sie dieselbe Rechtsfolge aufweisen.

Beispiel: § 816 BGB vor § 812 BGB (Eingriffskondiktion)

Reichen die Rechtsfolgen der allgemeinen Norm weiter als die der Spezialnorm oder greift die Spezialnorm nicht ein, so ist jeweils durch Auslegung zu klären, ob die Spezialnorm eine abschließende Regelung mit Sperrwirkung enthält.

Beispiel: Die kaufrechtlichen Gewährleistungsvorschriften der §§ 434 ff. BGB schließen die Anfechtung des Kaufvertrags wegen eines Irrtums über die Eigenschaften einer Kaufsache (§ 119 Abs. 2 BGB) für den Käufer aus.

Enthält die Spezialnorm keine abschließende Regelung, so bleibt die allgemeine Norm subsidiär (hilfsweise) anwendbar, soweit sich aus der Spezialnorm keine Rechtsfolge ergibt.

Beispiel: Ist eine Schuld nach der speziellen Vorschrift des § 416 BGB nicht wirksam übernommen worden, so kann gleichwohl eine Übernahme nach §§ 414, 415 BGB erfolgt sein. Das Wort „nur" in § 416 Abs. 1 BGB, das auf eine abschließende Regelung hindeutet, ist missverständlich, denn die Vorschrift will die Übernahme von Hypothekenschulden gerade erleichtern und schließt deshalb den Rückgriff auf die allgemeinen Übertragungstatbestände nicht aus.

Von Subsidiarität spricht man, wenn von mehreren auf einen Sachverhalt zutreffenden Normen die eine nur hilfsweise für den Fall Geltung beansprucht, dass nicht bereits die andere durchgreift. Im BGB wird dies vielfach ausdrücklich klargestellt, typisch mit Wendungen wie „in Ermangelung besonderer Vorschriften" (§ 22 BGB) oder „sofern sich nicht aus dem Gesetz ein anderes ergibt" (§ 741 BGB). Auch ohne derartige Klarstellung hat eine allgemeine Regelung nur lückenausfüllenden Charakter, sodass bei der Normsuche zunächst nach Sondergesetzen bzw. Sondervorschriften Ausschau zu halten ist. Speziell im Strafrecht ist anerkannt, dass subsidiäre Straftatbestände (z.B. § 145 d, § 316, § 323 a StGB) infolge ihrer Lückenausfüllungsfunktion nachrangig zu prüfen sind. Streitig ist jedoch, ob strafschärfende oder strafmildernde Spezialtatbestände (z.B. § 224 StGB, gefährliche Körperverletzung; § 244 StGB, Diebstahl mit Waffen) vorrangig oder erst im Anschluss an den jeweiligen Grundtatbestand zu prüfen sind. Für die vorrangige Prüfung des Spezialgesetzes spricht, dass dadurch die Schwerpunkte besser erkennbar werden („Dickschiffe nach vorn!"); für die Prüfung zunächst des Grundtatbestands spricht, dass dieses den Leser besser in die gedankliche Prüfungsfolge einführt („vom Kleinen zum Großen!").

cc) **Prozessualer Vorrang**

Ein prozessualer Vorrang besteht, wenn aufgrund verfahrensrechtlicher Vorschriften zunächst eine Frage positiv entschieden sein muss, ehe die andere geprüft werden darf. Hierzu gibt es zwei Hauptfälle:

- **Zulässigkeit einer Klage vor der Begründetheit einer Klage**

  Die Zulässigkeitsprüfung betrifft nämlich die Frage, ob der Richter zu dem sachlichen Streit, d.h. zur Begründetheit, überhaupt Stellung nehmen darf. Ist beispielsweise das Gericht, bei dem die Klage erhoben wurde, zur Entscheidung des Streitfalles nicht zuständig, so ist die Klage nicht zulässig, und der Richter darf ihre Begründetheit nicht prüfen. In gleicher Weise ist die Zulässigkeit einer Klageänderung (§ 263 ZPO), eines nachträglichen Vorbringens von Angriffs- oder Verteidigungsmitteln (§ 296 ZPO) oder eines „Nachschiebens von Gründen" im Kündigungs- oder Verwaltungsprozess zu prüfen, bevor das neue Vorbringen in der Sache gewürdigt werden darf.

- **Im Verwaltungsrecht: Zuständigkeit vor der Ermächtigungsgrundlage**

  Die Regel „Zuständigkeit vor Ermächtigung" richtet sich an die zur Entscheidung über das Verfahren zuständigen Staatsorgane (Gericht und Verwaltungsbehörde) und beziehen sich auf Situationen vor Erlass einer Entscheidung. Bei Übungs- und Examensarbeiten gelten diese Regeln daher dann, wenn der Bearbeiter sich in die Rolle des Richters bzw. Verwaltungsbeamten zu versetzen hat. Lässt sich dagegen eine Aufgabenstellung so verstehen, dass der Bearbeiter sich in die Rolle des Rechtsanwalts zu versetzen und eine bereits erlassene Maßnahme nachträglich zu beurteilen hat, besteht dieser Vorrang nicht. Dann darf zunächst die materielle Seite (Begründetheit) und erst danach die verfahrensrechtliche Seite (Zulässigkeit) eines Rechtsbehelfs geprüft werden.

dd) **Parteibestimmung**

Ein Vorrang kraft Parteibestimmung greift ein, wenn sich die Prüfungsreihenfolge aus der zulässigen Erklärung eines Beteiligten ergibt. Ein derartiger Vorrang folgt beispielsweise aus dem prozessualen Dispositionsgrundsatz (§ 308 ZPO: Bindung des Gerichts an die Parteianträge) oder aus der Privatautonomie. Hauptanwendungsfall ist, dass in einem Prozess ein Hauptantrag und ein Hilfsantrag gestellt sind.

Beispiel: Der Kläger verlangt in erster Linie Herausgabe einer Sache, hilfsweise Schadensersatz. Dann ist zunächst eine vollständige Prüfung (Zulässigkeit und Begründetheit) des Hauptantrags erforderlich, ehe auf den Hilfsantrag eingegangen werden darf. Eine Festlegung der Reihenfolge, in der das Gericht die Anspruchsgrundlagen zu prüfen hat (z.B. gesetzliche vor vertraglichen Ansprüchen), ist dem Kläger jedoch nicht gestattet.

b) **Zweckmäßigkeit**

Soweit kein Vorrang besteht, sind die Vorschriften gleichrangig. Die Reihenfolge ihrer Prüfung richtet sich sodann nach Zweckmäßigkeitsgesichtspunkten. Im Wesentlichen gelten für alle Rechtsgebiete zwei Zweckmäßigkeitsgesichtspunkte: Die Gewichtigkeit einer Rechtsnorm und die Rücksicht auf den Leser.

An den Anfang gehört möglichst die Vorschrift mit der größten Kennzeichnungs- und Durchschlagskraft („die stärkste Norm zuerst", „Dickschiffe nach vorn"). Das ist im Zivilrecht die Anspruchsgrundlage, die das Gläubigerinteresse am besten befriedigt, weil sie die weitestgehende Rechtsfolge hat und am leichtesten festzustellen ist. Im Strafrecht ist es das Delikt mit der höchsten Strafandrohung.

Oft gibt es aber eine solche Norm nicht: Die Vorschrift mit der weitestgehenden Rechtsfolge weist die schwierigeren Voraussetzungen auf (z.B. § 823 BGB), während die am leichtesten festzustellende Vorschrift weniger günstige Rechtsfolgen hat (z.B. § 7 StVG). Dann kann man sowohl die eine wie die andere Vorschrift zuerst prüfen.

Der Grundsatz der schonenden Behandlung des Lesers (Prüfers) verbietet vermeidbare Inzidenterprüfungen. Nach Möglichkeit sind die Probleme daher auf verschiedene Vorschriften (Anspruchsgrundlagen, Straftatbestände) zu verteilen, sodass die Prüfung nicht durch Erörterung von Vorfragen aus anderen Normen unnötig verschachtelt wird.

Beispiele:

1. (Zivilrecht): Anspruch aus unerlaubter Handlung gegenüber dem Verrichtungsgehilfen und gegenüber seinem Geschäftsherrn – Es ist stets mit den Ansprüchen gegenüber dem Verrichtungsgehilfen (§ 823 BGB) zu beginnen. Dadurch wird die unnötige Inzidenterprüfung bei dem Anspruch gegenüber dem Geschäftsherrn (§ 831 BGB) vermieden. Ist demgegenüber nur nach Ansprüchen gegenüber dem Geschäftsherrn gefragt, so lässt sich eine Inzidenterprüfung der tatbestandsmäßigen und rechtswidrigen unerlaubten Handlung des Verrichtungsgehilfen nicht vermeiden.

2. (Strafrecht): Vor der Prüfung eines räuberischen Diebstahls (§ 252 StGB) empfiehlt es sich zu klären, ob der Täter einen Diebstahl begangen hat und ob die Vortat bereits vollendet war.

3. Prüfungsreihenfolge

Die Prüfungsreihenfolge der gefundenen Rechtsnormen wird letztlich für jedes Rechtsgebiet durch eigene Ordnungskriterien bestimmt.

a) **Zivilrecht**

Im Zivilrecht besteht für zivilrechtliche Normen folgende Prüfungsreihenfolge (vgl. Medicus, Bürgerliches Recht Rdnr. 8–11):

▶ Vertragliche Anspruchsgrundlagen (gewollter Sozialkontakt)
  - Erfüllung, Leistung (Primäranspruch)
  - Leistungsstörung (Sekundäransprüche)
  - Vorvertragliches Vertrauensverhältnis (§§ 280 Abs. 1, 311 Abs. 2 BGB)

Ansprüche auf Erfüllung eines Vertrags (Primäransprüche) sind vor Ansprüchen wegen Vertragsverletzung (Sekundäransprüchen) zu prüfen. Grund: Innerhalb des Sekundäranspruchs kann sodann nach oben auf die Ausführungen zum Bestehen eines Vertrags verwiesen und auf diese Weise eine Inzidenterprüfung vermieden werden. Vertragliche Ansprüche sind vor gesetzlichen Ansprüchen zu prüfen. Grund: Verträge können die gesetzlichen Ansprüche ausschließen, indem sie etwa zu einer Geschäftsführung berechtigen (§ 677 BGB), ein Recht zum Behaltendürfen (§ 812 BGB), zur Verletzungshandlung (§ 823 BGB) oder zum Besitz (§ 986 BGB) gewähren und den deliktischen Haftungsmaßstab beeinflussen.

▶ Ansprüche aus Geschäftsführung ohne Auftrag (Tätigwerden für anderen)

Vertragsähnliche Ansprüche aus Geschäftsführung ohne Auftrag sind vor gesetzlichen Ansrüchen zu prüfen. Grund: Die berechtigte Geschäftsführung ohne Auftrag gewährt ähnlich wie ein Vertrag Rechte zum Behalten (§ 812 BGB), zum Eingriff (§ 823 BGB) und zum Besitz (§ 986 BGB) und kann den deliktischen Haftungsmaßstab beeinflussen (vgl. § 680 BGB).

▶ Dingliche Ansprüche (dingliche Rechtsbeziehung)

Außerhalb vertraglicher oder vertragsähnlicher Beziehungen sind dingliche Ansprüche möglichst voranzustellen (§§ 2018 ff., 985 ff., 1004, 1007, 994, 861 f. BGB). Grund: Die §§ 2018 ff., 985 ff., 1007 BGB enthalten für Schadensersatz und Nutzungen spezielle Regelungen, die Delikts- und Bereicherungsansprüche weitgehend ausschließen und deshalb von logischem Vorrang sind. Kraft Sachzusammenhangs empfiehlt es sich, die nicht ausschließlichen dinglichen Ansprüche gleichfalls hier zu prüfen.

- Ausgleichsansprüche (ungerechtfertigte Bereicherung, unerlaubte Handlung)

  Bei den Ausgleichsansprüchen wird ein Ausgleich für eine ungerechtfertigte Bereicherung (§ 812 BGB) oder für eine ungerechtfertigte Entreicherung (§ 823 BGB) gewährt. Diese Vorschriften enthalten Tatbestandsmerkmale wie „ohne rechtlichen Grund" (§ 812 BGB) oder „Rechtswidrigkeit" bzw. „Verschulden" (§ 823 BGB), die von vertraglichen Vereinbarungen oder vorrangigen gesetzlichen Vorschriften beeinflusst werden.

Allgemein gilt für den Aufbau:

- Verweise nach unten sind unzulässig; vorrangige Ansprüche oder Einzelmerkmale müssen deshalb vorweg geprüft werden.
- Abzulehnende Ansprüche sind vor denen zu behandeln, die man durchgreifen lässt.

b) **Strafrecht**

Im Strafrecht richtet sich die Prüfungsreihenfolge nach verschiedenen Ordnungskriterien. Maßgeblich sind beispielsweise die Schwere des Delikts, Täterschaft vor Teilnahme, Vollendung vor Versuch.

Grds. wird derjenige Tatbestand vorangestellt, der sich im Fall seines Vorliegens gegenüber den anderen Delikten durchsetzen würde (z.B. §§ 211 ff. vor §§ 223 ff. StGB, § 249 vor §§ 242, 240 StGB).

Grund: Bezüglich der verdrängten Delikte kann später auf eine Subsumtion, zumindest aber auf deren ausführliche Begründung im Gutachtenstil verzichtet werden.

Das Verhältnis zwischen Grundtatbestand und Privilegierungen bzw. Qualifizierungen ist umstritten. Die Prüfungsreihenfolge sollte vom jeweiligen positiven oder negativen Subsumtionsergebnis her gewählt werden. Grund: Sofern bereits der Grundtatbestand eines Delikts nicht vorliegt, ist es nicht sinnvoll, die Prüfung mit einem qualifizierenden Tatbestand zu beginnen, der dann erst recht nicht vorliegen kann.

Bleiben mehrere selbstständige Delikte übrig, so erhält grds. das schwerste den Vorrang (z.B. § 211 vor § 303 StGB, wenn der Schuss des Mörders die Kleidung beschädigt).

Grund: Der Leser soll nicht mit unwesentlichen Tatbeständen gelangweilt werden („zur Sache kommen"). Nur ausnahmsweise sollte mit dem leichteren Delikt begonnen werden, wenn dadurch eine umständliche Inzidenterprüfung vermieden werden kann (z.B. § 249 vor § 316 a StGB).

D. Anwendung des Rechts

Im dritten Arbeitsschritt des Gutachtens geht es um die Rechtsanwendung. Rechtsanwendung bedeutet die Anwendung des Rechts auf den Sachverhalt. Hierbei sind der Sachverhalt und die Rechtsnormen miteinander zu vergleichen. Die Frage ist: Wie lassen sich Sachverhalt und Rechtsnormen miteinander vergleichen?

Die Rechtsanwendung erfolgt durch eine bestimmte Denktechnik. Es handelt sich um eine bestimmte Vorgehensweise für den gedanklichen Lösungsweg des Gutachtens. Zunächst besteht folgende Ausgangslage: Die Fragestellung ist herausgearbeitet. Die Rechtsnormen sind gefunden. Wie ergibt sich nun aus den Rechtsnormen das Lösungsergebnis, die Antwort auf die Fallfrage? Die Antwort (der Schlüssel zum Erfolg?) liegt in der Anwendung von Rechtsnormen auf den Sachverhalt mithilfe bestimmter juristischer Denktechniken in Form von geordneten Denkabläufen. Somit bedeutet Rechtsanwendung die Prüfung von Rechtsnormen mithilfe der juristischen Arbeitstechnik. Diese gilt es kennen zu lernen und zu beherrschen.

I. Recht

Ausgangspunkt der Rechtsanwendung ist das Recht. Das Recht findet sich in Gesetzen. Das Gesetz enthält Rechtsnormen. Eine Rechtsnorm kann auch als Rechtssatz bezeichnet werden.

1. Wesen des Rechts

Was ist Recht? Warum gibt es Recht? Eine Antwort darauf, was Recht ist, lässt sich in der Überlegung finden, was Aufgabe des Rechts ist. Aufgabe des Rechts ist es, das menschliche Zusammenleben zu ordnen. Die Ordnung wird ermöglicht, indem menschliches Verhalten geregelt wird. Das geschieht durch Rechtsnormen. Damit dient das Recht dazu, menschliches Verhalten zu ordnen. Insoweit schafft das Recht eine Ordnung zwischen Personen. Man kann darin sogar das Wesen des Rechts erkennen: Recht ist Ordnung zwischen Personen. Das Recht dient der Wahrheit und Gerechtigkeit.

2. Rechtsnormen

Was ist eine Rechtsnorm? Eine Rechtsnorm ist eine verbindliche Anordnung, die von einem hierzu ermächtigten Normgeber erlassen worden ist.

Inhalt der meisten Rechtsnormen ist eine Anordnung an eine Person. Bei der Anordnung kann es sich um ein Gebot oder ein Verbot handeln. Insoweit wird ein menschliches Verhalten verlangt. Es wird bestimmt, welche Handlungen ein Mensch vornehmen oder unterlassen soll. Damit wird durch Rechtsnormen angeordnet, wie sich ein Mensch verhalten soll. Da es sich um ein Verhalten handelt, das vorgenommen werden soll, lassen sich Rechtsnormen auch als Sollenssätze verstehen. Rechtssätze sind Sollenssätze!

Vertiefung: Vgl. Engisch, Einführung in das juristische Denken

Die Bedeutung eines Sollenssatzes zur Ordnung des menschlichen Zusammenlebens zeigt sich auch in den christlichen Geboten.

Z.B.: Du sollst nicht töten!

Diese Betrachtung gilt auch im Zivilrecht, wo die Parteien sich selbst zu einem Verhalten verpflichten, also Sollenssätze begründen.

Wenn man davon spricht, eine Norm sei verletzt, ist damit gemeint, der Sollenssatz der Norm sei verletzt, d.h., dass das in der Norm angeordnete Verhaltensgebot nicht beachtet worden sei. Das „Sein“ entspricht nicht dem „Sollen“.

Allerdings werden Rechtsnormen meist nicht als Sollenssätze formuliert. Vielmehr verstehen wir Rechtsnormen in der Regel als Rechtsfolge auf das Nichtbeachten des Gebots oder Verbots. Sofern eine Nichtbeachtung festgestellt ist, folgt als Rechtsfolge eine Sanktion. Im Zivilrecht ist die Rechtsfolge das Entstehen eines Anspruchs (z.B. Pflicht zum Schadensersatz). Im Strafrecht ist die Sanktion eine Strafbarkeit. Hierbei handelt es sich um den Anspruch des Staates auf Bestrafung. Auch wenn die Rechtsnormen, die einen Anspruch begründen können, keinen ausdrücklichen Sollenssatz enthalten und dieser hinter den Formulierungen verborgen bleibt, steckt ein Sollenssatz in dem Sinngehalt der Norm.

Z.B.: § 823 BGB „neminem leddere“: Man soll niemanden schädigen!

3. Struktur von Rechtsnormen

Nach unserem Verständnis von Rechtsnormen enthalten sie eine Rechtsfolge für das Nichtbeachten des Sollenssatzes. Diese Anschauung bestimmt die Struktur einer Rechtsnorm. Eine Rechtsnorm besteht aus dem Tatbestand und der Rechtsfolge. Der Tatbestand enthält die Voraussetzungen für den Eintritt der Rechtsfolge. Die Rechtsfolge beschreibt die Folge wegen der Nichtbeachtung des Sollenssatzes. Typisch für eine Rechtsnorm ist eine „Wenn-Dann-Struktur“.

a) **Tabestand**
Der Tatbestand besteht in der Regel aus einem oder mehreren Tatbestandsmerkmalen. Hierbei handelt es sich um die abstrakte Formulierung von Personen oder Gegenständen sowie dem Verhalten von Personen. Da die Rechtsnorm eine unbestimmte Vielzahl von Lebenssachverhalten regelt, ist sie abstrakt-begrifflich gefasst. Das gilt zunächst für die Voraussetzungen.

Z.B. „Sache“, „Gläubiger“, „Eigentum“, „Wegnahme“

b) **Rechtsfolge**
Auch die Rechtsfolge ist abstrakt-begrifflich umschrieben.

Beispiel: „Schadensersatz“, „Leistung“, „Herausgabe“, „Freiheitsstrafe“.

Die in der Rechtsnorm bestimmte Rechtsfolge tritt nur ein, wenn die den abstrakten Tatbestandsmerkmalen entsprechenden Tatsachen auch konkret gegeben sind.

Beispiel: Nach § 242 StGB kann wegen Diebstahls nur bestraft werden, wer wirklich eine konkrete Sache (Geldschein, Auto) weggenommen hat.

Eine Rechtsfolge ist daher stets die Folge aus einem Zusammenwirken von Rechtsnorm (normativem Element) und Tatsachen (faktischem Element). Zwischen beiden Elementen wird eine Beziehung hergestellt. Das Herstellen dieser Beziehung wird als Subsumtion eines aus Fakten bestehenden Lebenssachverhalts unter eine Rechtsnorm bezeichnet.

II. Rechtsanwendungstechnik

Die Rechtsanwendung besteht in der Anwendung der Rechtsnormen auf den Sachverhalt. Die Technik der Rechtsanwendung ergibt sich aus einer bestimmten juristischen Denktechnik. Die juristische Denkarbeit besteht im Wesentlichen aus einer gedanklichen Zuordnung und Aussonderung. Die Auswahl zwischen beiden erfolgt aufgrund einer Abgrenzung und eines Ausscheidens (vgl. „Ent-Scheidung"). Insoweit handelt es sich bei der Juristerei quasi um eine „juristische Scheidekunst". Anschaulich wird dies an dem Beispiel der Abgrenzung zwischen Tag und Nacht. Jeder kann eindeutig sagen, um 12.00 Uhr mittags ist Tag und um 24.00 Uhr Mitternacht ist Nacht („eindeutiger Fall"). Die Problemfälle betreffen die Abgrenzung zwischen Tag und Nacht. Es muss geklärt werden, ob ein bestimmter Zeitpunkt, z.B. 18.00 Uhr, noch dem Tag oder der Nacht zuzurechnen ist („Grenzfälle"). Hierzu bedarf es der Aufstellung von Kriterien und Abgrenzungsmerkmalen, aus denen sich die Entscheidung herleiten und begründen lässt.

Mittel der Rechtsanwendung sind verschiedene juristische Arbeitstechniken. Sie dienen dem Finden der richtigen Entscheidung. Man kann die juristische Arbeitstechnik als Handwerkszeug des Juristen ansehen. Wie ein Handwerker, so kommt auch der Jurist nicht ohne sein Handwerkszeug aus. Der Jurist muss sein Handwerkszeug, die juristische Arbeitstechnik, beherrschen. Im Wesentlichen handelt es sich dabei um die fünf Handwerkszeuge: Subsumtion, Auslegung, Lückenausfüllung, teleologische Reduktion und Entscheidung eines Meinungsstreits.

1. Subsumtion

a) **Bedeutung**

Die Subsumtion ist die Arbeitstechnik, den Sachverhalt und die Rechtsnorm zu verbinden. Dazu müssen Sachverhalt und Rechtsnorm miteinander verglichen werden. Die Rechtsnorm enthält abstrakt formulierte Tatbestandsmerkmale. Der Sachverhalt enthält konkrete Sachverhaltsumstände. Der abstrakte Sachverhalt der Rechtsnorm und der konkrete Sachverhalt müssen miteinander in Verbindung gebracht, d.h. zusammengeführt werden. Es ist festzustellen, ob der konkrete Sachverhalt und der abstrakte Tatbestand übereinstimmen. Die Feststellung einer Übereinstimmung erfolgt mithilfe der Subsumtionstechnik. Das Wort Subsumtion stammt von dem lateinischen Wort „subsumere" und bedeutet „etwas unterordnen, darunter nehmen". Bildlich gesprochen ist demnach der konkrete Sachverhalt den abstrakten Rechtsnormen unterzuordnen. Die Subsumtionstechnik beruht auf dem juristischen Syllogismus.

b) **Denkfigur Syllogismus**

Syllogismus ist eine Denkfigur aus der Logik. Es handelt sich um eine logische Schlussfolgerung. Mit dem Syllogismus werden zwei Aussagen zu einer dritten Aussage verknüpft.

Die Denkfigur des Syllogismus lässt sich auf den griechischen Philosophen Aristoteles (384–322 vor Chr.) zurückführen. Berühmt ist folgendes Beispiel von Aristoteles:

- Erste Aussage (Obersatz): Alle Menschen sind sterblich.
- Zweite Aussage (Untersatz): Sokrates ist ein Mensch.
- Verknüpfung (Schlusssatz): Sokrates ist sterblich.

Die erste Aussage wird auch als Obersatz, die zweite als Untersatz bezeichnet. Obersatz und Untersatz bilden die Prämissen, der Schlusssatz die Schlussfolgerung, die Conclusio. Dass hier aus zwei Aussagen eine neue gewonnen („gefolgert") wird und dass die Folgerichtigkeit dieses Gedankengangs zwingend einsichtig ist, beruht darauf, dass Obersatz und Untersatz einen gemeinsamen Begriff aufweisen, der bei der Schlussfolgerung eliminiert wird und im Schlusssatz nicht mehr vorkommt. Im vorliegenden Beispiel handelt es sich um den Mittelbegriff „Mensch". Der Mittelbegriff erlaubt die Zusammenfassung von Obersatz und Untersatz zu einer neuen Aussage. Dass die syllogistische Denkweise grds. richtig ist, bestätigt auch die Lebenswirklichkeit: Sokrates war wirklich ein Mensch und ist gestorben (469–399 vor Chr.).

Die juristische Arbeitstechnik der Subsumtion beruht auf der Grundlage des Syllogismus. Jedoch wird er in einer den spezifischen Besonderheiten der juristischen Denkweise entsprechenden Form angewandt, dem sog. juristischen Syllogismus.

c) **Juristischer Syllogismus**

aa) **Inhalt**

Der juristische Syllogismus ermöglicht den Vergleich bzw. die Verbindung von abstrakten Tatbestandsmerkmalen und konkreten Sachverhaltsumständen. Hierbei ist zu berücksichtigen, dass es sich bei Tatbestandsmerkmalen und Sachverhaltsumständen nicht um Aussagen, sondern um Begriffe handelt. Es sind die abstrakt bezeichneten Begriffe mit den konkreten, im Sachverhalt beschriebenen realen Umständen zu vergleichen. Es ist festzustellen, ob konkrete Erscheinungen einem abstrakten Begriff zugehörig sind, d.h. ob sie in der Begrifflichkeit enthalten sind.

Insoweit besteht ein Unterschied zwischen normalem Syllogismus und juristischem Syllogismus. Beim normalen Syllogismus sind die Prämissen Aussagesätze, d.h. ihr Inhalt betrifft die Frage, ob etwas ist. Demgegenüber ist die Rechtsnorm, die beim Rechtsanwendungssyllogismus den Obersatz bildet, ein Sollenssatz, durch welchen das Verhalten von Personen verbindlich geregelt wird. Die Überzeugungskraft des juristischen Syllogismus wird dadurch jedoch nicht geschmälert, da die Rechtsanwendung darauf gerichtet ist, konkrete Rechtsfolgen zu gewinnen, der Schlusssatz also ebenfalls ein Sollenssatz ist.

Bei dem juristischen Syllogismus wird vor die eigentliche Anwendung der syllogistischen Denkweise eine These (Idee) gestellt. Die Einleitung durch eine These im Konjunktiv („Könnte-Satz") erfolgt aufgrund der besonderen Denkweise der juristischen Gutachtentechnik. Im Einzelnen handelt es sich um folgende Vorgehensweise:

- These: „Könnte-Satz“
- Obersatz: Rechtssatz, Definition
- Untersatz: Feststellung, Unterordnung
- Schlussfolgerung: Ergebnis

Beispiel: Eine Norm enthält bei ihren Voraussetzungen das Tatbestandsmerkmal „Sache“. – These: Bei dem vorliegenden Buch (Skript) könnte es sich um eine Sache handeln. Obersatz: Eine Sache ist ein körperlicher Gegenstand. Untersatz: Das Buch ist ein körperlicher Gegenstand. Dies folgt aus der Lebenserfahrung, da es körperlich angefasst werden kann. Dieses Skript kann in die Hand genommen werden. Schlussfolgerung: Das Buch ist eine Sache.

Klarzustellen bleibt, dass es dabei nur um eine verhältnismäßig selbstverständliche äußere Form der Rechtsanwendung geht. Es wird nicht behauptet, dass sich die Rechtsanwendung in logischen Operationen erschöpft. Diese äußere Form ist aber die Grundlage, auf der sich jede Rechtsanwendung gründet.

bb) **Vorgehensweise**

(1) **Ziel der Subsumtion**

Ziel der Subsumtion ist es festzustellen, ob der Sachverhalt und die Rechtsnorm übereinstimmen. Dies erreicht man, indem Sachverhalt und Rechtsnorm miteinander verglichen werden. Da die Subsumtion darauf angewiesen ist, andere von ihrer Richtigkeit zu überzeugen, muss sie offensichtlich (evident) gemacht werden. Evidenz bedeutet, dass eine unmittelbare Gewissheit besteht.

Vertiefung: Vgl. Esser, Vorverständnis und Methodenwahl in der Rechtsfindung

Die für die Subsumtion erforderliche Evidenz liegt vor, wenn ein geistig gesunder Mensch aufgrund des für die Beteiligten gemeinsamen Sprachgebrauchs, der gemeinsamen Erfahrungen sowie der Logik ohne weiteres erkennt, dass Rechtsbegriff und Tatsachen übereinstimmen bzw. nicht übereinstimmen.

In manchen Situationen ist die Übereinstimmung unmittelbar offensichtlich. Die Übereinstimmung eines Rechtsbegriffs und eines Tatsachenbegriffs ist dann evident, wenn im Obersatz und dem Untersatz dieselben Wörter Verwendung finden.

Beispiel: Im obigen Beispiel ist Tatbestandsmerkmal „Sache“. – Die Übereinstimmung des Rechtsbegriffs „Sache“ und des Tatsachenbegriffs „Buch“ ist dadurch evident, dass im Obersatz und im Untersatz dasselbe Wort „körperlicher Gegenstand“ Verwendung findet. Da freilich niemand die Sachqualität eines Buches bezweifeln würde, ist es in einem juristischen Gutachten überflüssig, zunächst den Begriff der Sache zu definieren und sodann ein Buch darunter zu subsumieren. Stattdessen ist eine begründungslose Evidenzbehauptung ausreichend: „Das Buch ist eine Sache.“

Manchmal lassen sich jedoch Sachverhaltsumstand und Tatbestandsmerkmal nicht unmittelbar vergleichen. Dann spricht man davon, dass die Übereinstimmung oder Nichtübereinstimmung nicht evident ist. In dieser Situation ist eine Annäherung herbeizuführen. Die entscheidende Frage ist: Wie kann man Evidenz herbeiführen? Wie ist eine Annäherung möglich?

Die Annäherung folgt mithilfe von Definitionen. Um eine Übereinstimmung feststellen zu können, muss der Rechtsbegriff im Tatbestand näher definiert, d.h. ausgelegt und abgegrenzt werden. Die Definition muss den Rechtsbegriff soweit entfalten und konkretisieren, bis die Übereinstimmung bzw. Nichtübereinstimmung evident wird.

Bei der Begriffsentfaltung müssen u.U. mehrere Definitionen hintereinander geschaltet werden, bis die zunächst unbestimmte Rechtsnorm zur Entscheidungsnorm für den konkreten Lebenssachverhalt wird.

(2) **Definitionsbildung**
Die Definition von Rechtsbegriffen bei einer Falllösung hat den Zweck, die Übereinstimmung bzw. Nichtübereinstimmung mit den Tatsachen des Lebenssachverhalts evident zu machen. Deshalb muss die Definition zu dem Problem hinführen, das sich gerade bei dem Fall aus den Besonderheiten des zu behandelnden Lebenssachverhalts ergibt. Die Definition muss deshalb mit Blick auf den zu lösenden Fall erfolgen. Aus dieser der Falllösung dienenden Funktion der Definition ergeben sich vier Grundsätze für die Fallbearbeitung:

- Erster Grundsatz: Eine Definition des Rechtsbegriffs ist entbehrlich, wenn die Tatsachen des Lebenssachverhalts bereits so eindeutig vom Wortsinn des Rechtsbegriffs erfasst werden, dass dies „unter Juristen unstreitig und ... auch für Laien aller Vermutung nach selbstverständlich ist" (vgl. Herzberg, JuS 1990, 810, 815). In diesen Fällen ist eine begründungslose Evidenzbehauptung im Urteilsstil möglich.

  Z.B.: Das Buch ist eine „Sache" i.S.d. § 985 BGB (s.o.); durch den Faustschlag in das Gesicht des B hat A den B „körperlich misshandelt" i.S.d. § 223 StGB.

- Zweiter Grundsatz: Eine Definition ist erforderlich, wo der Rechtsbegriff umgangssprachlich mit ungenauem Inhalt benutzt wird. In dieser Situation bedarf es einer „Begrenzung" und einer „Bestimmung" in Gestalt einer Definition (vgl. Herzberg, a.a.O.).

  Beispiele:

  Ist der Neffe „Angehöriger" i.S.v. § 258 Abs. 6 StGB, sodass die von seinem Onkel zu seinen Gunsten verübte Strafvereitelung straflos bleibt? – Die verneinende Antwort folgt aus der Legaldefinition des § 11 Abs. 1 Nr. 1 StGB.

  Ist ein von einem Miteigentümer bewohntes Haus für diesen ein „fremdes" Gebäude i.S.v. § 306 StGB? – Dies ist mithilfe der unstreitigen Definition der „Fremdheit" zu bejahen, denn danach ist eine Sache bereits dann für den Täter „fremd", wenn sie auch im Miteigentum eines anderen steht.

- Dritter Grundsatz: Reicht die zunächst erfolgte Definition noch nicht aus, um die Übereinstimmung zwischen Rechtsbegriff und Tatsachenbegriff eindeutig herzustellen, so sind weitere, immer konkretere Definitionen erforderlich.

  Beispiel: Architekt A hat für den Bauherrn B in dessen Auftrag, aber ohne gültigen Vertrag Zeichnungen für einen Neubau angefertigt. – Anspruchsgrundlage für eine Vergütung oder Entschädigung des A ist § 812 BGB. Fraglich ist das Tatbestandsmerkmal „etwas erlangt". Der Rechtsbegriff „etwas erlangt" und der Sachverhaltsumstand „Zeichnungen" lassen sich nicht unmittelbar in Übereinstimmung bringen. Der Rechtsbegriff „etwas erlangt" ist zu definieren. Darunter wird zunächst jeder Vermögensvorteil verstanden (1. Definition). Weiter wird darunter auch eine Dienst- oder Werkleistung verstanden, sofern dafür üblicherweise ein Entgelt zu zahlen ist (2. Definition). Jetzt ist die Übereinstimmung evident. Bei den Zeichnungen handelt es sich um „etwas" i.S.v. § 812 BGB. – Es kann auch eine 3. Definition erforderlich sein, z.B. in dem besonderen Fall, dass A die Zeichnungen ohne Auftrag angefertigt hat (Problem der aufgedrängten Bereicherung).

▶ Vierter Grundsatz: Die Definition darf nicht weitergeführt werden als für die Evidenz nötig ist. Deshalb reicht eine auf den Fall zugeschnittene Teildefinition.

Anders als in Lehrbüchern oder Kommentaren, in denen eine möglichst umfassende und viele Fälle erfassende Präzisierung des abstrakten Rechtsbegriffs angestrebt wird, verstößt eine Begriffsbestimmung ohne Bezug zum konkreten Sachverhalt bei Fallbearbeitungen gegen den Grundsatz der Notwendigkeit. Außerdem sind Aussagen, die mithilfe einer fallbezogenen Teildefinition gemacht werden können, präziser und regelmäßig auch überzeugender als solche, die bei einer allgemeinen Definition herauskommen.

Beispiel: Begriffsbestimmung der Leistung i.S.d. § 812 BGB: Es wäre verfehlt, sämtliche Leistungszwecke zu erörtern, wenn aus dem Sachverhalt hervorgeht, dass A an B zum Zwecke der Erfüllung einer Verbindlichkeit geleistet hat. Würde man in diesem Fall eine vollständige Definition des Leistungsbegriffs voranstellen, also etwa auch die Fälle erfassen, bei denen eine Zuwendung zu dem Zweck erfolgt, den anderen zu einem Verhalten zu veranlassen, wäre der Obersatz „überdefiniert". Um kenntlich zu machen, dass man sich bei der Definition auf den Bereich beschränkt, der für die Subsumtion dieses Falles bedeutsam ist, sollte man so definieren: „Eine Leistung liegt jedenfalls dann vor, wenn eine Zuwendung zu dem Zweck erfolgt ist, eine Verbindlichkeit zu erfüllen."

Mit jeder fallbezogenen Teildefinition wird das Subsumtionsergebnis konsensfähiger. Zugleich erübrigt es sich, die zu einem Tatbestandsmerkmal entwickelten „Theorien" zeitraubend und im Ergebnis überflüssig darzustellen.

Beispiele:

1. (Zivilrecht): § 362 BGB – Erfüllungstheorien (Vertragstheorie, Zweckvereinbarungstheorie, Theorie der finalen Leistungsbewirkung, Theorie der realen Leistungsbewirkung)

2. (Strafrecht): Zu dem Versuchsbeginn gemäß § 22 StGB werden verschiedene Theorien vertreten (Gefährdungstheorie, Zwischenaktstheorie, Eindruckstheorie). Diese führen im Falle einer teilweisen Verwirklichung des Tatbestands nicht zu unterschiedlichen Ergebnissen. Z.B. im Bereich der Abgrenzung Täterschaft und Teilnahme: Wenn sich bei arbeitsteiliger Begehung mehraktiger Delikte sowohl der Wille, Mittäter zu sein (subjektive Täterlehre), als auch die gemeinsame Tatherrschaft (materiell objektive Täterlehre) feststellen lässt.

Allgemein lässt sich sagen, dass überall dort, wo bei der Definition eines Rechtsbegriffs eine enge oder weite Auslegung möglich ist, jedenfalls diejenigen Sachverhalte problemlos dem Begriff unterfallen, die bereits den Anforderungen der engen Interpretation genügen. Um diese Sachverhalte subsumieren zu können, reicht mithin eine enge Teildefinition aus. Schwerer zu handhaben sind die Situationen, in denen ein Rechtsbegriff von gänzlich verschiedenen Ausgangspunkten aus interpretiert werden kann (verschiedene Meinungen).

Beispiele:

1. (Zivilrecht): § 1365 BGB – Der Begriff des Vermögens im Ganzen (Gesamtvermögensgeschäft) wird nach der objektiven Theorie rein wertmäßig und nach der subjektiven Theorie unter Einbeziehung eines Willenselements bestimmt.

2. (Strafrecht): Psychologische oder normative Bestimmung der Freiwilligkeit beim Rücktritt vom Versuch.

Besteht Einigkeit in der Behandlung zahlreicher Fallgruppen, ist zu versuchen, eine auf den Fall passende, allgemein konsensfähige Teildefinition des Begriffs zu entwickeln.

Beispiel: Zugang einer Willenserklärung gemäß § 130 Abs. 1 S. 1 BGB – Teilweise wird für den Zugang neben dem objektiven Merkmal „Gelangen in den Machtbereich des Empfängers" noch das subjektive Merkmal „mit Kenntnisnahme zu rechnen" verlangt. Erhält der Empfänger eine Postsendung zur üblichen Zustellungszeit, so ist in jedem Fall der Zugang zu bejahen.

Findet sich keine fallbezogene Teildefinition, so sind alle Auslegungsmöglichkeiten nacheinander auf den Fall anzuwenden. Führen alle zu demselben Ergebnis, so erübrigt sich eine Entscheidung über die unterschiedlichen Definitionen. Anderenfalls bedarf es der Subsumtion anhand der verschiedenen Ansichten.

Verweis: s. 3. Abschnitt D. II. 5. Entscheidung Meinungsstreit

Kann freilich die Frage nach der richtigen Definition schnell entschieden werden, während sich die Subsumtion des Sachverhalts unter alle infrage kommenden Definitionen als aufwendig erweist, so kann es sich empfehlen, rechtlich „durchzuentscheiden", d.h. die Lösung nach der ausgewählten Definition weiter zu verfolgen.

(3) **Definitionsmöglichkeiten:**
Für das Aufstellen von Definitionen gelten bestimmten Regeln (Prinzipien der Begriffsbildung).

Vertiefung: Vgl. Haft, Juristische Rhetorik, S. 63

Im Wesentlichen sind Realdefinitionen und Nominaldefinitionen zu unterscheiden.

Bei den Realdefinitionen wird das Wesen eines Gegenstands zumeist durch Aufzeigen der höheren Gattung und Hinzufügen des Artunterschiedes bestimmt („omnis definitio fit per genus proximum et differentiam spezificam").

Beispiel: Begriff des Vertrags – Zunächst ist der höhere Gattungsbegriff zu suchen: Das ist der Begriff „Rechtsgeschäft". Dann ist der Artunterschied hinzuzufügen: Vertrag ist ein Rechtsgeschäft, das durch übereinstimmende Willenserklärungen zustande kommt.

Wird ein Unterbegriff durch Ausschnitt aus einer höheren Gattung (Oberbegriff) definiert, entsteht zugleich ein anderer Unterbegriff, der Gegenbegriff zu dem definierten Begriff.

Beispiel: Bei der Bildung des Begriffs „Vertrag" (zweiseitiges Rechtsgeschäft) der Gegenbegriff „einseitiges Rechtsgeschäft"

Gerade bei der juristischen Begriffsbildung und der Rechtsanwendung allgemein muss man die Gegenbegriffe im Auge behalten und in Alternativen denken. Zunächst sind Überschneidungen mit dem Gegenbegriff zu vermeiden. Vor allem aber wird ein Begriff in der Regel klarer, wenn man sich den Gegenbegriff vor Augen hält. Möglicherweise gibt es auch für den Gegenbegriff eine exaktere Definition oder er ist leichter festzustellen. Da alle Zweifelsfälle irgendwo auf einer Skala zwischen einem gesuchten Rechtsbegriff und einem Gegenbegriff liegen, kommt es für die Subsumtion des Sachverhalts unter den fraglichen Rechtsbegriff oder unter dessen Gegenbegriff entscheidend darauf an, welchem Pol der zu lösende Fall näher liegt. Handelt es sich um einen Gegenbegriff, der im unbedingten, denklogischen („kontradiktorischen") Gegensatz zu dem gesuchten Begriff steht, so kann man von der Bejahung des einen auf die Verneinung des anderen Begriffs schließen.

Z.B.: Voraussetzung des § 113 Abs. 1 VwGO: Verwaltungsakt „rechtswidrig" – Es darf ohne weiteres auf die einfacher zu behandelnde Frage übergegangen werden, ob der VA rechtmäßig ist, da sich aus der Entscheidung über die Rechtmäßigkeit die Entscheidung über die hierzu im kontradiktorischen Gegensatz stehende Rechtswidrigkeit ergibt. – Aber: Aus der Feststellung, dass ein Werkvertrag nicht vorliegt, kann nicht auf das Vorliegen eines Dienstvertrags geschlossen werden, da weitere Gegenbegriffe (etwa Kaufvertrag) denkbar sind (sog. konträrer Gegensatz).

Von großer Bedeutung ist die Frage, ob ein Merkmal zum (Ober-)Begriff gehört und diesen einschränkt oder ob es einen Ausschnitt aus dessen Anwendungsbereich und damit einen Unterbegriff bezeichnet.

Z.B.: Formerfordernisse gehören bei den Rechtsgeschäften grds. nicht zum Begriff des Rechtsgeschäfts. Falsch ist es deshalb, einen Bürgschaftsvertrag dahin zu definieren: „... ein schriftlich erteiltes Versprechen, für die Erfüllung der Verbindlichkeit eines Dritten einzustehen." Vielmehr ist zwischen dem Vorliegen des Rechtsgeschäfts und der Wirksamkeit des Rechtsgeschäfts zu unterscheiden. Für die Wirksamkeit ist maßgeblich, ob das Rechtsgeschäft formgerecht und damit gültig oder nicht formgerecht und damit nicht gültig ist.

Bei den Nominaldefinitionen wird ein Gegenstand lediglich bezeichnet. Insbesondere wird die Bedeutung eines Begriffs in einem bestimmten Bereich festgelegt.

Beispiel: § 242 StGB – „Wegnahme" bedeutet den Bruch fremden und Begründung neuen Gewahrsams.

Die meisten Definitionsnormen enthalten Nominaldefinitionen.

Beispiel: §§ 11, 12 StGB, § 35 VwVfG

cc) **Mehrfache Einzelbegriffssubsumtion**

Jede Rechtsnorm enthält in der Regel bei ihrer Voraussetzung mehrere Tatbestandsmerkmale und damit mehrere Rechtsbegriffe. Bei jedem Rechtsbegriff muss die Übereinstimmung mit Fakten des Lebenssachverhalts festgestellt werden. Das kann nur nacheinander geschehen. Deshalb vollzieht sich die Rechtsanwendung nicht durch pauschale Subsumtion „des Lebenssachverhalts" unter „die Rechtsnorm", sondern durch mehrfache Einzelbegriffs-Subsumtion.

Beispiel: Bei § 812 BGB – „etwas erlangt", „durch Leistung", „ohne Rechtsgrund". Auch bei der Rechtsfolge kann eine mehrfache Einzelbegriffs-Subsumtion erforderlich sein. Ist etwa die Rechtsfolge auf Ersatz eines „Schadens" gerichtet, so kann problematisch sein, ob der verlangte Ausgleich einen ersatzfähigen Nachteil darstellt.

Eine juristische Falllösung besteht demnach aus einer Kette aufeinander folgender Einzelbegriffs-Subsumtionen. Der juristische Syllogismus wird grds. bei jedem Tatbestandsmerkmal der zu prüfenden Rechtsnorm angewandt. Die begehrte Rechtsfolge der Rechtsnorm ergibt sich, wenn zu einem Tatbestandsmerkmal ein entsprechender Sachverhaltsumstand vorhanden ist. Insoweit muss der Sachverhalt die Voraussetzungen der Rechtsnorm insgesamt ergeben.

Bei der Denkarbeit des Gutachtens muss der juristische Syllogismus konsequent angewandt werden.

Verweis: Das bedeutet nun aber nicht, dass jeder Denkschritt auch in dieser Form in der Niederschrift zu formulieren ist (s. hierzu 4. Abschnitt D. II. Juristische Formulierungstechnik).

Wer den juristischen Syllogismus konsequent anwendet, kommt in jedem Fall zum richtigen Ergebnis der Begutachtung.

2. Auslegung

a) **Ausgangslage**

Bei der Auslegung geht es darum, den Inhalt von Gesetzen oder Willenserklärungen zu bestimmen. Die Notwendigkeit, eine Rechtsnorm, d.h. die Merkmale des Tatbestands oder der Rechtsfolge, auszulegen, besteht, wenn der Inhalt unklar ist. Eine solche Unklarheit kann sich insbesondere daraus ergeben, dass der Inhalt nicht eindeutig bestimmt oder mehrdeutig ist.

Beispiel: In dem Tatbestand einer Rechtsnorm findet sich das Tatbestandsmerkmal „Bank“. – Hierbei kann es sich um eine Parkbank oder eine Geldbank handeln.

In dieser Situation ist der Inhalt der Rechtsnorm im Wege der Auslegung zu ermitteln. Wie bei der Subsumtion dargelegt, müssen die meisten Begriffe der Rechtsnormen erst durch Definitionen so aufbereitet werden, dass ihre Übereinstimmung oder Nichtübereinstimmung mit den Tatsachen des Lebenssachverhalts evident wird. Um zu einer sachgerechten Definition zu gelangen und um ihre Reichweite auf den konkreten Fall beurteilen zu können, bedarf es der Auslegung des Gesetzes, d.h. der Rekonstruktion des ihm innewohnenden Gedankens.

b) **Gesetzesauslegung**

Grundlage der Auslegung von Rechtsnormen ist die Gesetzesauslegung nach der klassischen Methodenlehre, die auf Friedrich Carl von Savigny (1779–1861) zurückgeht. Nach der klassischen Methodenlehre erfolgt die Auslegung anhand folgender Kriterien (Auslegungsmethoden):

(1) Wortsinn (grammatikalische Auslegung)
(2) Regelungszusammenhang (systematische Auslegung)
(3) Entstehungsgeschichte (historische Auslegung)
(4) Sinn und Zweck (teleologische Auslegung)

Vertiefung: Friedrich Carl von Savigny, System des heute römischen Rechts, Bd. I, 1840, § 33; vgl. Larenz, Methodenlehre, S. 320 ff.; BGHZ 46, 76 ff.; 69, 316 ff.; BGHSt 29, 311 ff.; krit. A. Kaufmann Jura 1992, 233, 237: „Die Zahl der möglichen Argumente ist grundsätzlich unbegrenzt.“

In der heutigen Rechtswissenschaft wird grds. auf die klassische Methodenlehre zurückgegriffen. Jedoch wird der Anwendungsbereich unterschiedlich beurteilt. Diskutiert wird, in welchem Verhältnis die Auslegungsmethoden zueinander stehen, d.h. ob eine Rangfolge der Auslegungsmethoden besteht und ggf. welche. Gegenüber der Heranziehung der Entstehungsgeschichte als Auslegungsmethode wird eingewandt, dass sie den Wandel der Zeit nicht berücksichtigt und dass sich eine Rechtsnorm nach dem Erlass durch den Gesetzgeber unabhängig von seinem Willen verselbstständigt.

Einigkeit besteht darüber, dass jede Auslegung mit dem Wortsinn zu beginnen hat. Im Übrigen wird das Verhältnis der Auslegungsmethoden zueinander von der h.M. so bestimmt, dass weder eine feste Rangordnung besteht noch eine bestimmte Gewichtung der aus ihr fließenden Argumente geboten ist. Vielmehr ergänzen sich die Methoden und sind umfassend miteinander zu kombinieren. Damit sind die einzelnen Auslegungsmethoden nicht als isolierte Methoden in einer bestimmten Reihenfolge anzuwenden, sondern sie werden als einheitliche Auslegungshilfe angesehen. Dabei dient jede einzelne Methode dazu, Argumente für die Auslegung des Inhalts einer Rechtsnorm zu liefern (sog. Methodensynkretismus). Dadurch wird auch die Möglichkeit eröffnet, entscheidend lediglich auf eine oder zwei Methoden abzustellen. Das ist schon deshalb unvermeidlich, weil meist nicht alle Methoden Argumente liefern.

Der Methodensynkretismus wird von einigen gelegentlich kritisiert. Jedoch ist die Kritik letztlich nicht überzeugend, da stets mit dem Wortsinn zu beginnen ist, der Zweck des Gesetzes die entscheidende Rolle spielt und die oben aufgeführte Reihenfolge aus Zweckmäßigkeitsgründen eingehalten wird, soweit die einzelnen Auslegungsmethoden ergiebig sind.

aa) **Auslegung nach dem Wortsinn**

Jede Auslegung beginnt beim Wortsinn! Zu Beginn der Auslegung ist der Wortsinn der Rechtsnorm zu klären, sog. grammatische oder philologische Interpretation.

Vertiefung: BGHSt 3, 262: „Alle Auslegung fängt beim Wort an".

Zu diesem Zweck kann man zusammengesetzte Wörter in ihre Bestandteile zerlegen.

Beispiele:

„Heimtücke", „Heim-Tücke", d.h. Heimlichkeit und Verschlagenheit; „Zueignung", „Zu-Eignung", d.h. erstmalige und unwiederholbare Herstellung eigentümerähnlicher Herrschaft.

Man kann einen Begriff durch Aufzeigen der höheren Gattung und Hinzufügen des artbildenden Unterschiedes analysieren.

Verweis: Realdefinitionen, s.o. II. 1. c) bb)

Bei Hausarbeiten kann man zur Ermittlung des Wortsinns auch ein Wörterbuch zu Rate ziehen.

Beispiele:

BGHSt 12, 364, 366: Der BGH hat sich des deutschen Wörterbuches von Jakob und Wilhelm Grimm bedient, um die Bedeutung des Wortes „verunglimpfen" in § 189 StGB zu ermitteln; BGHSt 35, 390, 393: Ebenso für das „Führen eines Fahrzeugs" in § 316 StGB.

Selbstverständlich kann man Rspr. und Literatur heranziehen. Deren Definitionen gehen freilich über den Wortsinn hinaus und geben schon Begriffsbestimmungen, bei denen alle Auslegungsmethoden berücksichtigt sind.

Bei der Falllösung kann eine Auslegung nach dem Wortsinn zu drei Ergebnissen führen:

- Fall bzw. der maßgebliche Teil des Falles wird eindeutig vom Wortsinn erfasst (Begriffskern)

- Fall wird vom Wortsinn noch erfasst (Begriffshof)
- Fall wird nicht vom Wortsinn erfasst

(1) **Begriffskern**
Erfasste Fälle: Im Bereich des sog. Begriffskerns legt der Wortsinn eindeutig fest, was unter den Begriff fällt.

Beispiele:

Reparatur als „Verwendung auf die Sache" i.S.d. §§ 994 ff. BGB; geladene Pistole als „Waffe" i.S.d. § 244 Abs. 1 Nr. 1 StGB

In der Regel sind diese Fälle unproblematisch, weil bei ihnen die Übereinstimmung von Rechtsbegriff und Tatsache evident ist und man praktisch keinen Gedanken auf eine Auslegung verwenden muss.

Kann das Ergebnis in Ausnahmefällen nicht befriedigen, weil der eindeutige Wortlaut angesichts des engen Regelungszwecks zu weit erscheint, so kommt eine teleologische Reduktion (Beschränkung des Wortsinns auf den Normzweck) in Betracht.

Verweis: S.u. D. II. 4.

(2) **Begriffshof**
Es bleiben die Situationen, in denen der Wortsinn zweifelhaft ist bzw. unklar bleibt, ob der Fall vom Wortsinn erfasst wird. Das ist umso eher gegeben, je mehr ein Begriff rechtstechnische Bedeutung hat (z.B. „Verfügung"). Fast jeder Begriff, der nicht Name oder Zahl ist, hat jenseits des Begriffskerns einen sog. Begriffshof, innerhalb dessen der Wortsinn allein keine sichere Entscheidung mehr ermöglicht. Hier zwingt der Wortsinn dazu, weitere Auslegungsmethoden heranzuziehen. Dabei ist Folgendes zu beachten:

- Da eine Rechtsfrage möglichst nicht allein nach dem Wortsinn zu entscheiden ist, sondern auch Sinn und Zweck des Gesetzes heranzuziehen sind, ist der Wortsinn vorläufig weit zu fassen („... könnte vom Wortsinn noch erfasst werden"). Die weiteren Auslegungsmethoden haben dann die Funktion, den vorläufig weit gefassten Wortsinn entweder zu bestätigen oder dem auszulegenden Begriff einen engeren Inhalt zu geben.

  Beispiel: Ob die Errichtung eines Bauwerks auf einem fremden Grundstück eine „Verwendung" i.S.d. §§ 994 ff. BGB darstellt, sollte nicht allein aufgrund des Wortsinns entschieden werden.

- Zuweilen kann dem Wortsinn ein Argument für oder gegen eine bestimmte Auslegung entnommen werden, insbesondere wenn der Wortsinn auf der Grenze zu den eindeutig zuzuordnenden Fällen oder den eindeutig nicht mehr erfassten Fällen liegt. Dann kann man dies in der die Wortsinninterpretation abschließenden Formulierung anklingen lassen:
  „Bereits der Wortsinn spricht dafür („... gibt einen Anhaltspunkt"), den Gesetzesbegriff in dieser Weise auszulegen." Oder: „Der Wortlaut der Vorschrift legt nahe ..."
  „Zwar schließt der Wortsinn des Gesetzes nicht aus, den Begriff in dieser Weise auszulegen, ..." Oder: „Obwohl bereits vom Wortsinn her Bedenken gegen diese Auslegung bestehen, ..."

(3) **Ausgeschlossene Sachverhalte:**
Ist die Grenze der möglichen Wortbedeutung eindeutig überschritten, so ist der Begriff nicht erfüllt. Eine weitere Auslegung ist unmöglich. Es bleibt zu erwägen, ob eine Analogie in Betracht kommt.

Beispiel: § 13 BeurkG „vorlesen" – Kein Vorlesen eines Schriftstücks bei Abspielen einer Tonbandaufnahme.

Angesichts des im Strafrecht geltenden Verbots einer Analogie zulasten des Täters (Art. 103 Abs. 2 GG) ist der mögliche Wortsinn als Auslegungsgrenze bei Strafgesetzen besonders bedeutsam.

Vertiefung: BVerfG NJW 1987, 43, 44: „Der mögliche Wortsinn des Gesetzes markiert die äußerste Grenze zulässiger richterlicher Interpretation". Dieser Wortsinn ist „aus der Sicht des Bürgers zu bestimmen".

Beispiele:

Umstrittene Grenzefälle: § 146 Abs. 1 Nr. 3 StGB („als echt" in Verkehr bringen auch bei Weitergabe von Falschgeld eingeweihter Abnehmer?); § 252 StGB („auf frischer Tat betroffen", auch wenn der Dieb von niemandem wahrgenommen worden war?); § 258 Abs. 2 StGB (Vereiteln der „Vollstreckung" einer Geldstrafe bei Bezahlung durch Dritte?) – Vgl. BGHSt 37, 226). – Die Beispiele zeigen, dass auch hier die Frage, ob der Wortsinn eindeutig überschritten (und jede weitere Auslegung damit verboten) ist, nur durch Auslegung entschieden werden kann.

bb) **Auslegung nach dem Regelungszusammenhang**
Im Anschluss an den Wortsinn ist auf den Regelungszusammenhang des Gesetzes einzugehen. Diese sog. systematische Interpretation verfolgt das Ziel, ein geschlossenes und widerspruchsfreies System von Rechtsnormen zu schaffen. Die erstrebte Widerspruchsfreiheit wird durch eine einheitliche Definition der Begriffe verwirklicht.

(1) **Innerhalb einer Norm**
Dies gilt zunächst für Begriffe innerhalb derselben Norm.

Beispiel: § 244 StGB Abs. 1 Nr. 1 a: ... eine Waffe oder ein anderes gefährliches „Werkzeug" bei sich führt; Abs. 1 Nr. 1 b: ... sonst ein „Werkzeug" oder ein Mittel bei sich führt, ...)

Dabei sind in einer Rechtsnorm häufig Ober- und Unterbegriffe zu finden. Oberbegriffe sind übergeordnete Begriffszusammenfassungen, die eine Vielzahl von Fällen beinhalten können. Unterbegriffe sind Beispiele, die zu den übergeordneten Begriffen gehören.

Beispiele:

1. (Zivilrecht): § 833 S. 1 BGB „Tier" – § 833 S. 2 BGB „Haustier"

2. (Strafrecht): § 244 Abs. 1 Nr. 1 a StGB „... eine Waffe oder ein anderes gefährliches Werkzeug bei sich führt" – „Waffe" ist Unterfall des Oberbegriffs „gefährliches Werkzeug".

Oberbegriff und Unterbegriff stehen in einer Wechselbeziehung. Das Verhältnis zwischen Oberbegriff und Unterbegriff wird durch zwei grundsätzliche Wechselwirkungen bestimmt. Der Oberbegriff prägt den Unterbegriff, d.h. alle Voraussetzungen des Oberbegriffs müssen auch bei dem Unterbegriff erfüllt sein. Der Unterbegriff illustriert den Oberbegriff, d.h. der Oberbegriff muss ähnlich ausgelegt werden wie der Unterbegriff.

Das Über- bzw. Unterordnungsverhältnis der verwendeten Begriffe ermöglicht zwei Schlussfolgerungen:

- Der weit gefasste Oberbegriff ist im Sinne der beispielhaft genannten Unterbegriffe restriktiv auszulegen.

  Beispiel: § 823 Abs. 1 BGB – Ein „sonstiges Recht" muss den zuvor aufgeführten Rechtsgütern oder dem Eigentum ähnlich sein.

- Der weit gefasste Unterbegriff bedarf derselben Einschränkung wie sie der Oberbegriff aufweist.

  Beispiel: § 154 StGB (Meineid): Nach dem Gesetzeswortlaut ist das falsche Schwören vor Gericht überhaupt unter Strafe gestellt. Zur Begrenzung des Tatbestands ist auch für das Gericht die Zuständigkeit zur Eidesabnahme zu verlangen, vgl. BGHSt 3, 249.

(2) **Innerhalb des Gesetzes**

Darüber hinaus gilt das Ziel der Widerspruchsfreiheit für sämtliche Vorschriften in einem Gesetz. Neben den amtlichen Überschriften ist der Regelungszusammenhang innerhalb desselben Abschnitts (Titels, Buches) des Gesetzes zu beachten.

Beispiele:

§ 133 BGB – Mit dem Begriff „wirklicher Wille" ist nicht der innere Wille gemeint. Dies ergibt sich aus § 119 Abs. 1 BGB; diese Vorschrift wäre sonst überflüssig.

§§ 987 ff. BGB – Voraussetzung ist nach h.M., dass der Besitzer der Sache nicht zum Besitz berechtigt ist. Das kann man daraus schließen, dass die vorangehenden §§ 985, 986 BGB den Herausgabeanspruch des Eigentümers gegen den nichtberechtigten Besitzer regeln, und dass in §§ 985, 986 ff. BGB zwischen dem gutgläubigen und dem bösgläubigen Besitzer unterschieden wird, was nur beim nichtberechtigten Besitzer sinnvoll ist.

Systematische Auslegung ist insbesondere auch möglich, wenn der auszulegende Begriff in einer anderen gesetzlichen Vorschrift gebraucht wird und sein Inhalt dort klarer wird.

Beispiel: § 149 BGB „unverzüglich" – § 121 Abs. 1 BGB „ohne schuldhaftes Zögern (unverzüglich)"

Schlüsse aus anderen Vorschriften sind nur zulässig, wenn anzunehmen ist, dass der Begriff an den verschiedenen Stellen dieselbe Bedeutung hat. Dafür spricht aber eine Vermutung. Man sollte deshalb einem Begriff im Zweifel denselben Inhalt geben, den er in einer anderen Vorschrift hat.

Beispiel: Die Begriffe „Waffe oder ein anderes gefährliches Werkzeug" oder „Werkzeug oder Mittel" oder „Mitglied einer Bande" in § 244 StGB und in § 250 StGB

Gelegentlich kann man Schlüsse auch aus anderen Vorschriften ziehen, die dem auszulegenden Begriff übergeordnete, untergeordnete oder entgegengesetzte Begriffe verwenden.

Beispiel: § 516 BGB – Fraglich ist, ob das Versprechen, eine Sache unentgeltlich zum Gebrauch zu überlassen, als Schenkung anzusehen ist. Jedoch ist die unentgeltliche Überlassung einer Sache als Leihe in § 598 BGB speziell geregelt und deshalb nicht als Schenkung anzusehen.

Auch können allgemeine Grundsätze, von denen das Gesetz ausgeht, für die Auslegung herangezogen werden.

Beispiele:

1. (Zivilrecht): Geht es im Sachenrecht um die Frage, welchen Inhalt ein Recht durch Vereinbarung bekommen kann, so ist das Prinzip der geschlossenen Zahl der Sachenrechte zu beachten.

2. (Öffentliches Recht): Bei der Auslegung von Vorschriften des Verwaltungsverfahrensrechts ist das Prinzip des § 10 VwVfG zu beachten, wonach das Verwaltungsverfahren an bestimmte Formen nicht gebunden und einfach und zweckmäßig durchzuführen ist.

3. (Strafrecht): Bei der Auslegung der „tätigen Reue" in § 306 e StGB ist das allgemeine Erfordernis der Freiwilligkeit des Rücktritts zu beachten.

(3) **Andere Gesetze**

Schließlich gilt das Ziel der Widerspruchsfreiheit auch gegenüber Normen aus anderen Gesetzen. Auch hierbei gilt, dass Schlüsse aus anderen Vorschriften nur dann zulässig sind, wenn anzunehmen ist, dass der Begriff an den verschiedenen Stellen dieselbe Bedeutung hat, wofür aber eine Vermutung spricht.

Beispiele:

1. (Zivilrecht): § 377 HGB „unverzüglich" – § 121 Abs. 1 BGB

2. (Strafrecht): Der Begriff der „Bande" sollte im StGB (§ 244, 250), im BetäubungsmittelG (§ 30) und in der AO (§ 373) gleich ausgelegt werden, vgl. BGH NStZ 1991, 535). Davon gibt es aber bedeutsame Ausnahmen: Der Begriff der „nicht rechtmäßigen Diensthandlung" in § 113 Abs. 3 StGB ist nicht im Sinne der verwaltungsrechtlichen Vorschriften, sondern mit Rücksicht auf den besonderen Schutzzweck des § 113 StGB wesentlich enger ausgelegt.

Besonderes Gewicht haben Argumente aus einer höherrangigen Regelung. Deshalb gilt für alle gesetzlichen und untergesetzlichen Vorschriften das Gebot der verfassungskonformen Auslegung (vertikale Normenangleichung).

Vertiefung: BVerfGE 48, 45 „Eine verfassungskonforme Auslegung kommt dann in Betracht, wenn eine auslegungsfähige Norm nach den üblichen Interpretationsregeln mehrere Auslegungen zulässt, von denen eine oder mehrere mit der Verfassung übereinstimmen, während andere zu einem verfassungswidrigen Ergebnis führen ... "
Darüber hinaus sind gesetzliche Vorschriften so auszulegen, dass wichtige Verfassungsprinzipien oder Wertentscheidungen der Verfassung (z.B. Rechtsstaatsprinzip, Demokratie, Sozialstaat) möglichst weitgehend zur Geltung kommen. In ähnlicher Weise sind Tarifverträge, Satzungen und Rechtsverordnungen „gesetzeskonform" auszulegen. Landesrechtliche Vorschriften müssen im Hinblick auf Art. 31 GG „bundesrechtskonform" ausgelegt werden. Bundesrechtliche Vorschriften und sogar das Grundgesetz müssen „im Einklang mit den völkerrechtlichen Verpflichtungen der Bundesrepublik Deutschland" ausgelegt und angewendet werden (BVerfGE 74, 358, 370); für eine „völkerrechtsfreundliche Auslegung" des AtomG BVerfGE 75, 285, 288; europarechtsfreundliche Auslegung.

cc) **Auslegung aus der Entstehungsgeschichte**

Aus der Entstehungsgeschichte der Vorschrift ergibt sich der für die Auslegung wichtige Wille des Gesetzgebers (historische oder genetische Interpretation).

(1) **Wille des Gesetzgebers**

Was ist der Wille des Gesetzgebers? Was der Wille des Gesetzgebers eigentlich ist und welcher Stellenwert ihm zukommt, ist seit langem Gegenstand zweier Theorien:

- Nach der subjektiven Auslegungstheorie ist ein Gesetz so auszulegen, wie es der historische Gesetzgeber verstanden hat und verstanden wissen wollte.

- Die objektive Auslegungstheorie erforscht dagegen den „Willen des Gesetzes“. Es kommt darauf an, welcher Sinn und Zweck angesichts der gegebenen Interessenlage im Gesetz aufgrund von Wortsinn und Bedeutungszusammenhang zum Ausdruck gekommen ist.

Heute besteht Einigkeit, dass beide Ziele zu berücksichtigen und miteinander in Einklang zu bringen sind („Vereinigungstheorie“). Für die historische und genetische Interpretation bedeutet das, dass diese lediglich Anhaltspunkte für oder gegen eine bestimmte Auslegung aufzeigen kann. Eine Entscheidung des Auslegungsproblems allein aufgrund subjektiven Willens des Gesetzgebers ist nicht möglich. Je größer die sozialen und wirtschaftlichen Veränderungen seit Erlass des Gesetzes sind, umso unwichtiger wird der Wille des historischen Gesetzgebers. Ist ein Gesetz dagegen erst kürzlich erlassen, um gerade die in Rede stehende Situation zu regeln, wäre es nach dem Prinzip von Demokratie und Rechtsstaat bedenklich, wenn über einen festgestellten Willen des Gesetzgebers hinweggegangen würde.

(2) **Ermittlung**
Wie wird der Wille des Gesetzgebers ermittelt? Anhaltspunkte können sich ergeben aus

- der Begründung des Gesetzentwurfes,
- Sitzungsberichten der Ausschüsse und der Beratungen im Parlament,
- sonstigen Äußerungen von Personen, die maßgebend bei der Gesetzesberatung mitgewirkt haben,
- wirtschaftlichen und sozialen Verhältnissen bei Erlass des Gesetzes, von denen der Gesetzgeber ersichtlich ausgegangen ist.

Vertiefung: Der historische Wille der Gesetzesverfasser des BGB ergibt sich aus dem ersten Entwurf und den zugehörigen „Motiven“ und insbesondere aus dem zweiten Entwurf und den zugehörigen „Protokollen“; beide wurden 1899 in fünf Bänden „Materialien“ in der Bearbeitung von Mugdan veröffentlicht. Zu den Quellen des StGB von 1871 vgl. Schubert GA 1982, 191. Instruktiv zu den historischen Grundlagen wichtiger deutscher Gesetze M. Schmitz, Jura 1987, 182.

(3) **Anwendung**
Eine Argumentation aus der Entstehungsgeschichte ist wegen der mangelnden Zugriffsmöglichkeit auf Gesetzesmaterialien in Klausuren kaum möglich. Insoweit beschränkt sich die historische Auslegung im Wesentlichen auf ausführliche Darstellungen in der Hausarbeit.

dd) **Auslegung nach dem Sinn und Zweck**
Soweit Wortsinn und Bedeutungszusammenhang verschiedene Auslegungen eines Begriffs zulassen, ist unter Berücksichtigung der Entstehungsgeschichte nach Sinn und Zweck der Norm (sog. ratio legis) zu fragen. Diese am Regelungsziel der anzuwendenden Rechtsnorm orientierte teleologische Interpretation (griechisch „telos“ = Ziel, Zweck) ist die bei weitem wichtigste Auslegungsmethode. Deshalb sollte man es sich während des Studiums zur Gewohnheit machen, bei jeder anzuwendenden Norm nach ihrer Funktion innerhalb der Rechtsordnung zu fragen.

Die Auslegung nach dem Normzweck orientiert sich an drei Fragen: Was ist der Normzweck? Wie wird der Normzweck ermittelt? Wird die Interessenlage des Falles vom Normzweck gedeckt?

(1) **Normzweck**
Was ist der Normzweck?

Der Normzweck ergibt sich zunächst aus dem konkreten Zweck, der mit der Verwendung bestimmter Begriffe in der Rechtsnorm verfolgt wird.

Beispiel: Wenn in § 824 BGB an eine „Tatsache" angeknüpft wird, die „geeignet ist, den Kredit eines anderen zu gefährden", so wird damit der Zweck verfolgt, die Kreditwürdigkeit des anderen zu schützen.

Darüber hinaus ist der Zweck maßgeblich, dem das ganze Gesetz dient.

Beispiele: § 1 SGB, § 1 BImSchG, § 1 AtomG

Allerdings verfolgt fast kein Gesetz nur einen Zweck.

Beispiel: Im Schuldrecht bezweckt keine Vorschrift ausschließlich den Schutz des Gläubigers, sondern es werden stets auch die Interessen des Schuldners berücksichtigt. Nicht einmal die Grundrechte verfolgen ausschließlich den Zweck, die Freiheit der Person usw. zu gewährleisten, sondern wollen außerdem gewisse Gemeinschaftsgüter schützen und lassen deshalb Einschränkungen der Grundrechte zu.

Die Beispiele zeigen, dass die Zwecke miteinander in Widerspruch stehen können, wobei das Gesetz sich um einen Ausgleich bemüht.

Als Teil der Rechtsordnung verfolgt jede Norm zugleich entfernte allgemeine Zwecke. So kann der weitere Normzweck darin bestehen, allgemeine Rechtsprinzipien zu verwirklichen wie etwa: Risikoverteilung nach Verantwortungssphären, Vertrauen auf das gegebene Wort und auf sonstiges Verhalten (Vertrauensschutz), Sühne für Schuld, Sozialstaatsprinzip, Verhältnismäßigkeit, Rechtssicherheit, Praktikabilität. Als Zweck des Gesetzes anzusehen sind auch Strukturen und „Sachgesetzlichkeiten", die sich aus den Lebensverhältnissen ergeben. Denn es ist dem Gesetzgeber zu unterstellen, dass er diese nicht missachten will. Dieser Gesichtspunkt wird als Natur der Sache bezeichnet.

Vertiefung: Larenz, Methodenlehre, S. 417 ff.; Gern, JuS 1988, 534

Ferner ist zu beachten, dass die Norm den Zweck oder die Zwecke nicht schlechthin verfolgt, sondern nur für die von ihr geregelte Interessenlage. Insoweit ist der Zweck beschränkt auf den geregelten Normbereich.

Beispiel: § 280 Abs. 1 BGB verfolgt den Zweck, dem Interesse des Gläubigers am Ersatz seines Schadens den Vorrang vor dem Interesse des Schuldners einzuräumen, nur für den Fall, dass der Schuldner die Unmöglichkeit der Leistung zu vertreten hat.

(2) **Ermittlung**
Wie wird der Normzweck ermittelt?

Zunächst ist der Zweck der Rechtsnorm festzustellen. Maßgeblich ist die Interessenlage der Norm, d.h. welche Fälle eine Norm regeln will und wie die Regelung ausgestaltet sein soll. Bei der Ermittlung des Normzwecks können folgende Fragen helfen:

- Welcher Ausschnitt aus der sozialen Wirklichkeit liegt der Norm zugrunde? (Bestimmung des Normbereichs)
- Wie hat der Gesetzgeber die Interessen der Beteiligten bewertet? Insbesondere: Welchen Interessen hat der Gesetzgeber den Vorrang eingeräumt? (Interessenausgleich)
- Warum hat der Gesetzgeber diese Bewertung vorgenommen?
- Ist diese Interessenbewertung durch den historischen Gesetzgeber angesichts der gegenwärtigen sozialen Wirklichkeit noch immer vernünftig? Wenn nein: Welche Interessenbewertung ist gegenwärtig sinnvoll?

Beispiel: Die Normzweckprüfung des § 404 BGB würde wie folgt verlaufen: Die Vorschrift regelt die Verteidigung des Schuldners nach Abtretung gegenüber dem neuen Gläubiger. Das Gesetz bewertet das Interesse des Schuldners, etwaige Einwendungen weiterhin erheben zu können, höher als das Vertrauen des Neugläubigers auf den Bestand der Forderung. Der Grund dafür liegt darin, dass die Abtretung ohne Mitwirkung des Schuldners geschieht (§ 398 S. 1 BGB), seine Rechtsstellung sich mithin nicht nachteilig verändern darf, während der neue Gläubiger mangels eines äußeren Vertrauenstatbestands für das Bestehen der Forderung „an die Stelle des bisherigen Gläubigers“ tritt (§ 398 S. 2 BGB). Da diese Interessenbewertung auf der Regelung des Abtretungsvorgangs aufbaut, der Normbereich des § 404 BGB mithin „rechtserzeugt“ ist, kann sich die Änderung der gesellschaftlichen und wirtschaftlichen Verhältnisse seit In-Kraft-Treten des BGB nicht auswirken.

Obwohl das Gesetz, wie gezeigt, mehrere Zwecke verfolgt, genügt es in Klausuren regelmäßig, wenn man den oder die hauptsächlichen Normzweck(e) angibt.

Beispiel: Bei § 311 b BGB: Warn-, Beratungs- und Beweisfunktion des Formzwanges; bei §§ 404, 406 ff. BGB: Schuldnerschutz

Erst wenn sich beim anschließenden Vergleich mit der Interessenlage des Falles ergibt, dass der hauptsächliche Normzweck keine ganz befriedigende Lösung ermöglicht, sind weitere Normzwecke, auch allgemeiner Art wie Rechtssicherheit, ausgewogene Berücksichtigung aller im Spiel befindlichen Interessen, heranzuziehen.

Beispiel: § 221 StGB (Aussetzung) – Sollen „hilflose Personen“ nur vor Lebensgefahr (Hauptzweck) oder auch vor Körpergefahren (weiterer Zweck) geschützt werden?

(3) **Übereinstimmung**
Wird die Interessenlage des Falles vom Normzweck gedeckt?

Nachdem die Interessenlage und -bewertung der Norm bzw. ihres Rechtsbegriffs ermittelt wurde, ist nunmehr die Interessenlage des Falles festzustellen. Hierzu ist die Interessenlage bei der Fallgruppe, deren Einordnung fraglich ist, zu analysieren. Anschließend sind beide Interessenlagen zu vergleichen.

Der Fall wird von der Norm erfasst, wenn die Interessenlage des Falles der Interessenlage der Norm im Wesentlichen entspricht. Der Fall fällt nicht unter die Norm, wenn die Interessenlage wesentlich verschieden ist. Ob eine unwesentliche oder eine wesentliche Verschiedenheit der Interessenlagen gegeben ist, kann nur unter Berücksichtigung des Normzwecks festgestellt werden. Meist ist eine gewisse Verschiedenheit vorhanden, anderenfalls bestünden keine Auslegungszweifel. Die entscheidende Frage geht dann dahin, ob die Verschiedenheit unter Berücksichtigung des Normzwecks wesentlich ist. Hierbei hat der Rechtsanwender einen Wertungsspielraum. Er ist geringer bei den beschreibenden (deskriptiven) Begriffen (z.B. „Gebäude“, „Haustier“), größer bei den sog. wertausfüllungsbedürftigen (normativen) Begriffen (z.B. „Mordlust“, „aus niedrigen Beweggründen“, „heimtückisch oder grausam“) und noch größer bei den Generalklauseln (z.B. §§ 138, 242, 826 BGB). Es ist davon auszugehen, dass der Rechtsanwender den Wertungsspielraum in denkendem Gehorsam gegenüber Gesetz und Gesetzgeber auszufüllen hat. Die Gründe für seine Entscheidung hat er offen zu legen und rational nachprüfbar und kritisierbar zu machen. Der Bindung des Rechtsanwenders an das Gesetz entspricht es, von der Interessenlage und Wertung des Gesetzes auszugehen und zu prüfen, ob im zu entscheidenden Fall ein Unterschied zu der dem Gesetz zugrunde liegenden Interessenlage besteht und ob dieser wesentlich ist. Deshalb kann man die für die Normzweckprüfung entscheidende Frage wie folgt fassen:

Rechtfertigt es der Zweck, der der Wertung durch die Norm zugrunde liegt, im zu entscheidenden Fall trotz der Besonderheiten seiner Interessenlage dieselbe Wertung vorzunehmen?

Bei der Antwort können verschiedene Gesichtspunkte („topoi“) hilfreich sein:

- Ausnahmevorschriften sind eng auszulegen
  Liegt der Norm eine besondere (singuläre) Interessenlage zugrunde, so spricht das gegen eine Ausdehnung der von der Norm vorgesehenen Bewertung auf andere Fälle. Anders ist es bei Regelungen, in denen sich ein allgemeines Prinzip ausdrückt.

  Beispiel: Angesichts des Grundsatzes, dass sich die Rechtsstellung des Schuldners durch Abtretung nicht verschlechtern darf (§ 404 BGB), ist der Ausnahmetatbestand des § 405 BGB auf die ausdrücklich genannten Einwendungen beschränkt.

- Erst-recht-Schluss (argumentum a fortiori oder a maiore ad minus = Schluss vom Größeren auf das Kleinere)
  Ist ein solcher Schluss möglich, so spricht dies für eine weite Auslegung. Es kann aber auch eine Analogie in Betracht kommen.

  Beispiele: § 1904 BGB – Wenn schon bestimmte lebensgefährliche Heileingriffe der Genehmigung des Vormundschaftsgerichts bedürfen, dann muss dies erst recht für den Abbruch einer lebenserhaltenden ärztlichen Behandlung gelten, wenn dadurch der Tod des Patienten mit Sicherheit binnen kurzem droht, vgl. BGH NJW 1995, 204, 205;
  § 905 BGB – Wenn unter bestimmten Voraussetzungen die Beeinträchtigung fremder Sachen gestattet ist, so muss unter denselben Voraussetzungen erst recht die Beeinträchtigung herrenloser Sachen erlaubt sein.

- Folgenbetrachtung
  Für eine weite Auslegung spricht die bestätigende, für eine enge Auslegung die widerlegende Folgenbetrachtung. Beim „Blick auf die Folgen“ wird davon ausgegangen, dass die Norm nach ihrem Zweck gewisse Folgen als erwünscht ansieht und herbeiführen will, andere Folgen als unerwünscht verhindert werden sollen. Bei der Folgenbetrachtung wird angenommen, man habe im Sinne einer der bestehenden Auslegungsmöglichkeiten entschieden, und die Frage gestellt: Welche – erwünschten oder unerwünschten – Folgen hätte diese Entscheidung?

Erwünschte Folgen liegen nahe, wenn eine bestimmte Auslegung

- sich sinnvoll in die Systematik des Gesetzes einpasst,
- eine eindeutige Abgrenzung verschiedener Tatbestände ermöglicht und so die Rechtssicherheit fördert,
- die Anwendung der Vorschrift erleichtert, indem sie Beweisschwierigkeiten vermeidet, den Prozess oder das Verwaltungsverfahren vereinfacht oder beschleunigt (Praktikabilität, Prozessökonomie),
- das Insolvenzrisiko angemessen zwischen den Beteiligten verteilt (ökonomische Folgenbetrachtung),
- den Schutz sozial Schwächerer gewährleistet (z.B. im Bereich des Verbraucherschutzes),
- die optimale Ausnutzung von Einrichtungen oder Kapazitäten ermöglicht,
- Grundrechte verwirklicht bzw. einen umfassenden Schutz bestimmter Rechtsgüter ermöglicht (z.B. Erhaltung der natürlichen Umwelt: Ökologische Folgenbetrachtung).

Unerwünschte Folgen liegen nahe, wenn die Auslegung

- zu zufälligen oder sonst offenbar untragbaren Ergebnissen (sog. argumentum ad absurdum) führt,
- unerwünschte Nebenfolgen hat, da sie anderen Zwecken oder Rechtsprinzipien zuwiderläuft, oder ungerecht ist, da sie den erstrebten Zweck nur in einem Teil der gleichliegenden Fälle verwirklichen kann,
- eine Norm „leerlaufen“ oder in wesentlichen Fällen unanwendbar werden lässt,
- zu Beweisschwierigkeiten führen kann (namentlich beim Abstellen auf subjektive Merkmale),
- zu sonst unerwünschten Ergebnissen führt (Existenzgefährdung, Missbrauchsgefahr, Schadensabwälzung auf Dritte, unverhältnismäßig hohe Strafe unter Verletzung des Schuldprinzips).

Beispiel zur Folgenbetrachtung aus dem Arbeitsrecht: Problemkreis „unerlaubte Fragen bei der Einstellung“. An sich wäre es sachgerecht, dem Bewerber um einen Arbeitsplatz, an den eine unzulässige Frage gerichtet wird, das Recht zu geben, auf diese Frage die Antwort zu verweigern („Das geht Sie nichts an“). Doch hätte dies möglicherweise zur Folge, dass der sich rechtmäßig verhaltende Arbeitnehmer nicht eingestellt würde, was unerwünscht ist. Deshalb darf er solche Fragen falsch beantworten, ohne dass der Arbeitgeber zur Anfechtung des Arbeitsvertrags nach § 123 BGB berechtigt wäre. Praktisch erhält er also ein „Recht zur Lüge“, vgl. BAGE 5, 159; BAG DB 1991, 1934.

c) **Auslegung Willenserklärung**

Die Gesetzesauslegung ist anzuwenden bei der Auslegung von Rechtsnormen. Die dargestellten Auslegungsmethoden beziehen sich damit auf die Auslegung von Gesetzen. Hiervon zu unterscheiden ist die Auslegung von Willenserklärungen und Verträgen.

Die Auslegung von Willenserklärungen und Verträgen erfolgt gemäß §§ 133, 157 BGB. Auslegungsmethoden sind hierbei die erläuternde und die ergänzende Auslegung. Bei der erläuternden Auslegung ist der Wille einer Partei grds. aus der Sicht des Rechtsverkehrs zu ermitteln (Empfängerhorizont). Bei der ergänzenden Auslegung ist bei Vorliegen einer Lücke der hypothetische Wille zu ermitteln. Es ist zu erforschen, was ein verständiger Mensch in der Situation des Erklärenden wohl gewollt und erklärt hätte.

Vertiefung: AS-Skript BGB AT 1, 4. Abschnitt

3. Lückenausfüllung

a) Regelungslücke

aa) Ausgangslage

Bei der Rechtsanwendung lässt sich manchmal feststellen, dass das Gesetz zum Teil Lücken enthält („Lücke im Gesetz"). Dies wird insbesondere dann deutlich, wenn man für eine begehrte Rechtsfolge eine entsprechende Norm sucht und nicht findet. Es zeigt sich, dass keine Vorschrift den Fall erfasst.

Beispiel: Schadensersatz bei § 670 BGB

Das Vorhandensein einer Lücke könnte zu der Schlussfolgerung führen, dass es die Rechtsfolge vom Gesetz nicht geben soll. Andererseits wird aber manchmal offensichtlich, dass es nach dem Sinn und Zweck des Gesetzes im Vergleich mit dem zu beurteilenden Fall eigentlich eine Regelung mit entsprechender Rechtsfolge geben müsste (Fehlen der erwünschten Rechtsfolge). Hieraus ergibt sich die Notwendigkeit einer Lückenausfüllung. Wenn eine solche Situation der Regelungsbedürftigkeit erkennbar wird, bleibt zu klären, ob und wie die Lücke im Gesetz geschlossen werden kann. Es gilt, eine „neue" Norm zu finden. Hierfür ist die Möglichkeit zu prüfen, die Lücke durch die analoge Anwendung einer anderen Norm oder durch Rechtsfortbildung auszufüllen.

bb) Kompetenz

Der Grund für das Vorhandensein einer Lücke ist, dass der Gesetzgeber und das Gesetz nicht perfekt sind und nicht alle auftretenden Fälle im Voraus erkennen und regeln können. Andererseits gilt das Rechtsverweigerungsverbot. Damit gehört die Rechtsgewinnung in gesetzlich nicht oder nur unzulänglich geregelten Bereichen zum Grundbestand juristischer Methode.

Die Ausfüllung von Lücken im Gesetz durch den Rechtsanwender ist nicht unproblematisch. Durch die Ausfüllung einer Lücke durch analoge Anwendung einer anderen Vorschrift oder Rechtsfortbildung wird eine bisher nicht vorhandene Rechtsnorm geschaffen. Es handelt sich um eine freie Rechtsfindung oder Rechtsgewinnung. Wird dies von einem Gericht vorgenommen, berührt es damit die Kompetenz der Gesetzgebung. Daher ist eine Lückenausfüllung durch Analogie oder Rechtsfortbildung nur unter bestimmten Voraussetzungen in enger Anbindung an die vorhandene Rechtsordnung möglich.

cc) Grundlagen

Für die Behandlung von Gesetzeslücken sind zwei grundsätzliche Fragen zu klären:

(1) **Regelungsbedürfnis**
Wie stark ist das Bedürfnis, eine Regelung zu entwicklen? Hierbei gibt es verschiedene Abstufungen:

- Kein Bedürfnis: Kein Bedürfnis für eine Regelung besteht beispielsweise hinsichtlich vieler Frage der privaten Lebensführung (Freizeitgestaltung, Lohnverwendung). Das Fehlen einer derartigen Regelung lässt sich daher nicht als Gesetzeslücke bezeichnen.
- Erhebliches Bedürfnis: Ein erhebliches Bedürfnis besteht, wenn immer wieder Fallgestaltungen auftauchen, für deren Lösung sich im Gesetz keine ausreichende Regelung findet.

  Beispiel: Ein erhebliches Bedürfnis hat bestanden, Regeln über die positive Vertragsverletzung, das Verschulden bei Vertragsschluss und den Wegfall der Geschäftsgrundlage zu entwickeln; jetzt gesetzlich geregelt in § 280 Abs. 1 BGB, § 311 Abs. 2 BGB, § 313 BGB.
- Unbedingtes Bedürfnis: In anderen Fällen ist die Entwicklung einer Regelung unbedingt erforderlich.

  Beispiel: § 904 S. 2 BGB – Es muss die nicht geregelte Frage beantwortet werden, von wem der Eigentümer Ersatz verlangen kann (vom Handelnden oder vom dadurch Begünstigten), da die Vorschrift sonst nicht praktikabel ist.

Soweit ein erhebliches Bedürfnis oder ein unbedingtes Bedürfnis besteht, liegt eine „planwidrige Lücke" des Gesetzes vor. In diesen Situationen ist eine Schließung der Gesetzeslücke vorzunehmen.

(2) **Anknüpfung an das Gesetz**
Inwieweit lässt sich bei der zu entwickelnden Regelung an die im Gesetz getroffene Regelung anknüpfen?

Die hierbei gegebenen Möglichkeiten beginnen mit der engsten Anknüpfung, der analogen Anwendung einer einzelnen Vorschrift, führen über die Rechtsanalogie und die ergänzende Rechtsfortbildung aufgrund allgemeiner Prinzipien bis zu den Fällen, bei denen von bestimmten gesetzlichen Vorschriften abgewichen, aber noch im Einklang mit allgemeinen Rechtsprinzipien entschieden wird (Rechtsfortbildung contra legem). Diese Möglichkeiten sind im Folgenden zu behandeln.

b) **Lückenausfüllung durch Analogie**

aa) **Voraussetzungen**
Analogie ist ein Rechtsgewinnungsverfahren, bei dem ein zwar regelungsbedürftiger, aber nicht geregelter Fall (F2) nach einer Norm behandelt wird, die einen anderen, ähnlich liegenden geregelten Fall (F1) betrifft. Ihre Rechtfertigung liegt in dem Gerechtigkeitsgebot, Gleichartiges rechtlich gleich zu behandeln.

Vertiefung: Larenz, Methodenlehre, S. 370 ff.; Engisch, Einführung, S. 138 ff.; BGHZ 60, 14; 69, 359; 72, 85; 107, 328; BVerwGE 54, 29 f., 37 f.

Die Voraussetzungen der Analogie sind:

- Regelungslücke: Fall F2 ist gesetzlich nicht geregelt, d.h. es besteht eine Gesetzeslücke.

- Planwidrigkeit: Das Fehlen einer Regelung ist vom Gesetzgeber nicht gewollt.
- Vergleichbare Interessenlage: Eine nach ihrem Wortlaut nur den Fall F1 regelnde Norm passt wegen Gleichheit der Interessenlagen ihrem Normzweck nach auch auf Fall F2.

(1) **Regelungslücke**

Zunächst muss eine Gesetzeslücke bestehen.

Vertiefung: Teilweise werden unterschiedliche Terminologien verwendet – Gesetzeslücke, Rechtslücke, Normlücke, Regelungslücke, Wertungslücke, echte und unechte Lücken. Auf die im Einzelnen bestehenden Probleme und Streitfragen soll hier nicht näher eingegangen werden, vgl. hierzu Larenz a.a.O und Engisch a.a.O.

Auszugehen ist von der Frage, ob die zu beurteilende Fallgestaltung (= Fall F2) in einer Rechtsnorm geregelt ist, d.h. ob für sie eine positive oder eine negative Rechtsfolge bestimmt ist. Ist das zu verneinen, so ist zunächst rein tatsächlich eine Lücke vorhanden. Im praktischen Fall braucht man dies meist nicht zu prüfen, weil man bereits vor der Analogie bestimmte Vorschriften in Betracht gezogen und festgestellt hat, dass sie keine Regelung enthalten. Jedenfalls muss vor der analogen Anwendung einer Vorschrift feststehen, dass diese Vorschrift ihrem Wortlaut nach den zu entscheidenden Fall eindeutig nicht erfasst.

(2) **Planwidrigkeit**

Weitere Voraussetzung für eine relevante Lücke ist ein Regelungsbedürfnis. Grundsätzlich wird deshalb verlangt, dass eine planwidrige Unvollständigkeit des Gesetzes vorliegt. Das ist vor allem der Fall, wenn in kodifizierten Rechtsbereichen vom Gesetzgeber übersehene Fälle auftreten („primäre Lücke").

Beispiel: § 670 BGB bzgl. Schadensersatz; § 894 BGB bzgl. Vormerkung; § 1372 BGB – Im Gesetz ist nicht geregelt, ob beim gleichzeitigen Tod beider Ehegatten ein Zugewinnausgleich stattfindet oder nicht, vgl. BGHZ 72, 85.

Das planwidrige Fehlen einer Regelung kann sich auch daraus ergeben, dass eine zunächst als vollständig verstandene Normierung infolge nachträglicher Wandlungen der Lebensverhältnisse oder Rechtsauffassungen lückenhaft wird und deshalb einer Neuregelung bedarf („sekundäre Lücke").

Beispiel: § 211 StGB – Für Mord in minder schweren Fällen wird eine Strafmilderung analog § 49 StGB vorgenommen, vgl. BGHSt 30, 105, 121.

Eine Lücke ist aber auch dann zu bejahen, wenn der Gesetzgeber ein Problem deshalb bewusst nicht geregelt hat, weil er die Entscheidung Rechtsprechung und Literatur überlassen wollte.

Beispiele: Geltungsgrund für Willenserklärung – Willenstheorie oder Erklärungstheorie; § 478 Abs. 4 BGB „gleichwertiger Ausgleich für Rückgriffgläubiger" – Der Gesetzgeber hat wegen der Vielgestaltigkeit der Vertragsbeziehungen ausdrücklich nicht geregelt, was als Ausgleich angesehen werden kann; analoge Anwendung des § 122 BGB, wenn der Schuldner seine Unkenntnis von einem anfänglichen Leistungshindernis nicht zu vertreten hat (vgl. BT-Drucks. 14/6040 S. 166).

Ob eine Lücke, insbesondere eine planwidrige Unvollständigkeit vorliegt, wird nach den Regeln der Gesetzesauslegung festgestellt, also durch systematische, historische und teleologische Interpretation. Dabei hat der Rechtsanwender den gleichen Wertungsspielraum wie bei der normalen Auslegung. Das Aufdecken einer Gesetzeslücke ist also nicht nur eine tatsächliche Frage, sondern geht häufig mit einer schwierigen Prüfung des Normzwecks einher.

Keine planwidrige Lücke liegt vor, wenn der Gesetzgeber einen Fall absichtlich ungeregelt gelassen hat, z.B. weil er keinen Anspruch hat einräumen wollen („beredetes Schweigen des Gesetzes"). Dies kann sich aus einem Umkehrschluss ergeben (argumentum e contrario): Weil der Gesetzgeber „nur" den Fall F1 in einer bestimmten Weise geregelt hat, schließt man, dass er den Fall F2 nicht so hat regeln wollen. Der Umkehrschluss ist also zulässig, wenn man in die gesetzliche Regelung ein „nur" hineinlesen kann. Dies ist nicht bloß Gegenstand eines logischen Schlusses, sondern bedarf auch einer wertenden Entscheidung.

Beispiele: § 1362 BGB – Die Eigentumsvermutung gilt nur bei der ehelichen Lebensgemeinschaft; § 2333 BGB – Die Entziehung des Pflichtteils kann nur in den erschöpfend aufgezählten Fällen erfolgen.

Gegenbeispiel: § 416 BGB – Die Übernahme einer durch Hypothek gesicherten Schuld kann trotz des missverständlich gefassten Wortlauts („kann nur") auch nach §§ 414, 415 BGB erfolgen, da die Vorschrift die Übernahme lediglich erleichtern, eine anderweitig mögliche Vereinigung von persönlicher Schuld und dinglicher Haftung aber nicht verhindern will.

(3) **Vergleichbare Interessenlage**

Die Gleichheit der Interessenlage bei dem nicht geregelten Fall F2 und der den Fall F1 regelnden Norm lässt sich nur vom Zweck der analog anzuwendenden Norm her beurteilen. Es ist daher eine Normzweckprüfung erforderlich, die prinzipiell ebenso verläuft wie bei der Auslegung:

- Welche Interessenlage liegt der Norm zugrunde, wie hat der Gesetzgeber sie bewertet und warum hat er sie so bewertet? (Ermittlung des Normzwecks) Zur Feststellung des Normzwecks kann man auch Argumente aus dem Bedeutungszusammenhang (Gesetzessystematik) und aus der Entstehungsgeschichte verwenden.
- Ist die Interessenlage beim zu entscheidenden Fall (F2) wesentlich gleich oder ist sie wesentlich verschieden? („Ähnlichkeitsbewertung") Ist sie wesentlich gleich, dann ist eine Analogie möglich. Zunächst sind die faktischen und wertungsmäßigen Elemente herauszufinden, die gleich sind. Dabei ergibt sich in aller Regel zugleich, dass gewisse Verschiedenheiten bestehen. Aufgrund des Normzwecks der analog anzuwendenden Norm ist nunmehr zu entscheiden, ob die Unterschiede wesentlich sind.

Besonders überzeugend ist eine Analogie, wenn sie sich auf einen Erst-recht-Schluss gründen lässt.

Beispiel (nach Canaris JZ 1963, 658): Entschädigung analog § 904 S. 2 BGB kann verlangt werden, wenn jemand in einer Notsituation in nicht vermögenswerte Rechtsgüter eines anderen (Körper und Freiheit) eingreift, „denn wenn schon der Inhaber von bloßen Sachwerten als Ausgleich für die Verpflichtung, einen Eingriff zu dulden, einen Ersatzanspruch gegen den Begünstigten hat, muss dies mindestens in gleichem Maße gelten (erst recht), wenn jemand den Eingriff in ein persönliches Rechtsgut hinnehmen muss". Die Entschädigungspflicht greift erst recht ein, wenn der Eingriff rechtswidrig, aber durch Notstand entschuldigt war.

Zuweilen lässt sich dabei die gesetzliche Regelung eines „Minderfalls“ auf den ungeregelten Fall übertragen (Schluss vom Schwächeren auf das Stärkere, sog. argumentum a minore ad maius).

Beispiel: § 31 BGB – Die Haftung eines Vereins für Schädigungshandlungen seines Vorstands muss erst recht gelten, wenn die Mitgliederversammlung als höchstes Beschlussorgan einen Dritten unmittelbar schädigt.

Für eine Analogie spricht auch, wenn sich aus der Entstehungsgeschichte ergibt, dass die Norm ihrem Zweck nach eigentlich auch den Fall F2 erfassen sollte, dies bei der Formulierung des Normtextes aber übersehen wurde (sog. Redaktionsversehen).

Beispiel: § 986 Abs. 2 BGB – Diese Vorschrift bezieht sich auch auf eine Veräußerung nach § 930 BGB.

Auch bei der Analogie gilt der Grundsatz: Allgemeine Regelungen sind eher analogiefähig als Ausnahmevorschriften. Allerdings darf eine Ausnahmevorschrift auf einen Fall analog angewandt werden, bei dem eine ähnliche Ausnahmesituation gegeben ist.

Beispiel: § 80 Abs. 2 Nr. 2 VwGO – Die Ausnahmevorschrift ist analog auf Verkehrszeichen anwendbar, da diese die gleiche Funktion haben wie Anordnungen eines Polizeivollzugsbeamten, vgl. BVerwG MDR 1978, 257; BGHSt 23, 86.

Auch bei der Analogie kann eine Folgenbetrachtung geboten sein.

Beispiel: § 67 Abs. 2 VersicherungsvertragsG – Das gemäß § 6 EntgeltfortzG bestehende Rückgriffsrecht des Arbeitgebers gegen einen Dritten, der die Krankheit des Arbeitnehmers verschuldet hat, ist in analoger Anwendung des § 67 Abs. 2 VersicherungsvertragsG ausgeschlossen, wenn der Schädiger ein Familienangehöriger ist, der mit dem Arbeitnehmer in häuslicher Gemeinschaft lebt. Zur Begründung der Analogie ist abzuwägen zwischen den ungünstigen Folgen für den Arbeitnehmer und seine Familienangehörigen, falls ein Rückgriffsanspruch bejaht wird, und der Erhöhung der finanziellen Lasten für die Betriebe, falls die Rückgriffsansprüche durch die Analogie abgeschnitten werden, wobei auch der Fall zu bedenken ist, dass der Schädiger haftpflichtversichert ist, vgl. BGHZ 66, 104.

(4) **Ergebnis der Analogie**

Das Ergebnis muss ein allgemeiner, den gesetzlich nicht geregelten Fall (F2) erfassender Satz nach der Art einer Rechtsnorm sein.

Beispiel: Ein schenkweise hingegebener Scheck begründet keinen Anspruch, wenn die Form nicht eingehalten worden ist. Die Vorschrift des § 518 Abs. 1 S. 2 BGB, wonach eine notarielle Beurkundung erforderlich ist, ist analog anzuwenden. Der Ergebnissatz könnte lauten: „Eine notarielle Beurkundung ist auch erforderlich, wenn eine Wechsel- oder Scheckverpflichtung schenkweise begründet wird.“ Man könnte auch den Wortlaut des § 518 BGB auf den Fall des Wechsels oder Schecks ausdehnen: „Das Gleiche gilt, wenn ein Schuldversprechen oder ein Schuldanerkenntnis der in §§ 780, 781 BGB bezeichneten Art oder durch Ausstellen eines Wechsels oder Schecks schenkweise erteilt wird ... .“

Vertiefung: Das vorstehende Beispiel zeigt, dass man die Analogie – anstelle der Gesetzeslücke, als Ausgangspunkt – auch aus der Blickrichtung der analog anzuwendenden Norm her sehen kann. Von daher bedeutet die Analogie die Ausdehnung einer Norm über deren Wortlaut hinaus, sodass man von „teleologischer Extension“ sprechen kann. Andere sehen in der „teleologischen Extension“ ein eigenständiges methodisches Institut, vgl. Larenz, Methodenlehre, S. 397, 399.

Die Anwendung von Analogieregeln kann auch zu dem Ergebnis führen, dass die analoge Anwendung einer bestimmten Vorschrift nicht gerechtfertigt ist. Kommt keine andere Vorschrift in Betracht, so steht fest, dass die gesuchte Rechtsfolge nicht eingreift. In diesem Fall liegt zwar keine Analogie vor, jedoch ist der Rechtsfall in Anwendung der Analogieregeln gelöst worden.

Beispiel: § 1372 BGB – Findet bei gleichzeitigem Tod (Flugzeugabsturz) beider Ehegatten ein Zugewinnausgleich statt? – Der BGH ist davon ausgegangen, dass die in Betracht kommenden Anspruchsgrundlagen (§ 1371 Abs. 2 und § 1372 BGB) bei gleichzeitigem Tod beider Ehegatten ihrem Wortlaut nach nicht eingreifen und dies auch durch die Entstehungsgeschichte bestätigt wird, dass also eine Regelungslücke vorliegt. Sie könne nicht durch analoge Anwendung einer der genannten Vorschriften geschlossen werden, denn aus dem Wesen der mit der Ehe untrennbar verbundenen Zugewinngemeinschaft ergebe sich, dass der Anspruch auf Teilhabe am Zugewinnüberschuss „nur dem Ehegatten persönlich zugewiesen ist. Sofern keiner der Ehegatten die Entstehung dieses Anspruchs erlebt, verbleibt es bei der Trennung der beiderseitigen Vermögensmassen ...“. Die Ablehnung der Analogie führt hier also zu dem Ergebnis, dass der geltend gemachte Zugewinnausgleichsanspruch nicht besteht, vgl. BGHZ 72, 85.

bb) **Arten der Analogie**

Es werden zwei Arten der Analogie unterschieden, die Gesetzesanalogie und die Rechtsanalogie.

- **Gesetzesanalogie**

  Bei der Gesetzesanalogie (Einzelanalogie) wird eine einzelne Rechtsnorm auf einen vergleichbaren Sachverhalt übertragen.

  Beispiele:

  Analoge Anwendung des § 670 BGB für risikotypische Schäden; Formvorschrift des § 311 b BGB analog für Vorverträge; §§ 177, 179 BGB analog für die bewusste Falschübermittlung durch Boten; § 645 BGB analog für gefahrerhöhende Umstände aus der Sphäre des Bestellers.

- **Rechtsanalogie**

  Bei der Rechtsanalogie (Gesamtanalogie) wird ein sich aus mehreren Rechtsnormen ergebender allgemeiner Rechtsgedanke herausgearbeitet und auf vergleichbare Sachverhalte übertragen.

  Beispiel: Aus den Kündigungsvorschriften bei Miete, Pacht, Leihe, Darlehen, Dienstvertrag, Auftrag, Gesellschaftsvertrag ergibt sich, dass Dauerschuldverhältnisse zumindest aus wichtigem Grund kündbar sind. Daraus ergibt sich der allgemeine Rechtsgedanke, dass Dauerschuldverhältnisse grds. aus wichtigem Grund kündbar sind. Deshalb müssen auch Dauerschuldverhältnisse eigener Art, wie z.B. ein Arbeitnehmerüberlassungsvertrag, ein Bierbezugsvertrag oder ein Vertrag über die alljährliche Herausgabe eines Kalenders aus wichtigem Grund kündbar sein (jetzt geregelt in § 314 BGB). – Aus den Unterlassungsansprüchen der §§ 12, 862, 1004 BGB ergibt sich der allgemeine Rechtsgedanke, dass alle absoluten Rechte sowie alle Rechtsgüter einer Person vor drohenden widerrechtlichen Beeinträchtigungen geschützt sein müssen.

Die Rechtsanalogie ist schwieriger zu begründen, aber überzeugender. Der Unterschied zwischen Gesetzesanalogie und Rechtsanalogie ist fließend, zumal bereits bei der Gesetzesanalogie zu überlegen ist, ob die analog anzuwendende Vorschrift eine Ausnahmevorschrift ist oder einem allgemeinen Grundsatz entspricht, was nicht ohne Heranziehung anderer Vorschriften entschieden werden kann.

cc) **Anwendungsbereich**

Zu klären ist der Anwendungsbereich der Analogie, insbesondere das Verhältnis der Analogie zur Auslegung. Gemeinsamkeiten und Unterschiede zwischen Auslegung und Analogie können folgendermaßen gegenübergestellt werden:

- Die Auslegung prüft, ob der Normzweck es rechtfertigt, einen Fall, der vom weit verstandenen Wortlaut der Rechtsnorm noch erfasst wird, wegen gleicher Interessenlage nach dieser Rechtsnorm zu behandeln.
- Bei der Analogie wird geprüft, ob der Normzweck es rechtfertigt, einen Fall, der vom Wortlaut der Rechtsnorm eindeutig nicht mehr erfasst wird, wegen gleicher Interessenlage nach dieser Rechtsnorm zu behandeln.

Daraus ergibt sich: Die Analogie ist die Fortsetzung der Auslegung. Wegen der Gemeinsamkeit bei den wesentlichen Überlegungen kann in Zweifelsfällen offen bleiben, ob noch eine (weite) Auslegung möglich oder schon eine Analogie geboten ist, weil das Ergebnis davon nicht abhängt. Nicht zulässig ist dies allerdings im Strafrecht, soweit es um Auslegung oder Analogie zuungunsten des Täters geht, da Letztere verboten ist (Art. 103 Abs. 2 GG, strafrechtliches Analogieverbot). Deshalb wäre es auch nicht gerechtfertigt, die Abgrenzung zwischen Auslegung und Analogie nicht für notwendig zu erachten.

c) **Lückenausfüllung durch Rechtsfortbildung**

aa) **Ausgangslage**

Es gibt Fälle, in denen sich eine ausfüllungsbedürftige Lücke des Gesetzes nicht durch analoge Anwendung von Vorschriften schließen lässt, weil es solche Vorschriften nicht gibt.

Beispiele:

1. Bis 01.01.2002 Wegfall der Geschäftsgrundlage – Für die Fälle des Wegfalls der Geschäftsgrundlage war keine analogiefähige Norm vorhanden. § 779 BGB behandelt zwar einen ähnlichen Fall, ist aber zu singulär, als dass man daraus ein generelles Rechtsinstitut entwickeln könnte. Dies führte zu einer allgemeinen, möglicherweise ein Gewohnheitsrecht begründenden Anerkennung durch Rspr. und Literatur, mittlerweile geregelt in § 313 BGB.

2. Arbeitskampfrecht – Nachdem zumindest der Streik durch Art. 9 Abs. 3 GG verfassungsrechtlich gewährleistet war, mussten Regeln entwickelt werden, in welchen Fällen Streiks rechtmäßig bzw. rechtswidrig sind, welche Verfahrensbestimmungen gelten und welche Folgen rechtmäßige und rechtswidrige Streiks haben.

In einem solchen Fall kommt eine Rechtsergänzung aufgrund allgemeiner, im Gesetz enthaltener Prinzipien in Betracht. Da sich dieser Vorgang eng an den der Rechtsanalogie anschließt, kann man vielfach offen lassen, ob noch eine Rechtsanalogie oder schon eine gesetzesimmanente Rechtsfortbildung vorliegt.

bb) **Voraussetzungen**

Das gedankliche Vorgehen in einem solchen Fall entspricht dem bei der Analogie:

(1) **Gesetzeslücke**

Zunächst ist festzustellen, dass eine Gesetzeslücke besteht. Im nicht kodifizierten Bereich lässt sich eine planwidrige Unvollständigkeit des Gesetzes vielfach nicht feststellen. Dann ist es ausreichend und erforderlich, dass von der Sache (den Lebensverhältnissen) her ein Regelungsbedürfnis besteht.

(2) **Rechtsergänzung**

Das Schließen der Lücke durch Rechtsergänzung ist wie folgt vorzunehmen:

- Es ist ein allgemeines Rechtsprinzip zu suchen. Es kann sich direkt aus dem Gesetz ergeben (z.B. Prinzip von Treu und Glauben aus § 242 BGB, Sozialstaatsprinzip aus Art. 20 Abs. 1 GG). Es kann allgemein anerkannt sein und bedarf dann keiner näheren Begründung (z.B. Prinzip des Vertrauensschutzes). In den übrigen Fällen muss versucht werden, es aus gesetzlichen Vorschriften heraus zu entwickeln, was den Fällen der Gesamtanalogie sehr nahe kommt.
- Es ist zu prüfen, ob dieses Prinzip, insbesondere nach seinem Zweck, in dem zu entscheidenden Fall eingreift. Dabei ist in der Regel auch eine Folgenbetrachtung geboten.
- Vielfach fällt eine Fallkonstellation in den Anwendungsbereich sich widersprechender Prinzipien. Dann ist abzuwägen, welchem Prinzip in diesem Fall der Vorrang gebührt.

Im Übrigen gilt das Gleiche wie bei der Analogie. Insbesondere muss auch die Rechtsergänzung zu einem allgemeinen, subsumtionsfähigen Satz führen. Nicht ausreichend ist es, daraus lediglich eine Rechtsfolge zur Entscheidung des Einzelfalles herzuleiten.

cc) **Anwendung**

Die Rechtsfortbildung ist in erster Linie den obersten Gerichten vorbehalten (vgl. § 132 GVG). In Klausuren ist eine in Rechtsprechung und Lehre bereits vorgezeichnete Rechtsfortbildung lediglich nachzuvollziehen. Ist diese so gut wie allgemein anerkannt, so braucht sie in Klausuren nicht mehr methodisch begründet, sondern nur noch dargestellt zu werden.

Beispiele:

Das gilt etwa für das allgemeine Persönlichkeitsrecht, den Vertrag mit Schutzwirkung zugunsten Dritter, die Verwirkung, die Sicherungsübereignung. Zwischenzeitlich vom Gesetzgeber geregelt sind die vormals gewohnheitsrechtlich anerkannten Rechtsinstitute: Wegfall der Geschäftsgrundlage (§ 313 BGB), positive Vertragsverletzung (§ 280 Abs. 1 BGB), Verschulden bei Vertragsschluss (§ 311 Abs. 2 BGB).

Ist die Rechtsergänzung überwiegend anerkannt, so genügt eine kurze Begründung.

Beispiele:

Saldotheorie bei § 818 BGB; die Begrenzung der Arbeitnehmerhaftung bei betrieblich veranlasster Tätigkeit

Eingehender Erörterung bedarf es hingegen dort, wo Zulässigkeit oder Inhalt einer Rechtsergänzung noch ungeklärt oder umstritten sind.

Beispiel: Weiterbeschäftigungsanspruch während des Kündigungsprozesses; Wahlfeststellung im Strafrecht

Im Übrigen gilt für die Klausur, dass die Rechtsfortbildung nicht Aufgabe einer Klausurbearbeitung ist.

4. Teleologische Reduktion

a) **Ausgangslage**

Die Ausgangslage für eine teleologische Reduktion ergibt sich, wenn ein Sachverhalt einer Rechtsnorm untergeordnet werden kann, weil die Sachverhaltsumstände von den Tatbestandsmerkmalen erfasst werden, es sich andererseits jedoch zeigt, dass sich damit eine Rechtsfolge ergibt, die eigentlich zu dem Sachverhalt nicht passt (unerwünschte Rechtsfolge). Dies kann sich aus einem Vergleich mit der Beurteilung anderer Fälle ergeben. In dieser Situation ist die Möglichkeit oder Notwendigkeit einer teleologischen Reduktion zu prüfen.

Eine teleologische Reduktion greift ein, wenn der Fall zwar vom Wortsinn der Rechtsnorm eindeutig erfasst wird, nach Sinn und Zweck der Vorschrift aber nicht nach dieser Norm behandelt werden darf. Rechtfertigung hierfür ist das Prinzip, wonach wesentlich Ungleiches auch ungleich zu behandeln ist. Ein Verstoß gegen die Bindung an das Gesetz (Art. 20 Abs. 3 GG) liegt darin nicht, weil auch der Gesetzeszweck zum Gesetz gehört und der Rechtsanwender im Fall eines Widerspruchs zwischen Gesetzeswortlaut und Gesetzeszweck unter bestimmten Voraussetzungen dem Gesetzeszweck folgen darf.

Beispiele:

§ 181 BGB für lediglich rechtlich vorteilhafte Rechtsgeschäfte eines Minderjährigen; § 241 a BGB bzgl. des redlichen Unternehmers; § 255 BGB nur für Sekundärschädiger.

Vertiefung: Larenz, Methodenlehre, S. 391 ff.; Engisch, Einführung, S. 176 ff.

Inhaltlich besteht ein enger Zusammenhang mit der (einengenden) Auslegung und der Analogie. Allerdings gehören Auslegungszweifel und Gesetzeslücken zum Wesen des Rechts und können auch vom sorgfältigen Gesetzgeber nicht vermieden werden. Demgegenüber ist zumindest ein Teil der Fälle der teleologischen Reduktion auf ein Versehen des Gesetzgebers zurückzuführen. Hier beginnt also der Bereich, in dem der Gesetzgeber korrigiert wird.

b) **Voraussetzungen**

Voraussetzung einer teleologischen Reduktion ist, dass trotz Tatbestandserfüllung die Rechtsfolge der Norm zu dem Sachverhalt nicht passt. Dann ist zu ermitteln, ob die eintretende Rechtsfolge nach dem Sinn und Zweck der Norm noch von dem Anwendungsbereich der Norm erfasst wird. Ist das zu bejahen, bleibt es bei der sich aus der Rechtsnorm ergebenden Rechtsfolge. Anderenfalls ist der Anwendungsbereich der Rechtsnorm einzuschränken durch eine teleologische Reduktion.

Die Voraussetzungen einer teleologischen Reduktion sind:

aa) **Subsumtion**

Zunächst ist festzustellen, dass die Norm nicht nur den geregelten Fall (F1) erfasst, sondern auch den zu entscheidenden Fall (F2). Einer einengenden Auslegung – Beschränkung auf den Normalfall F1, keine Anwendung auf F2 – steht der eindeutige Wortsinn entgegen.

bb) **Normzweckprüfung**

Die Rechtfertigung der teleologischen Reduktion ergibt sich aus einer Normzweckprüfung:

- **Normzweck**
  Feststellung des Normzwecks durch folgende Fragen: Welche Interessenlage liegt der Norm zugrunde? Wie und warum hat der Gesetzgeber diese Interessenlage bewertet? Dabei können auch Argumente aus der Gesetzessystematik und der Entstehungsgeschichte Verwendung finden.
- **Interessenlage**
  Ist die Interessenlage im geregelten Fall (F1) nach dem Zweck der Norm die gleiche wie im nicht geregelten Fall (F2) oder ist sie wesentlich verschieden? Die Fragestellung ist also identisch mit der bei der Auslegung und der Analogie. Jedoch ist für eine teleologische Reduktion erforderlich, dass die Gleichheit der Interessen verneint wird.

Ein starkes Argument für eine teleologische Reduktion ist, wenn sich beispielsweise aus der Entstehungsgeschichte ergibt, dass bei der Fassung des Wortlauts ein Redaktionsversehen unterlaufen ist, oder wenn die Problematik erst nach In-Kraft-Treten der Norm infolge veränderter Lebensverhältnisse oder Rechtsüberzeugungen entstanden ist.

Beispiel: Arglistige Täuschung beim Arbeitsvertrag – Die Reduktion beim § 123 BGB bei bewusst unrichtigen Antworten des Stellenbewerbers wird folgendermaßen begründet: „Der BGB-Gesetzgeber ist ... davon ausgegangen, die Rechtswidrigkeit sei bei der arglistigen Täuschung selbstverständlich. Er hat also die Fälle rechtmäßiger Täuschung nicht gesehen, sodass diese Lücke durch teleologische Reduktion zu schließen ist. ... Die Norm des § 123 BGB ist insoweit zu weit gefasst, als sie die Fälle einer arglistigen, aber rechtlich erlaubten Täuschung mitumfasst", vgl. BAG DB 1991, 1934, 1935.

Im Übrigen gelten entsprechende Grundsätze wie bei der Analogie: Eine Reduktion ist eher möglich bei Ausnahmevorschriften, bedenklich dagegen bei Regelvorschriften. Ferner ist i.d.R. eine Folgenbetrachtung geboten, wobei vor allem in Betracht zu ziehen ist, dass die Abweichung vom Gesetzeswortlaut das Vertrauen in das geschriebene Recht und damit die Rechtssicherheit erschüttern kann.

c) Anwendungsbereich

aa) Typische Anwendungsbereiche

Der Anwendungsbereich der teleologischen Reduktion ist insbesondere dort, wo der Tatbestand einer Rechtsnorm weit gefasst ist, bei sehr unbestimmten Rechtsbegriffen oder wenn die Norm nur wenige Tatbestandsmerkmale als Voraussetzungen aufweist.

Beispiel: § 15 Abs. 3 HGB – Einschränkung durch das modifizierte Veranlassungsprinzip

Von besonderer Bedeutung ist die teleologische Reduktion im Strafrecht. Hier ergibt die Rückbesinnung auf das geschützte Rechtsgut häufig, dass das Verhalten des Täter straflos bleiben muss, obwohl es dem Wortsinn nach eindeutig einen Straftatbestand erfüllt.

Beispiele:

§ 142 Abs. 1 Nr. 1 StGB (unerlaubtes Entfernen vom Unfallort) – Wer bei einem Verkehrsunfall ausschließlich selbst zu Schaden gekommen ist, braucht keine Feststellungen zu dulden oder zu warten, da privatrechtliche Ersatzansprüche anderer Unfallbeteiligter nicht bestehen. Geschütztes Rechtsgut ist das private Feststellungsinteresse eines Geschädigten.

§§ 153, 154 StGB (falsche uneidliche Aussage, Meineid) – Falsche Aussagen, die nicht unter die „Wahrheitspflicht" fallen, bleiben straflos.

Auch kann der Ausnahmecharakter einer Norm ihre Unanwendbarkeit trotz formaler Tatbestandserfüllung ergeben.

Beispiel: § 159 StGB (Versuch der Anstiftung zur Falschaussage) – Der untaugliche Anstiftungsversuch ist mangels Gefährlichkeit nicht strafbar, zumal auch der Versuch der Haupttat (§§ 153, 156 StGB) nicht mit Strafe bedroht ist.

Schließlich kann eine besonders hohe Strafdrohung eine teleologische Reduktion nahe legen (Folgenbetrachtung im Hinblick auf das Schuldprinzip). Erscheint eine bestimmte Tatbestandsfassung nicht ausreichend unrechtsangemessen, um die angedrohte Sanktion zu rechtfertigen, so ist eine Einschränkung durch ungeschriebene Merkmale geboten.

Beispiel: § 306 a StGB (schwere Brandstiftung) – Eine teleologische Reduktion ist mit Blick auf schuldstrafrechtliche Bedenken geboten, wenn eine Gefährdung von Menschenleben nach Lage der Dinge und menschlichem Erfahrungswissen absolut ausgeschlossen ist und der Täter sich durch hinreichend zuverlässige Maßnahmen entsprechend vergewissert bzw. adäquate Vorsorge getroffen hat, vgl. BGHSt 26, 124 f.

bb) **Verhältnis der teleologischen Reduktion zur Auslegung**

Das Verhältnis zur (einengenden) Auslegung ergibt sich dadurch, dass eine Reduktion nur erforderlich wird, wenn der Wortsinn eindeutig zu weit gefasst ist.

Beispiel: § 400 BGB – Entgegen dem an sich eindeutigen Wortlaut des § 400 BGB ist die Möglichkeit einer Abtretung unpfändbarer Rentenansprüche gegen freiwillige Gewährung entsprechender Zahlungen unter Beachtung aller Vorsicht, die eine solche abändernde, aber zweckgetreue Einschränkung einer Verbotsnorm erfordert, zu bejahen, weil sonst der vom Gesetz verfolgte Zweck, den Rentenberechtigten zu schützen, in sein Gegenteil verkehrt würde, vgl. BGHZ 153, 157.

cc) **Verhältnis der teleologischen Reduktion zur Analogie**

Das Verhältnis zur Analogie lässt sich formal so fassen, dass die Reduktion genau das Gegenteil der Analogie ist. Bei der Analogie ist der Wortsinn unter Berücksichtigung des Normzwecks zu eng gefasst, bei der Reduktion zu weit.

Vertiefung: Larenz, Methodenlehre, S. 378, 391

Enthält eine Regelung Grundsatz und Ausnahme (z.B. bei § 181 BGB), so sind Reduktion und Analogie formal austauschbar. Statt den Grundsatz (Verbot von Insichgeschäften) durch ein ungeschriebenes Ausnahmemerkmal (lediglich rechtlicher Vorteil des Vertretenen) zu reduzieren, könnte man die bereits bestehende Ausnahme (anderweitige Gestattung, Erfüllung bestehender Verbindlichkeiten) auf den ungeregelten Fall analog anwenden.

5. Entscheidung Meinungsstreit

a) **Meinungsstreit**

In der Rechtswissenschaft gibt es eine Vielzahl von Meinungsstreitigkeiten über Rechtsfragen. Diese werden von Gerichten und Autoren in Lehrbüchern, Aufsätzen oder sonstigen Abhandlungen ausgetragen. Teilweise finden sich die Meinungsstreitigkeiten in verschiedenen Theorien. Theorien sind Denkmodelle zu bestimmten Problempunkten. Der Umstand, dass bei der Juristerei viel gestritten wird, sollte einen nicht beunruhigen. Es handelt sich um eine Form der geistigen Auseinandersetzung. Diese dient der Fortentwicklung des Rechts (Wettkampf der Ideen). Insoweit sind die Meinungsstreitigkeiten der Motor des Rechts.

b) **Entscheidungssituation**

Wenn es zu einer Rechtsfrage, insbesondere zur Auslegung des Gesetzes verschiedene Meinungen bzw. Theorien in Rspr. und Lehre gibt, stellt sich die Frage, wann eine Entscheidung erforderlich ist.

aa) **Prinzip Notwendigkeit**

Wann zu entscheiden ist ergibt sich aus dem Grundsatz, dass nur die rechtlichen Zweifels- und Streitfragen zu entscheiden sind, auf die es nach den vorangegangenen Überlegungen ankommt. Ein Meinungsstreit ist zu entscheiden, wenn verschiedene Ansichten zu unterschiedlichen Ergebnissen bei der konkreten Fallbearbeitung führen.

Strikt auszuscheiden sind alle Meinungsstreitigkeiten zu Tatbestandsmerkmalen, die für die Falllösung keine Bedeutung haben.

Beispiel: Wird bei der Prüfung des § 823 Abs. 1 BGB festgestellt, dass ein positives Tun des Schädigers vorliegt, so darf nicht die nur beim Unterlassen relevante Rechtspflicht zum Tun (Garantenstellung) geprüft werden. Darauf bezogene Zweifels- und Streitfragen haben für die Lösung keine Bedeutung. Sie dürfen nicht erörtert werden, auch nicht in einer Fußnote.

Meinungsstreitigkeiten sind immer nur im Hinblick auf das konkrete Begehren zu entscheiden. Lassen sich verschiedene Fallgruppen unterscheiden, braucht wegen der Fallbezogenheit der Rechtsgewinnung nur die Fallgruppe behandelt zu werden, zu der der zu entscheidende Fall gehört.

Beispiel: Verlangt ein Fernsprechteilnehmer von der Bundespost Auskunft über die von seinem Apparat aus geführten Gespräche, weil er herausfinden will, wer von seinem Apparat aus unberechtigt telefoniert hat, so ist nicht zu entscheiden, ob er einen Auskunftsanspruch zwecks Kontrolle der Gebührenrechnungen hat.

Bei Meinungsstreitigkeiten ist der streitige Bereich meist nicht so umfassend, wie es angesichts der vorwiegend mit dem Blick auf Grenzfälle gewählten Formulierungen der verschiedenen Meinungen zu sein scheint. Es gibt „Normalfälle“, die im Grunde zwischen allen Meinungen nicht streitig sind. Liegt ein solcher Fall vor, so sind die lediglich in Ausnahmefällen praktisch werdenden verschiedenen Meinungen nicht zu erörtern. Entscheidend ist, dass man einen abstrakten Satz aufstellen kann, der von sämtlichen Meinungen gebilligt wird.

Beispiel: § 362 BGB Erfüllungstheorien – Leistet der Schuldner an den richtigen Gläubiger und wollen beide die Leistung als Erfüllung ansehen, erübrigen sich weitere Überlegungen zu den einzelnen Theorien in anderen Fällen.

bb) **Offenlassen von Streitfragen**

Ob eine streitige Rechtsfrage allein deshalb unentschieden bleiben darf, weil es für das Ergebnis des konkreten Falles nicht darauf ankommt, kann problematisch sein. Grds. ist eine klare und lückenlose Begründung des Ergebnisses erforderlich. Sie wird nicht gegeben, wenn lediglich erklärt wird, dass es zu einem Auslegungsproblem mehrere Meinungen gibt und diese Meinungen hier zum selben Ergebnis kommen. In der Regel ist auch kaum der Nachweis zu führen, dass es nicht weitere Meinungen gibt oder solche wenigstens denkbar sind. Im

Interesse einer richtigen Schwerpunktbildung können Streitfragen in folgenden Situationen offen gelassen werden:

- Wenn es sich um Randprobleme handelt und das Ergebnis in jedem Fall gleich ist;
- wenn es um die dogmatische Begründung von Rechtsinstituten geht, die im Ergebnis allgemein anerkannt sind (z.B. Sicherungseigentum, Rechtsscheinhaftung);
- wenn die Klärung der Streitfrage ohnehin nicht zu erwarten ist. Das gilt (zumindest in Klausuren) beispielsweise für die prinzipielle Abgrenzung des öffentlichen Rechts vom privaten Recht, das Wesen des Pfändungspfandrechts, den Handlungsbegriff im Strafrecht, die Kausalitätstheorien, die Enteignungstheorien zu Art. 14 GG.

Da die Klausur nicht dazu dient, in eine wissenschaftliche Grundsatzdiskussion einzutreten, sollte man derartige noch unausgetragene Grundfragen auf sich beruhen lassen und eine der hauptsächlich vertretenen Ansichten der Falllösung begründungslos zugrunde legen.

Darüber hinaus gibt es die Möglichkeit, eine Frage offen zu lassen oder die Prüfungsreihenfolge umzustellen und dadurch Streitfragen auszuschalten. Auch kann man die abgelehnte Meinung, sofern sie zum selben Ergebnis führt, in Form einer Hilfsbegründung bringen (s.u. 4. Abschnitt D. II. 2. b).

cc) **Fallbezug**

Bei einem Meinungsstreit muss der Fallbezug, d.h. die anvisierte praktische Rechtsfolge deutlich werden.

Beispiel: § 812 BGB – Ist abzugrenzen, ob eine Vermögensverschiebung „durch Leistung“ oder „in sonstiger Weise“ vorliegt, so muss deutlich werden, dass hierdurch eine Entscheidung der für das Ergebnis relevanten Fragen vorgenommen wird, d.h. zwischen welchen Personen ein Rechtsgrund erforderlich ist, um die Vermögensverschiebung zu rechtfertigen, und wie der Rechtsgrund beschaffen sein muss, z.B. welcher Zweck im Falle einer zweckbestimmten Leistung erfüllt sein muss.

c) **Entscheidungsfindung**

Wichtig ist zu wissen, wie bei einem Meinungsstreit die Entscheidung gefunden werden kann.

aa) **Entscheidungsspielraum**

Der Rechtsanwender behält bei zweifelhafter Auslegungssituation einen Entscheidungsspielraum. Rechtsgewinnung beruht daher sowohl auf Erkenntnis als auch auf eigener freier Entscheidung. Dadurch wird der Rechtsanwender zugleich mit der Pflicht zur Entscheidung belastet. Es ist den Gerichten ebenso wie z.B. einem Verwaltungsbeamten untersagt, eine für den praktischen Fall erhebliche Rechtsfrage offen zu lassen, etwa mit der Begründung, das Gesetz enthalte keine oder keine klare Regelung (Rechtsverweigerungsverbot).

Besteht aber ein Entscheidungsspielraum, dann lässt sich die zu treffende Entscheidung nicht mehr danach ausrichten, ob sie die einzig richtige Entscheidung ist, sondern nur noch danach, ob sie vertretbar ist.

Vertiefung: Auch für juristische Prüfungsleistungen gilt: „Eine vertretbare und mit gewichtigen Argumenten folgerichtig begründete Lösung darf nicht als falsch gewertet werden“, vgl. BVerfG JZ 1991, 1077, 1080.

bb) **Grundlage**

Grundlage dafür, wie rechtliche Zweifels- und Streitfragen zu entscheiden sind, ist zunächst die Methode der Rechtsgewinnung. Hierbei ist auf die Auslegungsmethoden zurückzugreifen und die Argumente aus Rspr. und Lehre sind zu berücksichtigen.

Dabei sind alle wesentlichen Gesichtspunkte zu beachten. Entscheidende Hilfe dafür, dass nichts übersehen wird, geben die Auslegungsmethoden. Die von den Beteiligten vorgebrachten oder nach ihrer Interessenlage nahe liegenden Argumente sind selbst dann zu berücksichtigen, wenn sie unerheblich scheinen oder unzulässig sind. Allerdings dürfen sie dann keinen Einfluss auf die Sachentscheidung bekommen, sondern es ist plausibel zu machen, dass und weshalb sie unzulässig und unerheblich sind. Sie dürfen nicht einfach übergangen werden.

Darüber hinaus sind selbstverständlich Argumente aus Rspr. und Lehre, soweit bekannt, zu berücksichtigen. Die zu den einzelnen Meinungen angeführten Argumente sind herauszusuchen und zu würdigen.

cc) **Entscheidung**

Maßgeblich für die Entscheidung ist die eigene Überzeugung. Soweit eine Rechtsfrage streitig ist, ist sie letztlich aufgrund eigener Wertung und Begründung zu entscheiden.

Die eigene Überzeugung sollte sich nach dem Durcharbeiten und Nachvollziehen der Argumentationen zu den jeweiligen Meinungen ergeben. Dabei sind die Argumente gegenüberzustellen und zu gewichten. Es ist weder erforderlich, eine eigene Auffassung noch eigene Argumente zu entwickeln. Wichtig ist, sich für eine Meinung zu entscheiden aufgrund ihrer Argumente. Die Begründungen, die einen selbst am meisten überzeugen, sind die Grundlage für die Entscheidung. Jeder Fallbearbeiter sollte sich darüber klar werden: „Was hat mich am meisten überzeugt? Für welche Meinung sprechen die besseren Argumente?“

Es gilt der berühmte Satz: Im Zweifel entscheide man sich für das Richtige.

Bei der eigenen Entscheidungsfindung sollte man sich bereits jetzt darüber im Klaren sein, dass die gefundene Entscheidung auch später bei der Niederschrift des Gutachtens begründet werden muss.

Für Anfänger ist es teilweise schwierig, sich aufgrund der vorhandenen Argumente und eigener Würdigung einer Meinung anzuschließen. Im Zweifel sollte man der überkommenen und bewährten Auffassung folgen. Es ist grds. die Aufgabe des Juristen, auch Neues nach überkommenen Regeln zu entscheiden. Es darf auch offen zum Ausdruck gebracht werden, dass man der h.M., insbesondere der h.Rspr. folgt, auch mit der Begründung, dass sich keine hinreichend gewichtigen Gegenargumente gezeigt haben.

III. Prüfung einer Rechtsnorm

1. Prüfungsaufbau

Der grundsätzliche Aufbau einer Normprüfung orientiert sich an der Struktur der Rechtsnorm. Danach kann jede Normprüfung nach dem Schema Tatbestand und Rechtsfolge erfolgen. Innerhalb des Tatbestands werden dann die einzelnen Tatbestandsmerkmale erörtert.

Beispiel: § x ABC-Gesetz

(1)Tatbestand
  (a) Tatbestandsmerkmal 1
  (b) Tatbestandsmerkmal 2

(2) Rechtsfolge

Die Anwendung dieses grundsätzlichen Aufbaus hat den Vorteil, dass er sich bei jeder Rechtsnorm verwenden lässt. Auch muss jedes einzelne Tatbestandsmerkmal durchdacht werden, wodurch die Gefahr verringert wird, ein Tatbestandsmerkmal zu übersehen.

Andererseits ist diese Struktur wenig flexibel und berücksichtigt nicht die Besonderheiten der einzelnen Rechtsnorm. Im Laufe der Übung von Klausuren und Hausarbeiten sollte jeder für sich eine praktikable Methode der Normprüfung entwickeln. Mit zunehmender Erfahrung wird sich eine Beherrschung der Gedankengänge bei der Prüfung einer Rechtsnorm ergeben.

2. Prüfungsreihenfolge

Bei der Normprüfung sind die einzelnen Tatbestandsmerkmale in eine Prüfungsreihenfolge zu bringen. Zu entscheiden ist, ob Vorrangigkeit oder Gleichrangigkeit der Tatbestandsmerkmale besteht.

a) **Vorrangigkeit**
Logisch vorrangige Merkmale gehören an den Anfang.

Beispiele:

1. (Zivilrecht): Das Entstehen eines Anspruchs ist logisch vorrangig vor dem Erlöschen und vor dem Bestehen von Einreden (vgl. oben für die Reihenfolge von Rechtsnormen 3. Abschnitt C. III.); § 823 Abs. 1 BGB – Die Rechtsverletzung ist logisch vorrangig vor der Widerrechtlichkeit und vor dem Verschulden. Die Widerrechtlichkeit ist wiederum logisch vorrangig vor dem Verschulden.

2. (Strafrecht): Dasselbe gilt für das Verhältnis für Rechtswidrigkeit und Schuld im Strafrecht.

Ausnahmsweise kann man vom logischen Rangverhältnis abweichen, wenn im vorrangigen Merkmal das Problem liegt, das nachrangige Merkmal gänzlich unproblematisch ist und man dadurch das Problem des Falles deutlicher herausstellen kann. Der an sich bestehende logische Vorrang sollte aber auch in diesem Fall deutlich gemacht werden.

Beispiel: § 812 BGB – Liegt das Problem lediglich in der Anwendbarkeit des § 812, dann kann man schreiben: „A könnte gegen B einen Anspruch aus § 812 BGB haben. Zwar sind die Voraussetzungen dieser Vorschrift gegeben, da A an B 100 € geleistet hat und dafür auch kein rechtlicher Grund bestand. Fraglich ist aber, ob § 812 BGB hier überhaupt anwendbar ist …"

Das Offenlassen einer logisch vorrangigen Frage bedeutet keine Ausnahme von der richtigen Prüfungsreihenfolge, sondern ermöglicht es, gewisse Schwierigkeiten durch geschickte Darstellung zu vermeiden.

Verweis: 4. Abschnitt D. II. 1. c) bb)

b) **Gleichrangigkeit**

Besteht kein logisches Rangverhältnis, so sind die Merkmale gleichrangig.

Beispiele:

§ 985 BGB – Gleichrangig sind Eigentum und Besitz; § 164 Abs. 1 S. 1 BGB – Gleichrangig ist das Vorliegen einer eigenen Willenserklärung zu dem Handeln im fremden Namen und zu der Vertretungsmacht.

Sind die Tatbestandsmerkmale gleichrangig, so richtet sich die Reihenfolge ihrer Prüfung nach Zweckmäßigkeitserwägungen. Kriterien für die Zweckmäßigkeit sind:

- Gesetz:
  Ein Anhaltspunkt ergibt sich aus der Reihenfolge, die das Gesetz einhält. Hierbei sollten jedoch unproblematisch die Tatbestandsmerkmale nach vorn gezogen werden.

  Beispiel: § 985 BGB – Eigentümer, Besitzer

- Objektive/Subjektive Tatbestandsmerkmale
  Objektive Merkmale sollten vor subjektiven Merkmalen behandelt werden.

  Beispiele:

  § 959 BGB – Besitzaufgabe vor Eigentumsverzichtswillen;

  Strafrecht – Objektiver Tatbestand vor subjektivem Tatbestand (außer bei Versuch)

Die objektiven Merkmale sind in der Reihenfolge zu prüfen, die bei der Darstellung dem Verständnis des Lesers am meisten entgegenkommen. Stellt eine Norm entscheidend auf persönliche Eigenschaften ab (z.B. Kaufmann, Arbeitnehmer, Amtsträger), so sind diese vorweg zu klären. Im Strafrecht ist bei sog. Sonderdelikten stets mit der Frage zu beginnen, ob der Handelnde die Täterqualifikation besitzt.

Beispiel: §§ 331 ff. StGB – Amtsträgereigenschaft bei den Straftaten im Amt

Objekte bzw. Erfolge sind vor der darauf bezogenen Handlung zu erörtern. Im Strafrecht ist bei sog. Erfolgsdelikten zunächst der Erfolgseintritt festzustellen, und das Angriffsobjekt ist vor der Täterhandlung zu prüfen.

Beispiele:

§ 211 StGB – Tod eines Menschen, Tötungshandlung;

§ 242 StGB – Fremde bewegliche Sache, Wegnehmen

Beschreibt eine Norm einen Geschehensablauf, so ist die Zeitfolge zu beachten.

Beispiele:

§ 1007 Abs. 1 BGB – Früherer Besitz, jetziger Besitz;

§ 263 StGB – Täuschungshandlung, Irrtum, Vermögensverfügung, Schaden

Ergibt sich ein Anspruch aus mehreren Vorschriften, so ist mit der Vorschrift anzufangen, die das Wesen des Anspruchs prägt.

Beispiel: Rückzahlungsanspruch wegen Mängeln der Kaufsache – Es sollte nicht mit § 346 BGB (Rücktritt) angefangen werden, obwohl dies technisch die eigentliche Anspruchsgrundlage ist, sondern mit § 437 Nr. 2 BGB; bei einem Einstieg mit § 346 BGB denkt der Leser sonst zunächst an einen vertraglichen Rücktritt.

Verweis: 4. Abschnitt D. II. 1. c) cc)

c) **Reihenfolge im Sachverhalt**

Allgemein gilt, dass allein die Reihenfolge im Sachverhalt, in der gewisse Umstände oder Argumente wiedergegeben sind oder von den Beteiligten geltend gemacht werden, für die juristische Behandlung nicht verbindlich sind. In der Regel ist es nicht einmal zweckmäßig, sie in dieser Reihenfolge zu behandeln.

3. Prüfungsschemata

Für den Aufbau von Rechtsnormen gibt es eine Vielzahl von Aufbauschemata, aus denen sich die Reihenfolge der Prüfung der einzelnen Tatbestandsmerkmale ersehen lässt. Für bestimmte Rechtsbereiche sind häufig wiederkehrende Aufbauschemata zu finden:

a) **Zivilrecht**

Die Prüfung zivilrechtlicher Anspruchsgrundlagen kann zunächst nach dem grundsätzlichen Aufbau Tatbestand – Rechtsfolge erfolgen. Für die Prüfung von Ansprüchen auf Erfüllung aus vertraglichen Schuldverhältnissen wird folgender, an der prozessualen Beweissituation orientierter Aufbau empfohlen (Prüfung in drei Schritten; „juristischer Dreiklang"):

(1) Anspruch entstanden
- (a) Einigung
  - (aa) Angebot
  - (bb) Annahme
  - (cc) Zustandekommen
  - (dd) Vertretung
- (b) Wirksamkeit
  - (aa) Geschäftsfähigkeit, §§ 104 ff. BGB
  - (bb) Form, §§ 125 ff. BGB
  - (cc) gesetzliches Verbot, § 134 BGB
  - (dd) Sittenwidrigkeit, § 138 BGB
  - (ee) Anfechtung, § 142 BGB (a.A. Erlöschensgrund s.u.)

(2) Anspruch nicht erloschen
- (a) Erfüllung, §§ 362 ff. BGB
- (b) Erlassvertrag, § 397 BGB
- (c) Leistungsstörung, §§ 275 ff. BGB
- (d) einseitig rechtsgestaltende Willenserklärung
  - (aa) Rücktritt, §§ 346 ff. BGB
  - (bb) Kündigung, z.B. §§ 542 ff. BGB
  - (cc) Aufrechnung, §§ 387 ff. BGB
  - (dd) Anfechtung, §§ 119 ff. BGB (a.A. Unwirksamkeitsgrund, s.o.)

(3) Anspruch durchsetzbar
- (a) Einreden
- (b) § 242 BGB

b) **Öffentliches Recht**

Beispiel (aus dem Staatsrecht):

(I) formelle Verfassungsmäßigkeit (eines Gesetzes)

(II) materielle Verfassungsmäßigkeit (eines Gesetzes)

Beispiel (aus dem Verwaltungsrecht):
(I) formelle Rechtmäßigkeit (des Verwaltungshandelns)
(1) Zuständigkeit
(2) Verfahren
(3) Form
(II) materielle Rechtmäßigkeit
(1) Tatbestandsvoraussetzungen
(2) allgemeine Rechtmäßigkeitsanforderungen
(3) Ermessen
(III) Rechtsverletzung

c) **Strafrecht**

(1) Tatbestandsmäßigkeit
(a) objektiver Tatbestand
(b) subjektiver Tatbestand
(2) Rechtswidrigkeit
(3) Schuld
(4) Strafausschließungs-/Strafaufhebungsgründe
(5) Strafverfahrensvoraussetzungen

Wegen der weiteren Einzelheiten wird auf die in der Literatur zu findenden Aufbauschemata oder spezielle Schematabücher verwiesen.

Vertiefung: Juristische Studienhilfen, Schemata

E. Besondere Hinweise

I. Schwerpunktfindung

1. Problemsituation

Der Erfolg einer Bearbeitung hängt weitgehend von einer richtigen Schwerpunktbildung ab. Um bei der Ausformulierung der Falllösung eine richtige Schwerpunktbildung vornehmen zu können, ist es bereits bei der Begutachtung wichtig, die richtigen Schwerpunkte zu finden. Die richtige Schwerpunktfindung fragt danach, wo die entscheidenden Probleme des Falles sind.

Ein Fall enthält oftmals eine Typik von rechtlichen Problemen. Eine Bearbeitung ist wenig geglückt, wenn alle auftretenden Probleme in gleichem Umfang durchdacht und gelöst werden. Hierzu reicht auch meist die vorgegebene Zeit nicht aus. Der Anfänger steht oft vor der Situation, dass er sich einer Vielzahl von Problemen gegenüber sieht. Er kann nicht ohne weiteres erkennen, welches Problem nun zu den Schwerpunkten gehört. In dieser Situation der Unsicherheit werden oftmals alle Probleme gleichmäßig behandelt (Abhaken von Prüfungspunkten). Hierzu verleiten oft Schemata, die sämtliche Prüfungspunkte aufzeigen. Diese werden dann nacheinander einfach durchgängig und gleichmäßig behandelt. Einer solchen Bearbeitung fehlt die richtige gedankliche Tiefe. Diese muss jedoch erreicht werden, insbesondere wenn man in höhere Notenbereiche vordringen will.

Eine gute Bearbeitung zeigt sich darin, dass der Fallbearbeiter die entscheidenden Probleme erkannt hat und dementsprechend ausführlich behandelt. Demgemäß ist es wichtig, sich bereits bei der Prüfung auf die entscheidenden Probleme zu konzentrieren.

2. Entscheidende Probleme

Wie erkennt man die entscheidenden Probleme? Wie gelingt es, das Unwichtige vom Wichtigen zu unterscheiden?

Bei der Beantwortung der Fragen helfen wiederum zwei Erkenntnisquellen: Das Wissen und die Suche.

a) **Erkennen**
Am besten ist es natürlich, wenn man den Falltext liest und sofort die entscheidenden Probleme erkennt. Hierbei hilft die Erfahrung. Wer eine Vielzahl von Fällen gelöst hat, dem wird es oftmals leicht fallen, die typischen Probleme, die eine Fallkonstellation mit sich bringt, unmittelbar zu erkennen.

Beispiele:

1. (Zivilrecht): „Zahlungsfälle“ – Zahlung durch Schuldner auf Forderung oder Grundschuld
2. (Öffentliches Recht): „Verfassungswidriges Gesetz“ – Prüfungskompetenz des Bundespräsidenten
3. (Strafrecht): „Raubüberfall“ – Abgrenzung Raub/räuberische Erpressung

Allerdings sollte man sich nicht der Illusion hingeben, bei viel Lerneifer und viel Erfahrung letztlich alle Probleme unmittelbar erkennen zu können. Selbst einem geübten Juristen erschließen sich nicht alle Probleme auf Anhieb. Jeder Fall hat seine eigene Problematik. Ein Erkennen aller Probleme ist erst möglich, wenn man den Fall gründlich durchgearbeitet und in allen möglichen Richtungen durchdacht hat.

b) **Problemsuche**
Schließlich muss man sich auf die Suche begeben, um die entscheidenden Probleme zu finden. Hierbei ist zunächst Vorsicht geboten. Es sollen keine Probleme um der Problemlösung willen gesucht werden. Es sollen nur vorhandene Probleme erkannt und bearbeitet werden. Gerade für Anfänger besteht eine große Gefahr darin, eine ähnlichen Fall, den man mit seinen Problemen kennt, dem zu lösenden Fall zu überlagern (vgl. oben „Sachverhaltsquetsche“). Eine andere Gefahr besteht darin, Rechtsgebiete, zu denen man gerade aktuell etwas gelesen hat, besonders ausführlich zu behandeln. Eine solche Art der Problembewältigung ist tunlichst zu vermeiden. Maßgeblich ist, die entscheidenden Probleme des zu lösenden Falles zu erkennen.

c) **Begehren**
Ein erster Anhaltspunkt für die entscheidenden Probleme sind die Ansichten und Begehren der beteiligten Personen. Jede Äußerung einer Person, die der Sachverhalt wiedergibt, sollte gedanklich bearbeitet werden. Es ist zu prüfen,

inwieweit sich die Äußerung in den Lösungsweg einfügt. Eine Ansicht, die eine Partei geäußert hat, kann entweder richtig oder falsch sein. In der Lösung muss zu erkennen sein, warum eine Ansicht als richtig oder falsch zu bewerten ist. Nur dann hat man sich mit den vorgetragenen Erklärungen und Einwendungen umfassend auseinander gesetzt.

d) **Sachverhaltsangaben**

Ein weiterer Anhaltspunkt ergibt sich aus den sonstigen Angaben und Ergänzungen im Sachverhalt. Diese können ausdrücklich benannt oder zwischen den Zeilen zu finden sein. Grundsätzlich kann davon ausgegangen werden, dass jeder Satz des Sachverhaltes für die Lösung des Falles von Bedeutung ist. Sollte sich ergeben, dass bestimmte Angaben für die Lösung keine Bedeutung haben, ist der bisher gefundene Lösungsweg kritisch zu hinterfragen. Das gilt natürlich nur für rechtliches Verhalten oder rechtliche Umstände, die normalerweise erheblich oder bedeutsam sind.

Beispiel: Eine der beteiligten Personen hat eine Erklärung zur Gestaltung der Rechtslage abgegeben.

Rechtlich unerheblich und unbedeutsam sind Angaben im Sachverhalt, die lediglich tatsächliche Umstände beschreiben, um den Fall bildlich auszuschmücken.

Beispiel: BGB: Farbe des gekauften Pkw

Teilweise finden sich Anhaltspunkte für Problemschwerpunkte auch zwischen den Zeilen. Hierzu muss man sich in die Person des Aufgabenstellers hineinversetzen:

- Was hat der Aufgabensteller wohl gemeint?
- Auf welches Problem wollte der Aufgabensteller hinaus?
- Welches Problem sollte angesprochen werden?

Die aufgezeigten Fragen können helfen, die entscheidenden Probleme zu erkennen. Andererseits beinhalten sie natürlich auch die Gefahr einer übermäßigen „Hineininterpretation" von Problemen in den Sachverhalt. Die Kunst einer guten Falllösung liegt darin, hierbei den richtigen Mittelweg zu finden. Grundsätzlich kann es nicht falsch sein, sich an einem problemfreundlichen Sachverhaltsverständnis zu orientieren.

e) **Problemgespür**

Ein weiterer Anhaltspunkt für das Erkennen der entscheidenden Probleme ergibt sich aus einem gewissen Gespür für die Probleme („Problemgespür"). Ein solches Problemgespür kann dem Fallbearbeiter eine gedankliche Orientierung bieten, wo die Problemschwerpunkte des Falles wohl zu finden sind. Grundlage für ein Problemgespür ist nicht eine willkürliche Entscheidung aus dem Bauch heraus. Vielmehr ergibt sich ein brauchbares Problemgespür aus der Erfahrung. Hierzu muss das Lösen von Fällen häufig geübt werden. Ein verlässliches Problemgespür bildet sich durch das umfassende Bearbeiten einer Vielzahl von Fällen, d.h. durch die Suche nach den Problemschwerpunkten, das Ausformulieren der Lösung und die Reflektion anhand der Besprechung bzw. Korrektur. Vornehmliche Aufgabe ist es daher, das eigene Problemgespür durch das „immer und immer wieder“ geübte Lösen von Fällen mehr und mehr reifen zu lassen.

3. Schemata

Schemata sind, wie bereits ausgeführt, nicht das richtige Mittel, um Problemschwerpunkte zu behandeln. In den Schemata werden alle denkbaren Problemschwerpunkte lediglich gleichmäßig aufgezeigt. Dies hat mit den Problemschwerpunkten eines konkret zu lösenden Falles wenig zu tun.

Schemata können jedoch für die Lösung des Falls sehr hilfreich sein, die entscheidenden Problemstellungen aufzufinden. Bei der Erarbeitung der Lösung sollte man sich das Schema vor Augen halten und gedanklich jeden einzelnen Punkt hinterfragen. Dies kann bei einigen problemlosen Punkten sehr kurz erfolgen. Wenn man für die eigene Bearbeitung und Beantwortung etwas längere Zeit in Anspruch nehmen muss, kann dies bereits ein Hinweis darauf sein, dass an dieser Stelle eine ausführlichere Problembewältigung zu erfolgen hat.

Darüber hinaus führt das gedankliche Durcharbeiten eines Aufbauschemas auch dazu, keine Prüfungspunkte zu vergessen. Das Übersehen eines Prüfungspunktes, der für die Lösung maßgeblich ist, kann eine Arbeit unbrauchbar machen, da die entscheidenden Probleme dann nicht erörtert werden.

Insoweit sind Schemata, richtig angewandt, wertvolle Hilfsmittel für die Erarbeitung der Lösung. Sie bleiben jedoch nur Hilfsmittel und sind kein Selbstzweck. Deshalb wäre es verfehlt, jeden Prüfungspunkt auch bei der Ausformulierung der Lösung anzusprechen und zu erörtern.

Verweis: siehe unten 4. Abschnitt E. I.

II. Hilfsweise Begutachtung

1. Problemsituation

Die Problemsituation für eine hilfsweise Begutachtung stellt sich bei negativem Prüfungsverlauf, d.h. wenn sich aufgrund der Verneinung eines Tatbestandsmerkmals die Rechtsfolge nicht ergibt. Hieraus könnte sich die Überlegung herleiten, nicht weiter zu prüfen. Nach dem Grundsatz der Notwendigkeit wäre eine weitere Prüfung nicht erforderlich.

Beispiele:

1. (Zivilrecht): Es wird ein Anspruch des A gegen B aus § 985 BGB geprüft. Nach Bejahung des Eigentums des A wird festgestellt, dass B nicht Besitzer ist. Betrachtet man die Eigentumsprüfung vom Ergebnis her, so könnte man sie für nicht notwendig halten, denn die Verneinung des Anspruchs aus § 985 BGB wegen fehlenden Besitzes des B ist unabhängig davon, ob A Eigentümer ist.

E bittet X, eine Sache bei ihm unterstellen zu dürfen. X veräußert die Sache an D für 150 €, was dem Wert der Sache entspricht. Normalerweise fängt man hier mit einem Anspruch des E gegen X aus Vertrag i.V.m. §§ 280, 283 BGB an und erörtert, ob ein Vertrag zustande gekommen ist. Das könnte man für überflüssig halten, weil jedenfalls § 816 Abs. 1 S. 1 BGB eingreift.

2. (Öffentliches Recht): Im Verwaltungsrecht könnte man die Prüfung der Vereinbarkeit eines Bauvorhabens mit dem Bauplanungsrecht für überflüssig halten, wenn die spätere Prüfung die Unvereinbarkeit des Bauvorhabens mit Bauordnungsrecht ergibt.

3. (Strafrecht): Im Strafrecht könnte man auf die Tatbestandsprüfung verzichten, weil der Täter gerechtfertigt oder entschuldigt gehandelt hat.

Auf der anderen Seite droht bei negativem Prüfungsverlauf eine Verletzung des Vollständigkeitsgebots, indem man einzelne Vorschriften oder Merkmale nicht erörtert, weil das Ergebnis ohnehin eindeutig negativ ist und deshalb nicht von ihnen abhängt.

Jedoch darf das Notwendigkeitsprinzip so eng nicht gefasst werden. Vielmehr ist erforderlich, dass sich die Notwendigkeit einer Prüfung aus dem Vorangegangenen ergibt. Dass von ihr das Ergebnis abhängt, ist schon deshalb nicht zu fordern, weil der Leser eines Gutachtens – anders als bei einem Urteil – das Ergebnis ja noch nicht kennt und ihm deshalb das Auslassen von Ansprüchen oder Merkmalen nicht sofort einleuchtet. Insoweit ist auf den Leser Rücksicht zu nehmen. Es soll ihm erleichtert werden, den Gang der Lösung nachzuvollziehen.

Beispiel: Prüfung des Tatbestands, auch wenn Rechtswidrigkeit eindeutig zu verneinen ist.

Nicht zu bestreiten ist allerdings, dass der auch für geistiges Arbeiten geltende Gedanke, möglichst ökonomisch zu arbeiten, dafür sprechen kann, Überlegungen, von denen das Ergebnis nicht abhängt, wegzulassen oder wenigstens in den Hintergrund zu drängen (Ökonomieprinzip). Diesem Gesichtspunkt wird sogleich im Zusammenhang mit den Möglichkeiten für einen geschickten Aufbau Rechnung getragen.

2. Erforderlichkeit

In dem seltenen Fall, dass das fehlende Merkmal verfahrensrechtlich (prozessual) vorrangig ist, darf nicht weitergeprüft werden. Denn der verfahrensrechtliche Vorrang bedeutet ja gerade, dass lediglich nach dessen Bejahung ein Eingehen auf die Sache selbst zulässig ist. Hier ist jedoch eine hilfsweise Begutachtung geboten, wenn die Fallfrage sich aus formellen (verfahrensrechtlichen, prozessualen) Gründen beantworten lässt, ehe die sich aus dem Sachverhalt ergebenden eigentlichen Sachprobleme behandelt werden konnten. Hauptfall: Es ist über eine Klage zu entscheiden und diese erweist sich (z.B. wegen Versäumung einer Frist) als unzulässig.

Beispiel: Aus einem Verkehrsunfall machen A und B wechselseitige Ansprüche geltend. A klagt gegen B auf Zahlung. B erklärt die Aufrechnung, wobei der Sachverhalt genaue Ausführungen zur möglichen Forderung des B gegen A macht. Die Frage lautet: Wie wird das Gericht entscheiden? Angenommen, man kommt zum Ergebnis, dass A keinen Anspruch gegen B hat. Dann ist die Klage abzuweisen, ohne dass es auf die Aufrechnung ankommt. Für die zur Aufrechnung gestellte Forderung des B ist aber das Fehlen einer Gegenforderung ein mehr formeller Gesichtspunkt. Deshalb ist in einem Hilfsgutachten die Forderung des B gegen A zu prüfen.

Eine hilfsweise Begutachtung ist aber nicht zulässig, um lediglich einen anderen Lösungsweg (z.B. auf der Basis einer abgelehnten Meinung) weiterzuverfolgen.

Das Hilfsgutachten ist zu unterscheiden von einer Hilfsbegründung: Hilfsbegründungen führen immer zu demselben Ergebnis wie die Hauptbegründung. Sie unterstützen also nur das bisherige Ergebnis. Dagegen wird durch eine hilfsweise Begutachtung der Gedankengang selbstständig weitergeführt. Das Ergebnis der hilfsweisen Begutachtung (z.B. Klage ist begründet oder unbegründet) ist in der Regel ein anderes als das des Hauptgutachtens (z.B. Klage ist unzulässig).

3. Aufbau

Zunächst ist das Hauptgutachten zu bearbeiten. Führt dies zu einem negativen Ergebnis, ist bei unterstelltem positiven Ergebnis mit der hilfsweisen Begutachtung weiterzuprüfen.

Beispiel: Fragestellung: Wird die Klage Erfolg haben?

- Hauptgutachten
  Zulässigkeit der Klage
  ...
  Ergebnis: Mangels Rechtsschutzbedürfnisses des Klägers ist die Klage unzulässig. Die Klage wird somit keinen Erfolg haben.
  Begründetheit der Klage
  Die Begründetheit darf wegen prozessualem Vorrang der Zulässigkeit nicht geprüft werden. Da es aus prozessualen Gründen insoweit nicht möglich ist, zur Begründetheit der Klage und damit zum eigentlichen sachlichen Streit Stellung zu nehmen, sind diese Fragen in einem Hilfsgutachten zu erörtern.
- Hilfsgutachten
  Es wird unterstellt(!), dass der Kläger ein Rechtsschutzbedürfnis hat. Dann ist die Klage zulässig.
  Begründetheit der Klage
  ...

III. Alternative Begutachtung

1. Problemsituation

Eine alternative Begutachtung kommt bei Sachverhaltszweifeln oder zur Absicherung des Ergebnisses in Betracht.

Hiervon ist die alternative Begründung zur Absicherung eines Ergebnisses zu unterscheiden. Während sich bei der alternativen Begutachtung ein Sachverhaltsumstand nicht aufklären lässt, wird bei der alternativen Lösung ein zweifelhaftes Merkmal offen gelassen.

2. Erforderlichkeit

Eine alternative Begutachtung ist bei Sachverhaltszweifeln erforderlich. Diese ergeben sich bei unklaren Sachverhalten oder einer Lücke im Sachverhalt (s.o. 2. Abschnitt E. I., II.). Führen die verschiedenen tatsächlichen Möglichkeiten zu unterschiedlichen Lösungen, so müsste in der Praxis eine Beweiserhebung erfolgen. Bei Prüfungsarbeiten ist dies nicht möglich. Dann kommt eine alternative Begutachtung in Betracht. Dies setzt voraus:

- Zweifel über tatsächlichen Umstand
  Für die Subsumtion unter einen Rechtsbegriff kommt es auf bestimmte Tatsachen an, die sich dem Sachverhalt weder durch Auslegung noch unter Zuhilfenahme der Lebenserfahrung entnehmen lassen.

  Es sei ausdrücklich betont, dass eine Alternativlösung bei Rechtsfragen stets unzulässig ist (so auch Velte Jura 1980, 195). Ganz falsch wäre es also, eine Fallbearbeitung so abzuschließen: „Folgt man der Auffassung des BGH, so ist der Angeklagte des Mordes schuldig. Folgt man der Gegenmeinung, so ist der Angeklagte freizusprechen." Ein Richter dürfte auch kein solches Urteil erlassen.

  Es dürfen auch nicht etwa Rechtsfragen in Tatsachenfragen umfunktioniert werden, weil sich der Bearbeiter um die Entscheidung drücken will. Häufig hört man von Kandidaten, der Sachverhalt sei unvollständig oder unklar, etwa weil aus ihm nicht hervorgehe, ob es sich um einen Werkvertrag, einen Werklieferungsvertrag oder einen normalen Kaufvertrag handelt; deshalb sei eine Alternativlösung geboten. Diese wäre falsch: Welcher Vertragstyp vorliegt, ist eine Rechtsfrage, die entschieden werden muss. Anders, wenn die zur Feststellung des Vertragstyps erforderlichen Tatsachen fehlen, was aber selten der Fall ist.

- Ergebnisrelevanz
  Das Ergebnis muss davon abhängen, ob die ungewisse Tatsache vorliegt oder nicht. Insbesondere darf es nicht möglich sein, das Tatbestandsmerkmal, auf das sich die Tatsache bezieht, offen zu lassen oder die Prüfungsreihenfolge umzustellen.

- Keine problemfreundliche Aufklärung möglich
  Eine behutsame Nachbesserung des Sachverhalts durch eine verständige, vom Aufgabensteller her denkende („problemfreundliche") Auslegung führt zu keinem eindeutigen Ergebnis, weil jede der Varianten etwa gleiche rechtliche Entfaltungsmöglichkeiten bietet.

- Feststellbarkeit
  In der Praxis wäre es möglich, das Fehlen oder Vorliegen der Tatsache durch Beweiserhebung festzustellen.

  Beispiel: Ob der verkaufte Gebrauchtwagen vom TÜV beanstandet worden ist, was der auf Minderung klagende Käufer behauptet, der beklagte Verkäufer aber bestreitet, lässt sich nicht feststellen.

Grundsätzlich ist Voraussetzung für eine Alternativlösung, dass die im Sachverhalt fehlende Tatsache sich in der Praxis feststellen lässt. Muss aufgrund von Unaufklärbarkeit davon ausgegangen werden, dass sich die Tatsache nicht überzeugend feststellen lässt, oder wird der Sachverhalt ausdrücklich als nicht weiter aufklärbar bezeichnet, so ist eine Alternativlösung nicht zulässig, weil das rechtliche Problem dann gerade darin besteht, wie in einem solchen Fall zu entscheiden ist.

Beispiel: Streit zwischen A und B über den Inhalt einer mündlichen Vereinbarung, bei der nur A und B zugegen waren. Im Bearbeitermerk wird angegeben: Es lässt sich nicht mehr klären, ob A bei dem Abbiegevorgang den Blinker betätigt hat.

Bei zivilrechtlichen und verwaltungsrechtlichen Fällen muss sodann geprüft werden, wer die Beweislast trägt, und es muss eine Beweislastentscheidung getroffen werden, d.h. es wird zuungunsten dessen entschieden, der die Beweislast trägt.

Enthält das Gesetz eine Beweislastregelung, insbesondere eine Vermutung, so kann man die Alternativlösung durch eine Beweislastentscheidung vermeiden.

Beispiel: G verlangt von S Schadensersatz wegen Verzuges. Der Sachverhalt lässt ausdrücklich offen, aus welchem Grund S nicht pünktlich geliefert hat. Hier kann man schreiben: „Jedoch ist es nach § 286 Abs. 4 BGB Sache des S, Tatsachen anzugeben, aus denen sich ergibt, dass ihn kein Verschulden trifft. Solange solche Umstände nicht dargetan sind, ist von einem Verschulden auszugehen. S war somit im Verzug."

Bringt man eine Alternativlösung und keine Beweislastentscheidung, so sollte man auf die Beweislastregelung wenigstens hinweisen. Liegt eine Sachverhaltslücke nicht vor, so darf der Erörterung rechtlicher Fragen nicht durch Bezugnahme auf eine Beweislastregelung ausgewichen werden: z.B. keine Ersetzung der Eigentumsprüfung durch den Hinweis auf § 1006 BGB (Velte Jura 1980, 195/6).

Im Strafrecht sind anstelle einer alternativen Begutachtung etwaige Auffangtatbestände (z.B. § 323 a StGB), der Grundsatz „im Zweifel milder" (in dubio mitius) sowie die Möglichkeit einer Postpendenzfeststellung oder einer wahlweisen Verurteilung vorab zu erörtern.

3. Aufbau

Die alternative Begutachtung erfordert zwei unterschiedliche Gutachten, die als Alternative die jeweils zweifelhafte Tatsache haben. In der einen Begutachtung wird die Lösung auf die eine Auslegungsmöglichkeit gegründet, in der anderen auf die alternative Auslegungsmöglichkeit.

Wie eine alternative Begutachtung aussehen kann, soll an folgendem Beispiel gezeigt werden:

Beispiel: B hatte A ein Fahrrad entwendet, es aber bald wieder zurückgebracht. Es wird ein Anspruch des A gegen B aus § 823 Abs. 1 BGB geprüft. „ ... Somit hat B das Eigentum des A rechtswidrig und schuldhaft verletzt. Weitere Voraussetzung für einen Anspruch aus § 823 Abs. 1 BGB ist, dass A infolge der Entwendung einen Schaden erlitten hat, der auch nach Rückgabe des Rades noch fortbesteht, z.B. Beschädigung am Rad. Sollte ein solcher Schaden nicht vorliegen, würde ein Anspruch aus § 823 BGB insoweit nicht bestehen(!). Näher liegt aber, dass A Kosten gehabt hat, etwa weil er mit einem öffentlichen Verkehrsmittel oder mit dem Taxi hat fahren müssen, oder dass ihm durch das Nachforschen nach dem verschwundenen Rad Kosten entstanden sind. In diesem Fall ist ebenfalls ein Anspruch aus § 823 BGB gegeben.
Ergebnis: Falls A Kosten der geschilderten Art entstanden sind (Sachverhaltsfrage), ist der Anspruch des A gegen B in der entsprechenden Höhe begründet."

F. Zusammenfassung

Die zweite Station der Fallbearbeitung betrifft die Begutachtung. Arbeitsmittel ist die juristische Denktechnik. Innerhalb dieses Abschnitts sind drei Arbeitsschritte vorzunehmen. Die Begutachtung beinhaltet den Lösungsweg von der Fallfrage zur Lösung. In dem Gutachten ist juristische Denkarbeit zu leisten.

Ziel der Begutachtung ist es, die Fallfrage zu beantworten. Zunächst ist es erforderlich, die Aufgabe zu erfassen, d.h. die Fallfrage herauszuarbeiten. Enthält der Falltext eine konkrete Fallfrage, ist diese der Bearbeitung zugrunde zu legen. Bei Fehlen einer Fallfrage oder unklarer Fragestellung ist eine Auslegung erforderlich. Die Auslegung orientiert sich an dem Begehren der beteiligten Personen. Für die Ermittlung des Begehrens kann es vorteilhaft sein, sich die Interessengegensätze klar zu machen. Bei der Frage nach der Rechtslage sind grundsätzlich sämtliche Rechtsbeziehungen der beteiligten Personen zu prüfen. Hilfreich können die idealtypischen Frageformeln sein; im Zivilrecht lautet die Formel: „Wer will von wem was warum woraus?"

Bei komplizierten Sachverhalten kann es sinnvoll sein, die Fragestellung in mehrere Teilfragen aufzugliedern. Möglich ist eine Aufspaltung nach Sachverhaltsteilen, Personen oder Begehren. Die Aufgliederung der Fragestellung bestimmt grundsätzlich den Aufbau der späteren Falllösung.

Vor der eigentlichen Rechtsanwendung ist eine Vorarbeit durch Sammeln der Rechtsnormen vorzunehmen. Erforderlich ist ein Suchen, Auswählen und Ordnen der Rechtnormen. Zunächst sind die in Betracht kommenden Rechtsnormen zu suchen. Bei den Rechtsnormen werden ihre Funktionen nach Antwortnormen, Gegennormen und Hilfsnormen unterschieden. Maßgebliche Antwortnomen sind im Zivilrecht die Anspruchsgrundlagen, im Öffentlichen Recht i.d.R. die Ermächtigungsgrundlagen und im Strafrecht die Straftatbestände. Fundstellen für die Normen sind das vorhandene Wissen und die planmäßige Suche im Gesetz. Bei der Normsuche können Suchstrategien hilfreich sein. Weiterführende Einfälle können sich aus einem brainstorming und aus einem Lesen im Gesetz im Bereich der einschlägigen Thematik oder um die gefundene Norm herum ergeben. Außerdem können die Gliederungsübersicht oder das Sachregister hinzugezogen werden. Auch das nochmalige Lesen des Sachverhalts sowie das Hineindenken in das Begehren der beteiligten Personen können bei der Suche weiterhelfen.

Für das Auswählen der zu prüfenden Rechtsnormen gilt zunächst der Grundsatz der Vollständigkeit. Einschränkungen ergeben sich aus arbeitsökonomischen und Zweckmäßigkeitsgesichtpunkten. Die gefundenen Normen sind auf ihre Prüfungsrelevanz zu untersuchen. Prüfungsrelevant sind Normen, deren Eingreifen möglich ist; auszuscheiden sind Normen, die sich ohne weiteres mit nur einem Satz überzeugend ablehnen lassen. Sinnvoll ist es, die Überlegungen hierzu auf einem Ideenzettel zu notieren. Die aufgefundenen und ausgewählten Rechtsnormen sind in eine Ordnung zu bringen. Ordnungskriterien sind Vorrang und Zweckmäßigkeit. Die Prüfungsreihenfolge ergibt sich aus bestimmten Ordnungskriterien für jedes Rechtsgebiet. Im Zivilrecht gilt folgende Prüfungsreihenfolge: Vertragliche Anspruchsgrundlagen, Ansprüche aus Geschäftsführung ohne Auftrag, dingliche Anspruchsgrundlagen, Ausgleichsansprüche (Bereicherungsrecht, unerlaubte Handlungen).

Nunmehr beginnt die eigentliche Rechtsanwendung. Hierunter ist die Anwendung des Rechts auf den Sachverhalt zu verstehen. Ausgangspunkt der Rechtsanwendung ist das Recht, wie es in den Rechtsnormen vorzufinden ist. Aufgabe des Rechts ist es, das menschliche Zusammenleben zu ordnen. Rechtsnormen enthalten verbindliche Anordnungen des Normgebers, wie sich ein Mensch verhalten soll, sog. Sollenssätze. Rechtsnormen werden häufig dergestalt formuliert, dass auf ein Nichtbefolgen eines Gebots oder Verbots eine Sanktion angeordnet wird. Hieraus ergibt sich die Struktur von Tatbestand und Rechtsfolge.

Mittel der Rechtsanwendung ist eine bestimmte juristische Denktechnik. Hierbei handelt es sich um das juristische Handwerkszeug. Die richtige Rechtsanwendung erfordert die Beherrschung des juristischen Handwerkszeugs. Zu den gedanklichen Handwerkszeugen des Juristen gehört die Subsumtionstechnik, die Gesetzesauslegung, die Lückenausfüllung, die teleologische Reduktion und die Entscheidung eines Meinungsstreits.

Bei der Subsumtion geht es um die Feststellung einer Übereinstimmung zwischen Rechtsnorm und Lebenssachverhalt. Die juristische Subsumtionstechnik ermöglicht ein Zusammenführen von abstrakter Rechtsnorm und konkretem Lebenssachverhalt. Dadurch wird die Entscheidung ermöglicht, ob eine Übereinstimmung besteht, d.h. ob ein Tatbestandsmerkmal erfüllt ist oder nicht. Das Vergleichen erfolgt mit Hilfe des juristischen Syllogismus. Hierbei handelt es sich um eine Denktechnik, bei der aus dem Inhalt von zwei Sätzen (Obersatz, Untersatz) eine Schlussfolgerung (Ergebnis) abgeleitet wird. Vorangestellt wird eine These in Form eines Könnte-Satzes. Eine Übereinstimmung besteht, wenn sie evident ist. Zur Ermöglichung der Feststellung einer Übereinstimmung kann eine Definition von Tatbestandsmerkmalen erforderlich sein. Die Lösung ergibt sich aus mehrfachen Einzelbegriffssubsumtionen für jedes Tatbestandsmerkmal.

Bei der Auslegung geht es darum, unklare Inhalte von Gesetzen oder Willenserklärungen zu bestimmen. Bei Gesetzen erfolgt die Auslegung nach den Auslegungsmethoden der klassischen Methodenlehre, nach dem Wortsinn (grammatikalische Auslegung), dem Regelungszusammenhang (systematische Auslegung), der Entstehungsgeschichte (historische Auslegung) und dem Sinn und Zweck (teleologische Auslegung). Für die Auslegung von Willenserklärungen sind die Methoden der erläuternden und ergänzenden Auslegung heranzuziehen.

Lücken im Gesetz sind auszufüllen, sofern ein Bedürfnis nach einer Regelung besteht. Die Ausfüllung erfolgt in erster Linie durch eine Analogie. Zu unterscheiden sind Gesetzesanalogie und Rechtsanalogie. Voraussetzungen sind eine planwidrige Regelungslücke und eine vergleichbare Interessenlage. Darüber hinaus ist eine Ausfüllung durch Rechtsfortbildung möglich, d.h. eine Rechtsergänzung aufgrund allgemeiner, im Gesetz enthaltener Prinzipien.

Bei der teleologischen Reduktion wird der Anwendungsbereich einer Rechtsnorm aufgrund des Sinns und Zwecks eingeschränkt. Die Ausgangslage für eine teleologische Reduktion ist, dass ein Sachverhalt von einer Rechtsnorm erfasst wird, die Rechtsfolge aber im Vergleich zu anderen Fallbeurteilungen nicht passt. Maßgeblich für die Einschränkung ist, ob die Interessenlage im geregelten Fall wesentlich anders ist als im zu beurteilenden Fall.

Die Ausgangslage für die Entscheidung eines Meinungsstreits ergibt sich daraus, dass zu der Auslegung einer Rechtsnorm in Rspr. und Lit. verschiedene Ansichten vertreten werden. Führen verschiedene Ansichten bei der konkreten Fallbearbeitung zu unterschiedlichen Ergebnissen, muss der Meinungsstreit entschieden werden. Grundlage der Entscheidungsfindung ist die eigene Überzeugung, die sich nach Abwägen der Begründungen und Argumente einstellt.

Die Prüfung einer Rechtsnorm erfolgt grundsätzlich nach ihrer inneren Struktur: 1. Voraussetzungen, 2. Rechtsfolge. Innerhalb der Voraussetzungen wird das Vorliegen der einzelnen Tatbestandsmerkmale geprüft. Die Reihenfolge der Prüfung der einzelnen Tatbestandsmerkmale orientiert sich ggf. an einem logischen Rangverhältnis, im Übrigen an Zweckmäßigkeitsgesichtspunkten. Für die Prüfung zivilrechtlicher Anspruchsgrundlagen aus vertraglichen Schuldverhältnissen empfiehlt sich die Prüfung in drei Schritten: Anspruch entstanden, Anspruch nicht erloschen und Anspruch durchsetzbar.

Eine gute Fallbearbeitung erfordert eine richtige Schwerpunktbildung. Deshalb ist bereits im Rahmen der Begutachtung wichtig, die entscheidenden Probleme des Falles zu erkennen und vertieft zu bearbeiten. Erste Anhaltspunkte für Problemschwerpunkte ergeben sich aus den Äußerungen und Begehren der beteiligten Personen. Im Übrigen hilft ein Problemgespür und die Erfahrung durch das Lösen einer Vielzahl von Fällen. Prüfungspunkte aus Aufbauschemata sind nicht gleichmäßig abzuarbeiten, sondern dienen lediglich als Hilfsmittel für die Bearbeitung der Lösung.

Eine hilfsweise Begutachtung ist erforderlich, wenn die Fallfrage allein aus formellen Gründen beantwortet, insbesondere verneint werden könnte und deshalb auf materielle Gründe, obwohl der Sachverhalt hierzu Umstände enthält, nicht einzugehen wäre. Eine alternative Begutachtung ist erforderlich, wenn der Sachverhalt unklar ist, d.h. wenn das Vorliegen eines Sachverhaltsumstands nicht eindeutig geklärt werden kann. Sofern der Sachverhalt eine Auslegung in zwei unterschiedliche Richtungen zulässt, ist für jede Möglichkeit jeweils eine eigene Begutachtung vorzunehmen.

G. Zum Beispielsfall

Die Erkenntnisse der Vorgehensweise der juristischen Denktechnik im Rahmen der Begutachtung sollen auf den „Pinscher-Fall“ (S. 4) angewendet werden. Die erforderlichen Arbeitsschritte sind das Herausarbeiten der Fragestellung und innerhalb der Vorarbeit die Sammlung der einschlägigen Rechtsnormen sowie die eigentliche Rechtsanwendung.

Erster Schritt: Herausarbeiten der Fragestellung

Zunächst ist die Fragestellung herauszuarbeiten. Der Sachverhalt enthält keine ausdrückliche Fragestellung. Vielmehr ist lediglich das Begehren geschildert, dass Herr A von Frau F Ersatz verlangt. Um die Fragestellung herauszuarbeiten, kann auf die zivilrechtliche idealtypische Fragestellung zurückgegriffen werden: Wer will von wem was warum woraus?

- „Wer“ bezeichnet den Anspruchsteller. Im Fall ist Anspruchsteller Herr A.
- „Von wem“ bezeichnet den Anspruchsgegner. Im Fall ist die Anspruchsgegnerin Frau F.
- „Was“ bezeichnet das Begehren. Im Fall verlangt Herr A von Frau F Ersatz.
- „Warum“ bezeichnet den zugrunde liegenden Lebenssachverhalt. Im Zivilrecht gibt es grundsätzlich drei typische Lebenssachverhalte: Sonderbeziehung zwischen zwei Personen, Tätigkeit für einen anderen, Verletzungshandlungen. Für alle drei typischen Lebenssachverhalte enthält der Sachverhalt Sachverhaltsumstände. Eine Sonderbeziehung könnte gegeben sein aus dem Ruf der Frau F „So helfen Sie doch!“. In dem Trennen der Hunde durch A könnte eine Tätigkeit für Frau F gesehen werden. Der Biss des Schäferhundes hat zu einer Verletzung bei Herrn A geführt.
- „Woraus“ bezeichnet die in Betracht kommenden Anspruchsgrundlagen. Im Fall kommt für das Rufen ein Auftragsverhältnis in Betracht, für das Trennen der Hunde eine Geschäftsführung ohne Auftrag und für den Biss eine unerlaubte Handlung.

Zweiter Schritt: Sammeln der Rechtsnormen

Im Rahmen der Vorarbeit sind die in Betracht kommenden Anspruchsgrundlagen zu suchen, auszuwählen und zu ordnen.

Für eine vertragliche Sonderbeziehung zwischen Herrn A und Frau F kommt ein Auftragsverhältnis gemäß §§ 662 ff. BGB in Betracht. Mögliche Anspruchsgrundlage für einen Ersatz könnte § 670 BGB sein.

Für das Trennen der Hunde kann eine Geschäftsführung ohne Auftrag der §§ 677 ff. BGB in Betracht kommen. Maßgebliche Norm für einen Ersatzanspruch ist § 683 BGB.

Der Biss des Schäferhundes könnte als der F zurechenbare unerlaubte Handlung gemäß §§ 823 ff. BGB anzusehen sein. Mögliche Anspruchsgrundlagen sind die allgemeine Haftung aus § 823 Abs. 1 BGB und die Tierhalterhaftung gemäß § 833 Abs. 1 BGB.

Die Ordnung der aufgefundenen Rechtsnormen orientiert sich an der Prüfungsreihenfolge im Zivilrecht: Vertragliche Anspruchsgrundlagen, Geschäftsführung ohne Auftrag, dingliche Ansprüche, Ausgleichsansprüche (Bereicherungsrecht, unerlaubte Handlungen). Danach sind die aufgefundenen Anspruchsgrundlagen in folgender Reihenfolge zu prüfen: Zu beginnen ist mit dem Anspruch aus einem Auftragsverhältnis gemäß § 670 BGB. Anschließend ist ein Anspruch aus Geschäftsführung ohne Auftrag gemäß § 683 BGB zu prüfen. Abschließend sind die Ansprüche aus unerlaubter Handlung gemäß § 823 Abs. 1 BGB bzw. § 833 BGB zu prüfen. Ergänzend ist zu erörtern, ob Herr A Ansprüche auf Schmerzensgeld geltend machen kann.

Dritter Schritt: Anwenden des Rechts

Im Rahmen der Rechtsanwendung sind die gefundenen Anspruchsgrundlagen auf das Vorliegen ihrer Voraussetzungen zu prüfen. Es wird empfohlen, dass jeder Leser für sich die Rechtsanwendung selbstständig durchführt.

Die Darstellung der Rechtsanwendung im Beispielsfall erfolgt im nachfolgenden Abschnitt als Lösungsskizze innerhalb der Niederschrift des Gutachtens.

Verweis: 4. Abschnitt G. Zum Beispielsfall (Lösungsskizze)

4. Abschnitt: Gutachten (juristische Schreibtechnik)

A. Vorüberlegung

In der dritten Station der Fallbearbeitung geht es um die Niederschrift des Gutachtens. Im 3. Abschnitt haben wir die Denkarbeit der juristischen Begutachtung kennengelernt. Nachdem der Fallbearbeiter sich mithilfe der juristischen Denktechnik die Lösung des Falles erarbeitet hat, stellt sich die Frage: „Wie bringe ich es zu Papier?“ Es ist zu klären: „Was soll ich schreiben, wie soll ich es schreiben?“

In der Niederschrift ist das Gutachten zu formulieren. Es handelt sich um die Darstellung der Lösung. Die Niederschrift beinhaltet die schriftliche Ausformulierung des Gedankengangs der Begutachtung. Auch bei der Anfertigung der Niederschrift ist eine bestimmte Vorgehensweise einzuhalten. Es handelt sich um eine bestimmte Arbeitstechnik, die juristische Schreibtechnik.

Die Erarbeitung der Niederschrift erfolgt im Wesentlichen in zwei Arbeitsschritten, die Anfertigung einer Lösungsskizze und die Formulierung des Gutachtens.

B. Zielrichtung des Gutachtens

Ziel des Gutachtens ist es, den Lösungsweg nachvollziehbar und überzeugend darzustellen. Erforderlich ist eine geordnete Darlegung der Gedanken. Während bei der Erarbeitung des Gutachtens die Gedanken eher ungeordnet gefunden und über die Einordnung in den Lösungsweg nachgedacht wurde, geht es nunmehr darum, die Gedanken und Überlegungen in eine geordnete Gedankenfolge zu bringen. Wichtig ist es, die Gedanken so zu formulieren, dass der Leser sie nachvollziehen kann und von der Richtigkeit der Lösung überzeugt wird.

C. Anfertigung einer Lösungsskizze

Der erste Arbeitsschritt der Niederschrift erfordert in der Regel zunächst als Vorarbeit die Anfertigung einer Lösungsskizze.

I. Erstellen

Bei der Erarbeitung des Gutachtens ist innerhalb der Zielbestimmung bereits die Fragestellung bearbeitet und ggf. aufgegliedert worden. Außerdem wurden innerhalb der Vorarbeit die aufgefundenen Rechtsnormen geordnet und innerhalb der Prüfung einer Rechtsnorm diese in einzelne Merkmale aufgegliedert. Damit liegt bereits ein erster grober Entwurf der Falllösung vor. Dieser Entwurf ist nunmehr Grundlage für die Anfertigung einer Lösungsskizze.

Eine Lösungsskizze enthält den Gedankengang in wenigen Stichworten. Die Anfertigung erfolgt, indem man zu den einzelnen Tatbestandsmerkmalen die Ergebnisse der Subsumtion stichwortartig notiert (sog. „Gitterlösung"). Die Erstellung erfolgt nicht strikt getrennt von den übrigen Überlegungen, sondern parallel. Sinn und Zweck einer Lösungsskizze ist es, die Lösung mit ihren einzelnen Gedankenschritten einmal umfassend zu bearbeiten. Diese müssen bei der anschließenden Niederschrift des Gutachtens nur noch ausformuliert und gewichtet werden. Eine Lösungsskizze dient dazu, sich den Gedankengang vor Augen zu halten und damit die Lösung zu überschauen. Ein wesentlicher Vorteil besteht darin, dass man die gesamte Lösung durchdenken muss, bevor man anfängt zu schreiben. Außerdem kann man nach Erstellung der Lösungsskizze eine Rückschau machen, ob „alles drin" ist, d.h. ob alles verwertet worden ist, was der Sachverhalt enthält.

II. Gestalten

Die Lösungsskizze enthält den Gedankengang nur in Stichworten. Dieses bedeutet für die Gestaltung,

- ▶ einerseits keine ganzen Sätze zu formulieren, um die Zeit nicht zu vergeuden; je unproblematischer ein Punkt ist, desto kürzer wird er behandelt;
- ▶ andererseits nicht nur Gliederungspunkte aufzuführen, sondern auch die wesentlichen Argumente und die Stichworte für die Begründung zu nennen, damit die Schwierigkeiten nicht erst beim Ausformulieren auftauchen.

Die Lösungsskizze muss zumindest den Einstieg, eine grobe Gliederung und die Kenntlichmachung der Problemschwerpunkte enthalten. Zu jeder Anspruchsnorm sollten die einzelnen Tatbestandsmerkmale aufgeführt werden. Hinzu kommt das Ergebnis der vorläufigen Beurteilung mit einem +" oder „–". Hierbei sollte der zuzuordnende Sachverhaltsumstand, aus dem sich das Ergebnis herleitet, benannt werden.

III. Überprüfen

Die fertige Lösungsskizze dient im Wesentlichen auch der Überprüfung der Lösung. Vor Abschluss der Lösungsskizze sollte der Sachverhalt noch einmal gelesen und eine Sachverhaltsbilanz erstellt werden. Zu fragen ist, welche Angaben verwertet wurden. Ergibt sich dabei, dass zahlreiche Angaben für den gewählten Lösungsweg unerheblich sind, so besteht jetzt die letzte Chance, die Weichen in die vom Aufgabensteller vorgesehene Richtung zu stellen. Ebenso wie ein unverwertbarer „Sachverhaltsüberhang" kann auch ein „Sachverhaltsdefizit" Anlass zu kritischen Kontrollüberlegungen sein, ob man sich innerhalb des vom Aufgabenstellers anvisierten Lösungsweges hält. Fehlen nämlich wesentliche Angaben, die zur Ausfüllung einer bestimmten Vorschrift erforderlich sind, so bildet deren Untersuchung kaum den Schwerpunkt der Arbeit. Zerfällt der Sachverhalt in Grundfall und Abwandlung, so sollten sich die Ergebnisse, zumindest aber die Lösungswege, unterscheiden.

Insbesondere sollte die gefundene Lösung einer kritischen Kontrollüberlegung unterzogen werden. Man sollte sich die Fragen stellen: „Kann das denn sein?" (Plausibilitätskontrolle), „Ist das alles?" (Vollständigkeitskontrolle). Entscheidend ist, ob nach der kritischen Betrachtung das gefundene Ergebnis zu der Aufgabenstellung passt. Am besten ist es, wenn sich ein gutes Gefühl ergibt, diesen Fall umfassend und richtig gelöst zu haben.

D. Formulierung des Gutachtens

Der zweite Arbeitsschritt des Gutachtens besteht in der eigentlichen Ausformulierung der Gedanken der rechtlichen Begutachtung. Nachdem die Gedanken der Lösung sortiert und ggf. eine Lösungsskizze angefertigt ist, kommt der Moment, die Lösung zu Papier zu bringen.

Das Weitermachen mit der Ausformulierung erfordert oftmals eine Überwindung. Es heißt: „Jetzt geht es los" Diese Situation kann den Bearbeiter etwas frustrieren, ja sogar lähmen. Man muss sich nunmehr von seinen Gedanken trennen. Es ist der Moment, sich zu trauen, die eigenen Gedanken schriftlich zu formulieren. Dies erfordert Mut. Während bei einer mündlichen Prüfung noch die Möglichkeit der Korrektur besteht, sobald ein Prüfer negativ auf eine Antwort reagiert, ist dies bei schriftlichen Arbeiten ausgeschlossen. Das geschriebene Wort steht wie fest gemauert und wird dem Leser ohne Chance zur Korrektur präsentiert.

In der Ausformulierung wird der Gedankengang der Begutachtung dargestellt, d.h. in eine schriftliche Form gebracht. Die Ausformulierung orientiert sich an der juristischen Denkweise. Maßgeblich ist der Gedankengang, welcher der Begutachtung zugrunde liegt. Diese Denkweise muss sich grds. in der Ausformulierung wiederfinden. Im Einzelnen geht es darum,

- welcher Gedankengang zu formulieren ist,
- welche Gedanken im Einzelnen zu formulieren sind
- und wie die Formulierungen sprachlich darzustellen sind.

I. Darstellungsformen

Bei der Darstellung geht es zunächst darum, sich den Gedankengang einer juristischen Bearbeitung klar zu machen und die verschiedenen Darstellungsformen zu kennen.

1. Darstellung Gedankengang

Die Darstellung des Gedankengangs wird bestimmt von der Abfolge der Gedanken bei der Erarbeitung der Lösung. Der juristische Gedankengang folgt grundsätzlich der für jede wissenschaftliche Untersuchung geltenden Denkform eines Gutachtens. Jede wissenschaftliche Untersuchung beruht auf einer Aufgabenstellung (Fragestellung) und hat ein Ergebnis, das auf einer Begründung beruht. Begründung und Ergebnis sind einander zuzuordnen. Da zunächst nur die

Fragestellung bekannt ist und das Ergebnis noch gesucht wird, verläuft der typische wissenschaftliche Gedankengang so, dass von der Fragestellung ausgegangen und Schritt für Schritt zum Ergebnis hin gefolgert wird.

Grds. vollzieht sich der Gedankengang bei der Ausarbeitung eines Gutachtens in vier Denkschritten:

- Denkschritt eins: Es wird ein bestimmtes, die Fragestellung beantwortendes Ergebnis als möglich hingestellt (hypothetische konkrete Rechtsfolge).
- Denkschritt zwei: Es werden die Voraussetzungen gesucht, bei deren Vorliegen man zu dem vorgeschlagenen Ergebnis kommt (Aufstellen eines Untersuchungsprogramms).
- Denkschritt drei: Es werden die aufgezeigten Voraussetzungen des Untersuchungsprogramms anhand des Sachverhalts untersucht (Subsumtion).
- Denkschritt vier: Abschließend folgt das Ergebnis der Prüfung.

Allerdings ist es bei der Prüfung von Rechtsnormen für eine Falllösung nicht ausreichend, nur diese vier Denkschritte vorzunehmen. Schon wegen der Einzelbegriffsubsumtion muss innerhalb der Denkschritte zwei und drei die Subsumtion unter jedes Tatbestandsmerkmal erfolgen, wobei jedes Mal erneut die Denkform des Gutachtens anzuwenden ist. Es sind also innerhalb des Gesamtgutachtens zahlreiche Einzelgutachten erforderlich.

Vertiefung: s. oben 3. Abschnitt D. II. 1. Subsumtion, D. III. 2. Prüfungsreihenfolge

2. Form: Gutachtenstil

Beim Gutachtenstil erfolgt die Darstellung der Gedankenfolge grds. in den vier aufgezeigten Denkschritten. Insoweit sind die vier Denkschritte in Formulierungen auszudrücken.

Die aufgezeigte Gedankenfolge braucht nicht ungedingt bei der endgültigen Darstellung entsprechend formuliert zu werden, weil mit der endgültigen Ausarbeitung erst begonnen wird, wenn der gesamte Gedankengang einmal durchdacht ist und das Ergebnis feststeht. Jedoch ist der Leser daran interessiert, die Gedankenfolge prinzipiell so dargestellt zu bekommen, wie sie sich beim Bearbeiter des Falles entwickelt hat. Deshalb ist bei wissenschaftlichen Gutachten – und dazu gehören auch Falllösungen – von der Fragestellung auszugehen, und der Gedankengang ist zum Ergebnis hin zu entwickeln. Diesem gedanklichen Vorgehen entsprechen gewisse Eigenarten der Formulierung, weshalb man von Gutachtenstil spricht.

a) Formulierung

Eine Eigenart des Gutachtens ist es, dass bis zum vierten Denkschritt das ins Auge gefasste Ergebnis nur ein mögliches (hypothetisches) Ergebnis und kein feststehendes Ergebnis ist. Das muss bei der Formulierung deutlich werden.

Beispiel: Üblicherweise werden folgende Ausdrücke gebraucht: „A könnte einen Anspruch haben“; „Möglicherweise ist der Vertrag nichtig“; „Es kommt eine Anfechtung in Betracht“; „Es ist zu prüfen (zu erwägen), ob ....“; „Fraglich ist, ob ...“

Beim Gutachtenstil ist man ein Fragender, ein Suchender. Am besten versetzt man sich gedanklich in eine Person, die auf der Suche nach der richtigen Lösung ist und bei verschiedenen Antwortstellen um Erkenntnisse und bewährtes Wissen nachfragt.

b) **Stil**

Stilistisches Kennzeichen des Gutachtenstils ist, dass der das Ergebnis wiedergebende vierte Denkschritt mit einem „also", „somit", „folglich" oder einem sinngleichen Wort beginnt, das zum Ausdruck bringt, dass hier zum Ergebnis hin gefolgert worden ist.

Beispiel für den Gutachtenstil: Die Fallfrage geht dahin, ob A von B einen Pkw herausverlangen kann. – Die Formulierung der Fallfrage lautet: „Hat A gegenüber B einen Anspruch auf Herausgabe des Pkw?"

Formulierung des ersten Denkschritts: Aufstellen der These mit einem Könnte-Satz: „A könnte gegen B einen Anspruch auf Herausgabe des Pkw aus § 985 BGB haben."

Formulierung des zweiten Denkschritts: Aufstellen und Nennen der Voraussetzungen: „Voraussetzung für einen Anspruch aus § 985 BGB ist, dass der Anspruchsteller Eigentümer und der Anspruchsgegner Besitzer der Sache ist. Dann müsste A Eigentümer und B Besitzer des Pkw sein. Zu prüfen ist, ob A Eigentümer des Pkw und B Besitzer des Pkw ist."

Formulierung des dritten Denkschritts: Subsumtion, d.h. Unterordnung des Sachverhalts unter die aufgestellten Voraussetzungen. Die Subsumtion erfolgt für jedes einzelne Merkmal der Anspruchsnorm. „Dadurch, dass A das Eigentum (z.B. durch eine Veräußerung von X) erworben hat, ist er Eigentümer des Pkw. B ist Besitzer des Pkw, da er die tatsächliche Sachherrschaft innehat".

Formulierung des vierten Denkschritts: Darstellung des Ergebnisses: „Also kann A von B Herausgabe des Pkw verlangen."

c) **Zusammenfassung**

Andererseits wäre es unnötig umständlich, alle vier Denkschritte deutlich voneinander zu trennen und stets ausdrücklich vorzunehmen. Insbesondere bei dem zweiten Denkschritt ist es i.d.R. ausreichend, auf die gesetzliche Vorschrift durch Angabe des Paragraphen hinzuweisen. Es ist möglich, den ersten und den zweiten Denkschritt zusammenzuziehen.

Beispiel: „A könnte gegen B einen Anspruch auf Herausgabe aus § 985 BGB haben, d.h. er müsste Eigentümer und B Besitzer des Pkw sein."

Auch die Tatbestandsmerkmale der Vorschrift werden nicht einzeln aufgezählt, sondern es wird zugleich subsumiert. Insoweit können die Denkschritte zwei und drei zusammengezogen werden.

Beispiel: „B ist Inhaber der tatsächlichen Sachherrschaft, also Besitzer des Pkw."

d) **Darstellungsebenen**

Bei der Begutachtung eines Falles ist es meist erforderlich, die Denkschritte auf mehreren Ebenen vorzunehmen. Dementsprechend ist grds. auch die Lösung zu formulieren.

aa) Erste Ebene: Frage nach möglichen Rechtsfolgen

(1) These zur möglichen Rechtsfolge: „A könnte einen Anspruch auf Herausgabe haben."

(2) Darstellung der Voraussetzungen: „Voraussetzung ist das Vorliegen einer Norm, deren Rechtsfolge ein Herausgabeanspruch ist (Herausgabenorm).“
(3) Prüfung der Voraussetzungen: „Zu prüfen ist, ob die Voraussetzungen einer Herausgabenorm gegeben sind.“
(4) Ergebnis: „A hat einen/keinen Anspruch auf Herausgabe.“

Diese Denkschritte sind vorzunehmen, wenn danach gefragt ist, welche Ansprüche sich aus einem Sachverhalt ergeben. Dann sind zunächst die möglichen Begehren festzustellen und einzeln zu prüfen. Hierbei handelt es sich um eine typische Aufgabenstellung für Arbeiten zum 1. Staatsexamen.

bb) Zweite Ebene: Mögliche Anspruchsgrundlagen

(1) These zur möglichen Rechtsgrundlage (Herausgabenorm): „Anspruchsgrundlage (Herausgabenorm) könnte § 985 BGB sein.“
(2) Darstellung der Voraussetzungen: „Voraussetzungen des § 985 BGB sind, dass der Anspruchsteller Eigentümer und der Anspruchsgegner Besitzer ist.“
(3) Prüfung der Voraussetzungen: „Zu prüfen ist, ob A Eigentümer und B Besitzer ist. A ist Eigentümer, da er das Eigentum erworben hat. B ist Besitzer, da er die tatsächliche Sachherrschaft innehat.“
(4) Ergebnis: „Die Voraussetzungen des § 985 BGB sind erfüllt.“

Die 2. Ebene ist nun hinter der Ziffer (3) der 1. Ebene einzufügen. Daraus ergibt sich folgende Darstellung:

(1) Mögliche Rechtsfolge
(2) Voraussetzungen
(3) Prüfung der Voraussetzungen
  (a) Mögliche Rechtsgrundlage
  (b) Voraussetzungen
  (c) Prüfung der Voraussetzungen
  (d) Ergebnis zur Anspruchsgrundlage
(4) Ergebnis zum Begehren

Diese Denkschritte sind vorzunehmen, wenn das Begehren des Anspruchstellers aus dem Sachverhalt vorgegeben ist. Darüber hinaus handelt es sich um die typische Aufgabenstellung für Arbeiten zum 2. Staatsexamen, wo sich i.d.R. das Begehren aus dem Klageantrag ergibt.

cc) Dritte Ebene: Sofern einzelne Tatbestandsmerkmale problematisch sind

(1) These zum problematischen Tatbestandsmerkmal: „A könnte Eigentümer sein.“
(2) Darstellung der Voraussetzungen: „Eigentümer ist, wer das Eigentum erworben hat.“
(3) Prüfung der Voraussetzungen: „Zu prüfen ist, ob A Eigentum erworben hat. A hat Eigentum von X erworben (gemäß Sachverhalt).“
(4) Ergebnis: „A ist Eigentümer.“

Die 3. Ebene ist nun hinter Ziff. (3) der 2. Ebene einzufügen. Daraus ergibt sich folgende Darstellung:

(1) Mögliche Rechtsfolgen
(2) Voraussetzungen
(3) Prüfung der Voraussetzungen
  (a) Mögliche Rechtsgrundlage
  (b) Voraussetzungen
  (c) Prüfung der Voraussetzungen
    (aa) Problematisches Tatbestandsmerkmal
    (bb) Voraussetzungen
    (cc) Prüfung der Voraussetzungen
    (dd) Ergebnis zum Tatbestandsmerkmal
  (d) Ergebnis zur Anspruchsgrundlage
(4) Ergebnis zur Rechtsfolge

3. Form: Urteilsstil

Vom Gutachten zu unterscheiden ist das Urteil. Beim Urteil wird ein feststehendes Ergebnis begründet. Der Urteilsstil wird bei gerichtlichen Urteilen, Beschlüssen oder Verwaltungsakten verwendet. Er kommt mit der Formulierung von drei Denkschritten aus, weil das im Gutachtenstil erforderliche hypothetische Ergebnis wegfällt:

- Zunächst wird das die Fragestellung beantwortende Ergebnis mitgeteilt.
- Dann wird die Rechtsnorm genannt, aus der das Ergebnis folgt.
- Danach erfolgt die Subsumtion (Nennung der Tatsachen).

a) **Formulierung**

Stilistisch ist ein Urteil dadurch gekennzeichnet, dass der die Begründung einleitende zweite Denkschritt ausdrücklich oder sinngemäß mit einem „denn" eingeleitet wird („Denn-Stil"). Dagegen liegt kein Urteilsstil vor, wenn an irgendeiner Stelle ausdrücklich oder sinngemäß ein „also" oder „folglich" vorkommt.

Beim Urteilsstil ist man ein Antwortender. Man versetzt sich in die Rolle einer Person, die zunächst fragt, was ist, und dann die Begründung gibt, warum es so ist. Diese beiden Denkschritte finden sich auch bei der Formulierung des Urteils wieder.

Beispiel: Formulierung eines Urteils: „A hat gegenüber B einen Anspruch auf Herausgabe des Pkw. Der Anspruch ergibt sich aus § 985 BGB. Die Voraussetzungen des § 985 BGB, Eigentum für den Anspruchsteller und Besitz für den Anspruchsgegner, sind erfüllt. A ist Eigentümer des Pkw, da er den Pkw von X erworben hat. B ist Besitzer des Pkw, da er die tatsächliche Sachherrschaft innehat."

b) **Anwendungsbereich**

Grds. ist der Urteilsstil anzuwenden, wenn ein Richter ein Urteil schreibt. Das betrifft die Anfertigung von Arbeiten im 2. Staatsexamen. Bei Arbeiten zum 1. Staatsexamen ist, wenn ein Gutachten verlangt wird, grds. der Gutachtenstil anzuwenden. Es kann jedoch zweckmäßig sein, bei der endgültigen Formulierung unproblematische Gesichtspunkte, die aber gleichwohl nicht unerwähnt bleiben können, im Urteilsstil zu bringen (Gebot angemessener Stilmischung). Bei ihnen wäre der weiter ausholende und schwerfälliger wirkende Gutachtenstil unangemessen. Unbedingt erforderlich ist die Gutachtenform aber bei den Vorüberlegungen, ferner beim Verhältnis der Gesamtbegründung zum Gesamtergebnis sowie für Erörterungen problematischer Fragen.

Beispiel: „A könnte gegen B einen Schadensersatzanspruch aus § 823 Abs. 1 BGB haben. Eine Eigentumsverletzung liegt vor, denn B hat das Auto des A benutzt und dabei beschädigt. Fraglich ist, ob B rechtswidrig gehandelt hat. Er könnte nach § 904 S. 1 BGB gerechtfertigt gewesen sein, das Auto des A zu benutzen, selbst wenn es Schaden genommen hat ...“

Nicht zulässig ist es aber, an ein in der Gutachtenform gewonnenes Ergebnis noch eine Begründung im Urteilsstil anzuhängen.

Beispiel: „ ... also hat A Eigentum vom Nichtberechtigten erworben, denn er war gutgläubig.“

II. Juristische Formulierungstechnik

Die Formulierung des Gutachtens beinhaltet die Darstellung des Gedankengangs in schriftlicher Form. Beim Formulieren geht es darum, den Gedankengang der Begutachtung, d.h. die Gedanken des Lösungswegs für einen Leser wiederzugeben. Grundlage ist das Untersuchungsprogramm der Begutachtung. Die Gedanken werden nun aber nicht in der Form wiedergegeben, wie man sie gefunden hat. Vielmehr erfolgt eine Auswahl und Ordnung der Gedanken. Hierbei ist eine bestimmte Arbeitstechnik heranzuziehen. Die juristische Schreibtechnik dient der geordneten Darstellung der gefundenen Lösung und ermöglicht dem Leser ein geordnetes Nachvollziehen der Gedanken des Lösungsweges.

1. Schlüssige Darstellung

Die juristische Schreibtechnik erfordert eine schlüssige Darstellung des Gedankengangs. Bei der schlüssigen Darstellung geht es darum, die Gedanken des Gutachtens folgerichtig und nachvollziehbar zu formulieren. Jede juristische Begutachtung, insbesondere eine Falllösung, muss in die Form einer schlüssigen Gedankenfolge gebracht werden, d.h. es muss von der Fragestellung bis zum Ergebnis ein Gedanke auf den anderen aufbauen. Es darf keine Gedankenlücken geben.

Ziel ist es, dem Leser den Gedankengang nachvollziehbar und einsichtig zu machen. Die Anforderungen an eine schlüssige Darstellung ergeben sich aus folgenden Fragestellungen:

- Woran orientiert sich ein schlüssiger Gedankengang?
- Welche Gedanken gehören in die Ausformulierung?
- In welcher Reihenfolge sind die Gedanken zu formulieren?

a) **Orientierung**

Die schlüssige Darstellung der Gedanken orientiert sich an dem Gesetz. Anknüpfungspunkt ist eine Rechtsnorm. Das Gesetz leitet die Prüfung.

aa) **Konstruktive Methode**

Maßgeblich für die Methode der Gedankenführung ist die konstruktive Methode. Sie ist für Falllösungen verbindlich. Der Gegensatz dazu ist die historische Methode, bei der die Prüfung vom zeitlichen Ablauf der Vorgänge im Sachverhalt geleitet wird.

Beispiel: V bietet dem K am 01.05. 10 CD's zum Preis von 12 € pro Stück an. K will nur 10 € zahlen. Daraufhin wird verhandelt. Am 03.05. bietet V die CD's zu 11 € pro Stück an. K ist einverstanden. Jedoch bringt K noch das Problem der Versendungskosten ins Spiel. Am 05.05. einigen sich V und K darauf, dass V an K 100 CD's für 11,50 € liefert und V die Versendungskosten trägt. V liefert auch, K zahlt aber nicht. Es ist der Zahlungsanspruch des V gegen K zu prüfen.

Nach der historischen Methode wäre zu untersuchen, wie die nacheinander liegenden Vorgänge (am 01.05., 03.05. und 05.05.) rechtlich zu beurteilen sind. Dabei stellt sich schließlich heraus, dass die Parteien am 05.05. einen Vertrag geschlossen haben. Die konstruktive Methode dagegen geht vom Gesetz aus. Es werden die Voraussetzungen der Rechtsnorm (§ 433 BGB, Abschluss eines Kaufvertrags) geprüft. Ein Kaufvertrag ist am 05.05. geschlossen worden. Was sich am 01.05. und 03.05. ereignet hat, braucht nicht geprüft zu werden, weil es für die gesetzlichen Vorschriften nicht notwendig ist.

Konstruktive und historische Methode können auch zusammenfallen, wenn das Gesetz eine Untersuchung nach dem zeitlichen Ablauf verlangt. Dies ist insbesondere dann der Fall, wenn nacheinander Rechtsänderungen vorgenommen werden, wie beispielsweise im Sachenrecht.

Beispiel: Geht es um die Frage, wer Eigentümer einer bestimmten Sache ist, sind die Rechtsänderungen nach der historischen Methode zu untersuchen („Märchenmethode“): Zunächst geht man von einem rechtlich sicheren Ausgangspunkt aus, wo die Eigentumsverhältnisse feststehen. Danach ist zu fragen, ob sich durch die Vorgänge in späterer Zeit etwas geändert hat („Der Eigentümer könnte das Eigentum aufgrund eines Rechtsgeschäfts verloren haben“).

bb) **Rechtlicher Aufhänger**

Der sicherste Weg, den Leser zu „führen“, ist die Frage nach dem „rechtlichen Aufhänger“. Die Überlegungen sind den Tatbestandsmerkmalen der Rechtsnorm zuzuordnen. Es sollte deutlich werden, welcher Rechtsnorm und welchem Tatbestandsmerkmal ein Gedankengang zuzuordnen ist. Jede Erörterung braucht, wenn sie einleuchten soll, einen Anknüpfungspunkt. Dieser kann nur ein Merkmal sein, auf den es nach den anzuwendenden Rechtsnormen ankommt. Denn nur das Gesetz und nicht der Sachverhalt und schon gar nicht die Argumente der Beteiligten bestimmen das Untersuchungsprogramm. Dadurch wird gewährleistet, dass der Gedankengang schlüssig bleibt und nichts Überflüssiges geprüft wird. Häufig ist es schwierig, für Erörterungen, die man für notwendig hält, den richtigen Aufhänger zu finden.

Beispiel: A verlangt von B Schadensersatz wegen Verzugs. B macht geltend, sein eigener Vorlieferant habe ihn nicht beliefert. – Unrichtig wäre es zu überlegen, ob dem B die Lieferung wegen der Nichtlieferung durch den Vorlieferanten unmöglich geworden ist. Maßgeblich ist vielmehr §§ 283, 280 BGB. Es ist zu prüfen, ob B die Verspätung der Lieferung zu vertreten hat. Die Wahl eines bloß tatsächlichen Aufhängers führt demgegenüber leicht dazu, in einen Erzählstil zu verfallen: „Fraglich ist, welche Bedeutung es hat, dass B von seinem Vorlieferanten nicht beliefert worden ist. Sonst hatte der Vorlieferant immer pünktlich geliefert. Angesichts der heutigen Wirtschaftssituation konnte B sich darauf verlassen, dass eine pünktliche Lieferung erfolgen werde ....“

Ausnahmsweise darf ein tatsächlicher Aufhänger gewählt werden, wenn der rechtliche Aufhänger besonders schwierig ist und dem Leser nicht ohne weiteres einleuchtet, während der Anlass für die weitere Prüfung durch den Hinweis auf gewisse Angaben im Sachverhalt leicht deutlich gemacht werden kann. Der rechtliche Aufhänger muss dann aber in einem der nächsten Sätze nachgeliefert werden.

Beispiel: „Dabei ist noch unberücksichtigt geblieben, dass das Grundstück bereits an A aufgelassen worden war. Die Wirksamkeit der Verfügung könnte sich daraus ergeben, dass A ein Anwartschaftsrecht erworben hat und kraft des Anwartschaftsrechts zur Weiterveräußerung befugt war.“

Nur wenn man „hart am Fall“ den vorangestellten rechtlichen Aufhänger konsequent zu Ende verfolgt (Fallbezug), vermeidet man eine Abweichung von Fragestellung und Untersuchungsprogramm, sog. Ideenflucht.

Beispiele:

1. V hat dem K ein gebrauchtes Auto verkauft. Vor der Lieferung hat V das Auto an X übergeben, dessen Aufenthalt unbekannt ist. Fragestellung: Kann K von V Herausgabe verlangen? – Der Gedankengang des Bearbeiters lautet: „K könnte einen Anspruch auf Lieferung des Autos haben. Anspruchsgrundlage kann § 433 Abs. 1 BGB sein. Ein Kaufvertrag ist geschlossen worden. Jedoch könnte sich der Erfüllungsanspruch nach §§ 280, 283 BGB in einen Schadensersatzanspruch umgewandelt haben. Die Voraussetzungen der §§ 280, 283 BGB liegen vor. Ergebnis: K hat gegen V einen Schadensersatzanspruch.“ – Das ist fehlerhaft: Auf die an den Anfang gestellte Frage, ob K von V Lieferung des Autos verlangen kann, darf nicht die Antwort folgen, er könne Schadensersatz verlangen. Der Fehler liegt an der Stelle, wo der Bearbeiter von einer möglichen Umwandlung ausgeht. Die Umwandlung in einen Schadensersatzanspruch durfte nur unter dem Gesichtspunkt geprüft werden, ob der Erfüllungsanspruch auf das Auto erloschen ist. Nur insoweit war die Prüfung notwendig.

2. Im Sachverhalt eines Erbrechtsfalls, in dem sich A und B um das Erbe streiten, ist der Inhalt des Testaments wiedergegeben. Die Frage lautet: „A bittet um eine Auskunft darüber, welche erbrechtliche Stellung er hat.“ – Ein Bearbeiter schreibt: „A könnte Erbe geworden sein. Das ist der Fall, wenn das Testament eine Erbeinsetzung enthält. Es ist eine Auslegung des Testaments erforderlich. Dazu ist § 2087 BGB heranzuziehen. Hier greift § 2087 Abs. 2 BGB ein, weil A nur einzelne Gegenstände bekommen soll. A ist somit Vermächtnisnehmer.“ – Nach dem an den Anfang der Untersuchung gestellten hypothetischen Ergebnis war zu prüfen, ob A Erbe ist. Diese Prüfung darf nicht mit der Antwort enden: Er ist Vermächtnisnehmer. Bei der Auslegung des Testaments und der Anwendung des § 2087 BGB wurde der Ausgangspunkt wieder aus dem Auge verloren. Da zu prüfen war, ob A Erbe ist, durfte in diesem Zusammenhang zwar § 2087 BGB herangezogen werden, doch nur zwecks Beantwortung der Frage, ob A Erbe geworden ist. Ergebnis der Prüfung muss sein: „Da § 2087 Abs. 2 BGB eingreift, ist A nicht Erbe.“ Danach war gesondert zu prüfen, ob A Vermächtnisnehmer ist.

Hinter den Überlegungen zu obigem Beispiel verbirgt sich ein grundsätzliches Problem: Das juristische Denken in Begriffen bringt es häufig mit sich, den zu prüfenden Begriff gegen einen anderen Begriff abgrenzen zu müssen. Erforderlich ist ein Denken in Alternativen, d.h. es ist in Betracht zu ziehen, dass verschiedene Möglichkeiten begrifflicher Anordnung bestehen, und es ist anschließend zu prüfen, welcher Möglichkeit zu folgen ist. Durch das Notwendigkeitsprinzip sollen solche Überlegungen nicht behindert werden. Beispielsweise kann es die einzig mögliche Argumentationsweise sein, eine Erbeinsetzung des A mit der Begründung zu verneinen, A sei Vermächtnisnehmer. Jedoch darf dieses Verfahren nicht zu einem Abweichen vom Untersuchungsprogramm führen. Es ist darauf zu achten, dass die Abgrenzung zu Gegenbegriffen an der richtigen Stelle in den Gedankengang eingebaut wird, d.h. einen in das Untersuchungsprogramm passenden Aufhänger hat.

cc) **Ziel**

Ziel der schlüssigen Darlegung ist es, dem Leser den Gedankengang nachvollziehbar und einsichtig zu machen. Wichtig ist es, die Gedanken richtig „rüber zu bringen“. Dies erfordert bei der Formulierung der Gedanken Klarheit und Verständlichkeit. Das ist ein ganz wichtiger Aspekt. Die Falllösung wird für den Leser geschrieben. Es kommt deshalb darauf an, den Leser zu führen und von der Richtigkeit der gefundenen Lösung zu überzeugen. Dass der Leser dem Bearbeiter in der Sache folgt, kann nicht erzwungen werden. Es ist aber möglich, den Leser „in den Bann der Erörterungen zu ziehen“, nämlich dadurch, dass er Schritt für Schritt der Erörterungen für notwendig hält und sich dafür interessiert. Hält der Leser dagegen Ausführungen für überflüssig, so wird er sie zumindest mit Desinteresse lesen, wenn nicht ganz überschlagen, wobei er den Faden der Untersuchung verlieren kann.

Dem Leser muss die Erörterung einer bestimmten Frage an einer bestimmten Stelle einsichtig gemacht werden. Er muss erkennen können, dass die Erörterung dem Verhalten nach Sachverhalt, Fragestellung, Untersuchungsprogramm und Gedankengang einen Schritt weiter in Richtung Lösung bringt. Jedoch gilt, entsprechend dem bereits erfolgten Hinweis, dass Ausführungen zur Methode überflüssig sind – erst recht der Grundsatz, dass der Aufbau eines Gedankengangs nicht ausdrücklich erklärt werden darf. Vielmehr muss sich der Aufbau „selbst erklären“. Er soll das Verständnis vereinfachen und erleichtern. Erörterungen hierüber würden dem Leser stattdessen neue Probleme, nämlich Aufbauprobleme, zu Bewusstsein bringen und dadurch die Sache komplizieren. Ist der Verfasser selbst nicht davon überzeugt, dass der Gedankengang dem Leser einleuchtet, sollte er ihn auch nicht erklären, sondern die Gründe dafür suchen, um ihn zu verbessern. Es gibt allerdings Konstellationen, bei denen ein glatter Aufbau nicht möglich ist und der Leser sich deshalb ohnehin Gedanken über den Aufbau macht. Dann dient es dem Verständnis, wenn der Aufbau kurz erklärt wird.

Beispiel: Der Sachverhalt enthält die Fragen 1 und 2. Frage 1 lässt sich ohne vorherige Klärung der Frage 2 nicht entscheiden. Frage 2 ist also eine Vorfrage im Rahmen der Frage 1. Dann muss man entweder die Reihenfolge der Fragen umstellen oder beide zu einer einzigen Frage zusammenziehen. Da dies den Leser angesichts der Fragestellung verwundern würde, sollte man ihm den Grund für die Umstellung kurz mitteilen, und zwar im Text oder in einer Fußnote.

b) **Auswahl**

Für die Auswahl der darzustellenden Gedanken gilt zunächst das Prinzip der Vollständigkeit. Grds. ist der Gedankengang so darzustellen, wie man ihn bei der Erarbeitung des Gutachtens vollzogen hat. In den obigen Darlegungen ist bereits angedeutet worden, dass die Formulierung jedes einzelnen Denkschritts eine aufwendige und umständliche Darstellung hervorbringt. Damit stellt sich die Frage der Auswahl der Formulierung der Denkschritte. Welche Denkschritte müssen formuliert werden, welche können weggelassen werden?

aa) **Prinzip Notwendigkeit**

Welche Denkschritte formuliert werden müssen, bestimmt sich nach dem Prinzip der Notwendigkeit. Es dürfen nur die notwendigen Erörterungen formuliert werden, um keine überflüssigen Ausführungen zu machen. Jede Erörterung muss die Lösung des Falles einen Schritt weiterbringen.

Für die Frage, welche Gedanken zu formulieren sind, beinhaltet das Gesetz zwei Funktionen, woraus sich zwei Seiten der Notwendigkeit ergeben:

- Positive Seite der Notwendigkeit
  Einerseits bestimmt das Gesetz, worauf es ankommt. Es werden also gewisse Erörterungen vorgeschrieben. Wird beispielsweise eine Rechtsnorm in Betracht gezogen und ist die erste Voraussetzung bejaht worden, so ist es notwendig, nunmehr die zweite Voraussetzung zu prüfen. Ist eine Antwortnorm bejaht, so ist es notwendig, die nach Lage des Falles in Betracht kommende Gegennorm zu prüfen.
- Negative Seite der Notwendigkeit
  Andererseits werden Erörterungen ausgeschlossen, die nach dem Gesetz überflüssig sind. Das ist die praktisch wichtigere Seite des Prinzips der Notwendigkeit, denn alles Überflüssige ist falsch.

Jede Erörterung muss notwendig sein. Überflüssige Ausführungen nehmen nicht nur Zeit für notwendige Ausführungen, sie zeigen auch eine Unsicherheit des Bearbeiters, indem sie vermuten lassen, der Bearbeiter halte sie fälschlicherweise für relevant.

Welche Erörterungen notwendig sind, ist je nach Aufgabenstellung unterschiedlich. Beim Gutachten als dem Normalfall sind Anknüpfungspunkte für den ersten Gedankenschritt Sachverhalt und Sachverhaltsfrage. Sie führen zum Untersuchungsprogramm, das aus einer oder mehreren Rechtsnormen besteht. Diese Rechtsnormen werden auf den Sachverhalt angewandt, insbesondere durch Einzelbegriffssubsumtionen: Begriff – Definition – Subsumtion – Ergebnis. Beim Urteil oder beim Urteilsstil innerhalb eines Gutachtens steht an der Spitze das Ergebnis. Dann ist jeder Gedanke, der der Begründung des Ergebnisses dient, notwendig. „Begründung" ist wiederum die Rechtsanwendung durch Subsumtion.

Maßgeblich für die Beurteilung der Notwendigkeit ist das Prüfungsergebnis. Zu unterscheiden ist, ob das Ergebnis der Prüfung zur Bejahung oder Verneinung der Ausgangsfrage führt. Ein positives Prüfungsergebnis ergibt sich, wenn die einzelnen Tatbestandsmerkmale vorliegen und damit auch die Rechtsfolge zu bejahen ist. Demgegenüber führt die Verneinung eines Tatbestandsmerkmals einer Norm zur Ablehnung der Rechtsfolge aus dieser Norm. Beide Möglichkeiten erfordern eine unterschiedliche Art der Darstellung.

bb) **Positives Prüfungsergebnis**

Bei einem positiven Prüfungsergebnis, d.h. wenn die Voraussetzungen einer Rechtsnorm zu bejahen sind, sind Ausführungen zu allen Tatbestandsmerkmalen notwendig. Es ist zu jedem Tatbestandsmerkmal zu formulieren, weshalb es nach dem Sachverhalt zu bejahen ist. Der Umfang der Darlegungen ist unterschiedlich, je nachdem, ob es sich um einen Problempunkt handelt oder nicht. Problematische Tatbestandsmerkmale, insbesondere solche, die bei der Subsumtion einer näheren Auslegung bedürfen, sind ausführlich in den Denkschritten der Subsumtion zu formulieren. Völlig unproblematische Tatbestandsmerkmale können demgegenüber im Urteilsstil formuliert werden. Allgemein gilt, dass das, was offensichtlich unproblematisch ist, kurz und knapp formuliert werden kann.

Bei der Verbindung von Antwort und Gegennorm muss dem Leser deutlich gemacht werden, dass der positive Prüfungsverlauf bei der Antwortnorm noch keine endgültige Entscheidung bedeutet.

Beispiel: A verlangt von B Schadensersatz wegen Körperverletzung. Es kommt ein Mitverschulden des A in Betracht. – Zu erwägen ist folgender Aufbau: „A könnte gegen B einen Schadensersatzanspruch aus § 823 Abs. 1 BGB haben. Voraussetzungen des § 823 Abs. 1 BGB sind ...“ Liegen sämtliche Voraussetzungen vor, taucht eine Formulierungsschwierigkeit auf. Irreführend wäre: „Somit ist der Schadensersatzanspruch des A gegen B begründet.“ Denn dadurch entsteht der Eindruck, die Prüfung sei beendet, und es leuchtet dem Leser nicht mehr ein, dass anschießend § 254 BGB geprüft wird. Korrekt wäre folgende Formulierung: „Somit ist ein Schadensersatzanspruch gegeben, jedoch nur unter dem Vorbehalt, dass nicht Gegennormen eingreifen.“ Oder: „Die Voraussetzungen für einen Schadensersatzanspruch sind demnach grds. gegeben.“ Danach wird die Gegennorm eingeführt: „Jedoch könnte der Anspruch durch § 254 BGB eingeschränkt oder ausgeschlossen sein ...“

Bei den rechtsvernichtenden Gegennormen, aufgrund derer ein bereits entstandenes Recht wieder erlischt, entstehen keine Schwierigkeiten, wenn man das Untersuchungsprogramm vollständig voranstellt.

Beispiele:

1. „V könnte gegen K einen Anspruch auf Zahlung des Kaufpreises haben. Dann müsste ein solcher Anspruch entstanden und dürfte nicht wieder erloschen sein.“ Teilweise wird das Voranstellen des vollständigen Untersuchungsprogramms für nicht sinnvoll erachtet. Vielmehr sollen die Gesichtspunkte „Entstehen und Erlöschen eines Anspruchs“ erst nach Prüfung der Anspruchsgrundlage eingeführt werden:

2. „V könnte gegen K einen Kaufpreisanspruch haben. Anspruchsgrundlage kann ein Kaufvertrag gemäß § 433 Abs. 2 BGB sein. Der Kaufpreisanspruch ist entstanden. Der Anspruch könnte erloschen sein ...“

Bei einem positiven Prüfungsergebnis bzgl. einer Rechtsnorm ist zu entscheiden, ob weitere Rechtsnormen zu prüfen sind. Grds. gilt, dass auch dann, wenn sich die Rechtsfolge bereits aus einer Rechtsnorm herleiten lässt, weitere in Betracht kommende Anspruchsgrundlagen zu prüfen sind. Hierfür lassen sich mehrere Gründe anführen. Zunächst ist ein Ergebnis überzeugender, wenn es auf mehrere Rechtsnormen gestützt werden kann. In der Praxis ist insbesondere die Prozesssituation maßgeblich, wo kein feststehender Sachverhalt vorliegt, sondern Sachverhaltsumstände vom Prozessgegner bestritten sein können.

cc) **Negatives Prüfungsergebnis**

Bei einem negativen Prüfungsergebnis, d.h. wenn die Voraussetzungen einer Rechtsnorm oder ein Merkmal des Tatbestands nicht zu bejahen sind, ist eine andere Art der Darstellung erforderlich. Es ist ausreichend darzulegen, wegen Fehlens welcher Voraussetzung die Rechtsfolge der Norm nicht eintritt. Bei positivem Prüfungsverlauf bewahrt das Prinzip der Notwendigkeit vor überflüssigen Ausführungen und erleichtert es dem Leser, den Gang der Lösung nachzuvollziehen. Auf der anderen Seite droht bei negativem Prüfungsergebnis eine Verletzung des Vollständigkeitsgebots, in dem man einzelne Vorschriften oder Merkmale nicht erörtert, weil das Ergebnis ohnehin eindeutig negativ ist und deshalb nicht von ihnen abhängt.

Beispiel: Es wird ein Anspruch des A gegen B aus § 985 BGB geprüft. – Nach Bejahung des Eigentums des A wird festgestellt, dass B nicht Besitzer ist. Betrachtet man die Eigentumsprüfung vom Ergebnis her, so könnte man sie für nicht notwendig halten, denn die Verneinung des Anspruchs aus § 985 BGB wegen fehlenden Besitzes des B ist unabhängig davon, ob A Eigentümer ist.

Jedoch darf das Notwendigkeitsprinzip so eng nicht gefasst werden. Vielmehr ist erforderlich und auch ausreichend, dass sich die Notwendigkeit einer Prüfung aus dem Vorangegangenen ergibt. Dass von ihr das Ergebnis abhängt, ist schon deshalb nicht zu fordern, weil der Leser eines Gutachtens, anders als bei einem Urteil, das Ergebnis ja noch nicht kennt und ihm deshalb das Auslassen von Ansprüchen oder Tatbestandsmerkmalen nicht sofort einleuchtet.

Bei negativem Prüfungsergebnis bzgl. einer Rechtsnorm sind i.d.R. weitere Rechtsnormen zu erörtern. Der Leser muss erkennen können, dass alle rechtlichen Gesichtspunkte des Sachverhalts ausgeschöpft worden sind. Grds. sind alle Rechtsnormen zu erörtern, die für die Lösung eines Falles bedeutsam sein können. Hierzu erwartet der Leser auch entsprechende Ausführungen. Damit wird ihm die Lösung nahe gebracht und die Überzeugung von der Richtigkeit vermittelt.

Etwas schwieriger gestaltet sich die Handhabung, wenn bei einem aus mehreren Tatbestandsmerkmalen bestehenden Tatbestand ein Merkmal nach der Prüfung zu verneinen ist. Die Frage ist dann, welche Ausführungen erforderlich sind. Dürfen direkt und ausschließlich Ausführungen zu dem verneinenden Merkmal gemacht werden?

Die Beantwortung der Frage hängt im Wesentlichen von dem Verhältnis des zu verneinenden Merkmals zu den übrigen Merkmalen und der Reihenfolge der Prüfung der Einzelmerkmale ab.

c) **Reihenfolge**

aa) **Prüfungsfolge des Gesetzes**

Grds. sind alle Tatbestandsmerkmale in der Reihenfolge zu erörtern und darzustellen, wie es sich aus dem Gesetz ergibt. Das gilt zunächst sowohl für Prüfungen von Tatbestandsmerkmalen, die im Ergebnis zu bejahen als auch für solche, die zu verneinen sind. Andererseits ist das Ökonomieprinzip zu beachten. Auch für geistiges Arbeiten gilt der Gedanke, möglichst ökonomisch zu arbeiten. Dies kann dazu führen, Überlegungen, von denen das Ergebnis nicht abhängt, wegzulassen oder wenigstens in den Hintergrund zu stellen. Insoweit kann es sinnvoll sein, abweichend von der Prüfungsfolge des Gesetzes die Darstellung der Prüfung der Tatbestandsmerkmale umzustellen. Mit einer solchen Handhabung zeigt der Bearbeiter einen geschickten Aufbau und vermittelt eine elegante Darstellung. Zu klären ist, ob und wann ein Umstellen zulässig bzw. zweckmäßig ist.

bb) **Logische Rangfolge der Tatbestandsmerkmale**

Eine bestimmte Prüfungsreihenfolge und damit eine Unzulässigkeit des Umstellens der Prüfung der Tatbestandsmerkmale kann sich ergeben, wenn zwischen den Tatbestandsmerkmalen eine logische Rangfolge besteht. Diese ist dann anzunehmen, wenn ein Tatbestandsmerkmal logisch vorrangig vor einem anderen zu prüfen ist.

Beispiel: Tatbestand vor Rechtswidrigkeit, Rechtswidrigkeit vor Verschulden

Im Fall eines derartigen Rangverhältnisses ist problematisch, ob bei Verneinung eines Tatbestandsmerkmals noch Ausführungen zu einem nachfolgenden bzw. vorhergehenden Tatbestandsmerkmal zu machen sind.

(1) **Ausführungen zu nachfolgenden Tatbestandsmerkmalen**

Ist das fehlende Merkmal gegenüber einem nachfolgenden Merkmal logisch vorrangig, so ist die Prüfung grds. endgültig zu beenden, und weitere Tatbestandsmerkmale sind nicht zu prüfen, denn anderenfalls würde man sich in Widersprüche verwickeln.

Beispiele:

1. Bei einer unerlaubten Handlung aus § 823 BGB ist die Rechtswidrigkeit wegen Notwehr zu verneinen: Es ist sinnlos, noch zu prüfen, ob der Handelnde vorsätzlich oder fahrlässig gehandelt hat. Denn ein Verschulden setzt Rechtswidrigkeit voraus, sodass der in Notwehr Handelnde selbstverständlich vorsätzlich handeln darf.

2. Werden bei einem Anspruch aus unerlaubter Handlung die Anspruchsvoraussetzungen verneint, etwa weil kein Verschulden vorliegt, so darf nicht geprüft werden, ob ein Mitverschulden vorliegt.

Ausnahmsweise dürfen auch Ausführungen zu einem weiteren Tatbestandsmerkmal gemacht werden, wenn dieses ebenfalls zu verneinen ist und damit das Ergebnis abgesichert werden soll.

Verweis: S.u. D. II. 2. b) „Hilfsweise Begründung“

In dem seltenen Fall, dass das fehlende Merkmal aus prozessualen Gründen vorrangig ist, z.B. bei fehlender Zulässigkeit der Klage, darf ebenfalls nicht weitergeprüft werden. Denn der verfahrensrechtliche Vorrang bedeutet ja gerade, dass lediglich nach dessen Bejahung ein Eingehen auf die Sache selbst zulässig ist.

Verweis: S. oben 3. Abschnitt E. II. „Hilfsweise Begutachtung“

(2) **Ausführungen zu vorhergehenden Tatbestandsmerkmalen**
Ist das fehlende Merkmal logisch nachrangig, so besteht im Hinblick auf das vorhergehende Tatbestandsmerkmal ein Zielkonflikt. Nach dem Vollständigkeitsgebot ist bis zu dem fehlenden Tatbestandsmerkmal ein lückenloser Gedankengang erforderlich. Nach dem Ökonomieprinzip und dem Gebot, den Leser möglichst schonend zu behandeln, ist die Prüfung zu beenden, sobald sich absehen lässt, dass ein für den Eintritt der Rechtsfolge erforderliches Tatbestandsmerkmal fehlt.

Bei der Auflösung des Konflikts gebührt grds. dem Vollständigkeitsgebot der Vorrang. Dies gilt insbesondere dann, wenn das Fehlen des nachrangigen Merkmals einer eingehenden Begründung bedarf, bei der man der Gefolgschaft seines Lesers nicht sicher ist. Lässt sich das nachrangige Tatbestandsmerkmal demgegenüber leicht und überzeugend verneinen, während das logisch vorrangige Tatbestandsmerkmal aufwendig begründet werden müsste, so sollte man das vorrangige Tatbestandsmerkmal offen lassen (Vorrang des Ökonomieprinzips). Insoweit ist ein Offenlassen von Tatbestandsmerkmalen zulässig.

Beispiel: Ist bei einer unerlaubten Handlung gemäß § 823 Abs. 1 BGB die Frage der Rechtsverletzung sehr schwierig zu beurteilen, so kann man sie offen lassen, wenn aus dem Sachverhalt klar hervorgeht, dass der Anspruchsgegner jedenfalls nicht schuldhaft gehandelt hat („jedenfalls – Argumentation").

Die Frage ist, wie dieses Vorgehen ohne Verstoß gegen die Logik möglich ist, wo es doch das Wesen des logischen Vorrangs ausmacht, dass das nachrangige Tatbestandsmerkmal nur geprüft werden kann, wenn zuvor das vorherige bejaht worden ist. Beim Offenlassen eines Merkmals verläuft der Gedankengang in so vielen Bahnen wie es Entscheidungsmöglichkeiten gibt. Jede Gedankenbahn führt zum selben Ergebnis.

Beispiel: Die zu prüfende Rechtsnorm hat drei Tatbestandsmerkmale: M1, M2 und M3. Zunächst wird das Merkmal M1 bejaht. Die Entscheidung von M2 ist schwierig. Man sieht aber sofort, dass M3 nicht vorliegt. Dann kommt in Betracht, M2 offen zu lassen. Zu diesem Zweck läuft der Gedankengang zweispurig:

- Liegt M2 nicht vor, steht fest, dass die nach der Rechtsnorm erforderlichen Voraussetzungen nicht gegeben sind und die Rechtsfolge nicht eintritt.
- Die andere Möglichkeit ist, dass M2 vorliegt. Geht man davon zunächst einmal aus, so kann man ohne Verstoß gegen die Logik prüfen, ob M3 gegeben ist. Das ist nach Lage des Falles zu verneinen. Somit greift auch in diesem Fall die Rechtsfolge der geprüfen Vorschrift nicht ein.

Da beim Offenlassen über ein Tatbestandsmerkmal nicht entschieden wird, ob es nach dem Vorangegangenen an sich darauf ankommt, bedarf es dafür einer Begründung. Diese Begründung ergibt sich aus folgenden Kriterien:

- Entscheidungsschwierigkeit
  Maßgeblich ist die Schwierigkeit, das vorrangige Tatbestandsmerkmal zu entscheiden. Meist sieht der Leser diese Schwierigkeit selbst. Sieht er sie nicht, muss sie deutlich gemacht werden. Das geschieht durch mehr oder weniger kurzes „Anprüfen" des offen bleibenden Merkmals. Man weist beispielsweise auf eine Streitfrage hin und deutet dabei ggf. seine eigene Meinung an.

- Ergebnisrelevanz
  Der tragende Teil der Begründung ist, dass es auf die Entscheidung für das Ergebnis nicht ankommt. Das muss dem Leser sofort gesagt werden, indem ihm das Ergebnis der Prüfung mitgeteilt wird. Das hat zur Folge: Nach dem Offenlassen eines Merkmals folgt die weitere Begründung im Urteilsstil.

  Beispiel: A verlangt von B Schadensersatz, weil B mit seinem Bagger ein zum Betrieb des A führendes Stromkabel zerschnitten hat und die Produktion bei A unterbrochen wurde. – Man kann folgendermaßen formulieren: „Voraussetzung für einen Anspruch aus § 823 Abs. 1 BGB ist zunächst, dass bei A eine Rechtsverletzung eingetreten ist. In Betracht kommt eine Verletzung des Rechts am eingerichteten und ausgeübten Gewerbebetrieb. Ob eine Stromunterbrechung eine Verletzung des Rechts am Gewerbebetrieb bedeutet, ist zweifelhaft. Dafür spricht ... Demgegenüber ist zu bedenken ... Hier kann diese Frage offen bleiben, denn B hat nicht schuldhaft gehandelt. Er hat sich die Pläne für die Kabelführung vorlegen lassen und die darin enthaltenen Eintragungen berücksichtigt. Er hat sowohl bei A als auch bei den Stadtwerken angefragt, ob diese Pläne richtig sind, was ihm bestätigt wurde. B konnte nicht wissen, dass vor Jahren neue Kabel verlegt worden sind, ohne dass dies in den Plänen berücksichtigt wurde. Somit ist ein Anspruch aus § 823 Abs. 1 BGB nicht gegeben."

In der Praxis, insbesondere bei Urteilen, wird weitgehend von der Möglichkeit des Offenlassens Gebrauch gemacht.

Unzulässig ist ein Offenlassen in folgenden Fällen:

- Vorrang einer Spezialvorschrift
  Es ist nicht zulässig, die Spezialvorschrift mit der Begründung ungeprüft zu lassen, es lägen jedenfalls die Voraussetzungen einer allgemeinen Vorschrift nicht vor.

- Vorrang kraft Parteibestimmung
  (z.B. Hauptantrag – Hilfsantrag)
  Hier darf beispielsweise die Entscheidung über den Hauptantrag nicht offen bleiben, weil der Hilfsantrag durchgreift.

- Vorrang aus prozessualen Gründen
  Beim verfahrensrechtlichen Vorrang besteht dessen Wesen gerade darin, dass eine positive Entscheidung über die vorrangige Frage ergangen sein muss, ehe weitergeprüft werden darf. Prüfung der Zulässigkeit vor Prüfung der Begründetheit. Würde ein Richter die Zulässigkeit der Klage offen lassen, so würde er sich sagen: „Ob ich mich mit der Sache befassen darf, weiß ich zwar nicht. Ich befasse mich aber trotzdem damit."

Meinungsverschiedenheiten bestehen darüber, ob im Strafrecht folgende Punkte offen gelassen werden dürfen:

- Der objektive Tatbestand, wenn Vorsatz oder Absicht fehlen
- Der Tatbestand, wenn Rechtfertigungs- oder Entschuldigungsgründe eingreifen, eine objektive Strafbarkeitsbedingung fehlt oder die Vorschrift im Wege der Gesetzeskonkurrenz zurücktritt

Vertiefung: Arzt, Strafrechtsklausur, S. 117: Beherzigenswert erscheint die hierzu aufgestellte Faustregel: „Vorgriffe auf aufbaumäßig später zu behandelnde Punkte sind dann erlaubt, wenn es zweifelfrei ist, dass wegen dieses späteren Punktes der Tatbestand ausscheidet." Auf diese Weise beweist man Mut und souveräne Stoffbeherrschung, schafft sich Zeit für die eigentliche Fallproblematik und schont den ungeduldigen Leser, der ohnedies schon weiß, wie das Unterfangen ausgehen wird. Freilich birgt dieses Verfahren gewisse Risiken in sich. Wer „springt", risikiert eine Bauchlandung; wer den Weg abkürzen will, muss ortskundig sein. Das Risiko, Probleme zu überspringen, wird man in der Klausur eher eingehen, wenn man in Zeitnot ist bzw. glaubt, sich durch anderweitige Problemschwerpunkte besser entfalten zu können.

(3) **Merksatz**

Bei einem Rangverhältnis der Tatbestandsmerkmale ist in der Darstellung das Rangverhältnis zwingend einzuhalten. Sofern die Prüfung eines vorrangigen Merkmals besondere Schwierigkeiten aufweist, darf dieses Tatbestandsmerkmal ausnahmsweise offen gelassen werden, wenn ein nachfolgendes Tatbestandsmerkmal eindeutig zu verneinen ist.

cc) **Gleichrangige Tatbestandsmerkmale**

Bei gleichrangigen Tatbestandsmerkmalen ist die Prüfungsreihenfolge der Tatbestandsmerkmale grds. beliebig. Auch hier stellt sich die Frage, ob bei Verneinung eines Tatbestandsmerkmals Ausführungen zu einem weiteren (nachfolgenden bzw. vorhergehenden) Tatbestandsmerkmal zu machen sind.

(1) **Ausführungen zu nachfolgendem Merkmal**

Grds. gilt, dass bei Verneinung eines Tatbestandsmerkmals keine Ausführungen zu weiteren Tatbestandsmerkmalen zu machen sind. Dies folgt aus dem Ökonomieprinzip.

Keine Probleme bereitet die Situation, bei der ein Anspruch bereits an dem ersten Tatbestandsmerkmal scheitert. Es wäre überflüssig, Ausführungen zu weiteren Voraussetzungen darzustellen. Der Bearbeiter erhält keine Pluspunkte, wenn er zeigt, dass er auch zu den übrigen Merkmalen etwas sagen kann. Es würde sich um überflüssige „Lesefrüchte" handeln. Ausnahmsweise kann dann etwas anderes gelten, wenn aus der Anlage der Arbeit erkennbar wird, dass Erörterungen hierzu als Schwerpunkt gedacht sind. Nur wenn der Bearbeiter sich dessen sicher ist, sollte er taktvoll und problemorientiert handeln und Ausführungen zu dem erwarteten Problempunkt machen.

(2) **Ausführungen zu vorhergehenden Merkmalen**

Zu klären ist, ob abweichend von der gesetzlichen Prüfungsreihenfolge bei Verneinung eines Tatbestandsmerkmals die Darstellung ausschließlich auf dieses Tatbestandsmerkmal beschränkt werden darf.

Bei gleichrangigen Merkmalen stellt sich bei negativem Prüfungsverlauf das Problem des Offenlassens nicht. Denn das Offenlassen hat den Sinn, ein Merkmal, das vorrangig ist und deshalb eigentlich behandelt werden müsste, ausnahmsweise „auszusparen". Gleichwohl ist die Situation hier ähnlich, wenn der Leser wegen der Reihenfolge im Gesetz oder aus anderen Gründen zunächst die Behandlung des einen Merkmals erwartet.

Beispiel: Bei § 985 BGB erwartet man zunächst die Behandlung der Frage, wer Eigentümer ist. Ist die Eigentumsfrage sehr schwierig zu beurteilen, ist der Anspruchsgegner aber eindeutig nicht Besitzer, so kann man hier schreiben: „Ob A das Eigentum an der Sache erworben hat, ist mit Rücksicht darauf, dass ... zweifelhaft, kann aber offen bleiben. Denn B ist inzwischen nicht mehr Besitzer der Sache."

In erster Linie erfüllt bei den gleichrangigen Tatbestandsmerkmalen das Umstellen der Prüfungsreihenfolge die Funktion, die in den Fällen des logischen Vorrangs das Offenlassen hat. Denn bei gleichrangigen Merkmalen richtet sich die Prüfungsreihenfolge nach der Zweckmäßigkeit und kann auch bei Anfertigung der Lösungsskizze nachträglich noch umgestellt werden.

Beispiel: Anspruch A gegen B aus § 985 BGB – Nach umfangreichen Erörterungen ist das Eigentum des A bejaht worden. Anschließend stellt man fest, dass B nicht Besitzer ist, was sich durch wenige Sätze begründen lässt. Dann kommt in Betracht, die Prüfungsreihenfolge der Merkmale Eigentümer bzw. Besitzer umzustellen. Durch ein Vorziehen der Besitzerstellung entfällt eine Prüfung der Eigentümerstellung. Auch wenn man das Eigentum des A verneint hat, kann man durch Umstellen der Reihenfolge den Anspruch aus § 985 BGB am fehlenden Besitz des B statt am fehlenden Eigentum des A scheitern lassen.

Grds. gilt, dass es nicht erforderlich ist, die Prüfungsreihenfolge umzustellen. Wenn gelegentlich vertreten wird, das Prinzip der Notwendigkeit zwinge zur Umstellung, so ist das nicht richtig, weil dem Notwendigkeitsprinzip bereits dann Genüge getan ist, wenn sich die Notwendigkeit der weiteren Prüfung aus dem Vorangegangenen ergibt. Das ist in den beschriebenen Fällen zu bejahen. Die Umstellung bleibt deshalb eine reine Zweckmäßigkeitsfrage. Ein Umstellen ist in folgenden Fällen zweckmäßig:

- Verteilen der Probleme
  Zweckmäßig ist eine Umstellung, wenn es an anderer Stelle entscheidend auf das Merkmal ankommt, dessen Prüfung man zunächst durch Umstellen vermeiden kann. Also sollte man bei § 985 mit der Besitzprüfung beginnen und die Eigentumsfrage unerwähnt lassen, wenn sich der Besitz verneinen lässt und es später bei § 823 BGB entscheidend gerade auf das Eigentum ankommt.

- Ökonomieprinzip
  Zweckmäßig ist eine Umstellung, wenn bei dem zunächst geprüften Merkmal schwierige rechtliche oder tatsächliche Fragen auftauchen, während ein anderes Merkmal sich leicht und überzeugend verneinen lässt.

- Schwerpunktbildung
  Im Übrigen handelt es sich um eine Frage der richtigen Schwerpunktbildung. Enthält die Arbeit wenig Problematik, sollte man nicht umstellen, um sich keine Problemerörterungen abzuschneiden. Enthält die Arbeit an anderen Stellen ausreichend Problematik, was der Normalfall sein dürfte, sollte man umstellen, um sich auf diejenigen Erörterungen konzentrieren zu können, die für das Ergebnis bedeutsam und deshalb Schwerpunkte auch vom Ergebnis her sind.

Weicht man infolge einer Umstellung von der üblichen Reihenfolge ab, sollte man dafür eine Begründung wenigstens anklingen lassen.

Beispiel: Prüfung des § 985 BGB – Die Prüfung sollte nicht mit der Formulierung beginnen „B müsste Besitzer sein“, sondern „Hier könnte § 985 BGB schon deshalb nicht eingreifen, weil B nicht Besitzer ist“.

(3) **Merksatz**
Bei gleichrangigen Tatbestandsmerkmalen gilt: Fehlt ein für den Eintritt der Rechtsfolge erforderliches Merkmal, so ist die Prüfung grds. zu beenden. Gewissen praktischen Bedürfnissen, trotz negativen Prüfungsverlaufs eine Entscheidung u.U. „auf zwei Beine zu stellen", wird durch die Möglichkeit einer Hilfsbegründung Rechnung getragen.

Verweis: S.u. D. II. 2. b) „Hilsweise Begründung"

2. Darstellung Begründung

a) Begründungstechnik

Begründungen dienen dazu, eine Aussage oder ein Ergebnis nachvollziehbar und einsichtig zu machen. Aufgabe des Gutachtens ist es, eine Lösung zu finden und dem Leser den Lösungsweg darzulegen. Der Leser muss in die Lage versetzt werden, dem Gedanken des Lösungswegs zu folgen. Dabei muss dem Leser auch die Abfolge der Gedanken einsichtig sein.

Bei der Ausformulierung ist die Anwendung von Begründungstechniken hilfreich. Wichtig ist es, zunächst Begründungsketten aufzubauen. Hierfür ist es erforderlich, dass die Gedanken aufeinander aufbauen. Ein Gedanke muss dem anderen folgen, und zwar derart, dass ein Gedanke auf dem anderen aufbaut. Die Gedanken müssen stringent sein. Es muss sich um eine geschlossene Gedankenkette handeln; bildlich betrachtet: Wie Perlen an einer Schnur. Dies muss auch in der Formulierung der Sätze deutlich werden. Die Sätze müssen logisch aufeinander folgen. Dabei dürfen keine Gedankenlücken auftreten. Diese unterbrechen den flüssigen Gedankenverlauf und führen zum Einhaken. Jedes Mal, wenn der Leser stutzt oder einen Satz mehrmals lesen muss, stört dies den Lesefluss und ist nicht geeignet, das Wohlgefallen eines Lesers zu gewinnen. Hierzu gibt es ein schönes anschauliches Bild, wann eine Examensarbeit wohlwollend bewertet wird („Prüferlaune, Lesestimmung"). Am besten ist es, wenn sich der Prüfer bei der Korrektur der Arbeit mit einer Zigarre in seinen gepolsterten Lehnstuhl setzen und die Arbeit kopfnickend lesen kann. Jedes Mal, wenn ihm von dem Geschriebenen etwas nicht klar ist und er aufstehen muss, um im Kommentar oder sogar einer Dissertation oder Habilitationsschrift nachzulesen, beeinträchtigt dies die Gefälligkeit und damit möglicherweise auch die Bewertung der Arbeit.

Ebenso wenig wie Gedankenlücken dürfen zu große Gedankensprünge auftreten. Kleinere Gedankenschritte sind eher nachzuvollziehen als größere. Wenn die Entfernung zwischen einzelnen Gedanken klein ist, sind die Verbindungen zwischen den Gedanken eher zugänglich, was die Verständlichkeit erhöht. Insoweit sind die ausformulierten Gedanken in kleinen Portionen zu servieren.

Nur wenn es bei der Ausformulierung gelingt, den Leser auf dem Begründungsweg zu leiten, wird er dem Ergebnis zustimmen und es gutheißen können. Wichtig ist es, den Leser auf eine Begründungstreppe zu dem gefundenen Ergebnis hinaufzuleiten. Oben angekommen muss er das unter ihm befindliche

Gedankengebäude überblicken und sich ausreichend sicher und zufrieden fühlen können.

Bei dem Aufbau von Begründungsketten bietet es sich an, dass die zutreffende Aussage aus einzelnen bestätigenden Begründungsschritten folgt. Insoweit erfolgt eine Begründung dafür, dass etwas zutrifft. Möglich ist es auch, zu begründen, warum etwas anderes, beispielsweise das Gegenteil, nicht zutrifft.

Beispiel: In den Ausführungen lässt sich begründen, warum ein Verwaltungshandeln rechtmäßig ist. Genauso gut könnte man darlegen, warum es nicht rechtswidrig ist.

b) **Hilfsweise Begründung**

aa) **Bedeutung**

Begründungen dienen zunächst dazu, eine Ergebnisfindung nachvollziehbar zu machen. Darüber hinaus können Begründungen auch dazu dienen, Ergebnisse abzusichern. Dies wird insbesondere durch eine sog. Hilfsbegründung möglich.

Eine Hilfsbegründung liegt vor, wenn das Ergebnis der Prüfung bereits feststeht (Hauptbegründung), gleichwohl ein weiteres Merkmal geprüft wird (Hilfsbegründung), aus dessen Prüfung sich ergibt, dass sich am Ergebnis nichts ändern würde, selbst wenn man bei der Hauptbegründung anders entschieden hätte (doppelte Begründung; Motto: „Doppelt genäht hält besser"). Wesentlich ist also, dass Hauptbegründung und Hilfsbegründung zum selben Ergebnis führen. Hauptsächlicher Anwendungsbereich sind die Fälle des negativen Prüfungsverlaufs.

Beispiel zu § 823 Abs. 1 BGB: „Keine Eigentumsverletzung, hilfsweise kein Verschulden"

Hilfsbegründungen gibt es auch bei positivem Prüfungsverlauf.

Beispiel: Es wird ein Anspruch aus Kaufvertrag bejaht, wobei es zweifelhaft bleibt, ob es sich wirklich um einen Kaufvertrag handelt oder ob ein Werkvertrag anzunehmen ist. Dann kann man hilfsweise ausführen, an dem Ergebnis ändere sich selbst dann nichts, wenn man einen Werkvertrag angenommen hätte. Die Hilfsbegründung ermöglicht, ein Ergebnis „auf zwei juristische Beine zu stellen" und dadurch überzeugungskräftiger zu gestalten.

bb) **Zweck**

Ihren Zweck erfüllt die Hilfsbegründung nur,

- wenn sie die Überzeugungskraft der Begründung verstärkt. Faustformel: „Hilfsbegründungen nur bei schwächerem Hauptargument und starkem Hilfsargument";
- wenn sie im Urteilsstil formuliert wird, da das Ergebnis bereits feststeht und nicht in Zweifel gezogen werden darf.

cc) **Anwendungsbereich**

In Klausuren empfiehlt sich eine Hilfsbegründung namentlich dort, wo man in der Sachverhaltsauslegung unsicher ist oder den Stand der Meinungen zu einer Frage nicht kennt oder wo man einer Minderheitsansicht folgen will.

Hilfsbegründungen sind zunächst bei gleichrangigen Tatbestandsmerkmalen möglich.

Beispiel: Unerlaubte Handlung gemäß § 823 BGB – Nach längeren Ausführungen wird der Tatbestand verneint, außerdem fehlt es am Schaden. Es lässt sich formulieren: „Es sind die Voraussetzungen des § 823 BGB zu prüfen ... Somit liegen die Voraussetzungen nicht vor. Ferner fehlt es an einem Schaden. Denn die Gesamtvermögenslage des A hat sich infolge der Rechtsverletzung durch B nicht verschlechtert. Ein Anspruch aus § 823 Abs. 1 BGB scheitert somit aus zwei Gesichtspunkten, weil es an einem haftungsbegründenden Tatbestand fehlt und weil kein Schaden entstanden ist.“ Eine Hilfsbegründung lässt sich insbesondere durch die Formulierung ausdrücken: „Unabhängig davon scheitert der Anspruch am Fehlen eines Schadens.“

Erfolgt eine Hilfsbegründung durch ein logisch nachrangiges Merkmal, so besteht die Schwierigkeit, dass dieses wegen Fehlens des vorrangigen Merkmals eigentlich gar nicht geprüft werden dürfte. Deshalb muss hier die Hilfsbegründung deutlich als solche gekennzeichnet werden.

Beispiel: S.o. Stromkabel-Fall (S. 111), wo ein Eingriff in den Gewerbebetrieb zu verneinen ist. – Dann kann formuliert werden: „Selbst wenn man die Frage der Rechtsverletzung anders entschieden hätte, würde sich am Ergebnis nichts ändern, denn ein Anspruch aus § 823 Abs. 1 BGB scheitert auch daran, dass B nicht schuldhaft gehandelt hat. B hat sich Pläne vorlegen lassen ...“

Unzulässig ist eine Hilfsbegründung in den Fällen verfahrensrechtlichen Vorrangs. Denn wenn der Richter sich bei Unzulässigkeit der Klage mit dem sachlichen Streit nicht befassen darf, so darf er das auch nicht hilfsweise. Grob fehlerhaft ist deshalb die Formulierung: „Die Klage ist nicht zulässig, hilfsweise auch nicht begründet.“

Nicht ausgeschlossen, aber nur zurückhaltend zu verwenden ist das bloße Andeuten einer weiteren Begründungsmöglichkeit. Es wird in der Praxis verwandt, um auf weitere Gesichtspunkte kurz hinzuweisen.

Beispiel: Herausgabeanspruch aus § 985 BGB – „... Somit ist A nicht Eigentümer. Bedenken bestehen auch bezüglich des Besitzes des B, da sich die Sache nicht mehr bei B, sondern bei X befindet. Ob X Besitzdiener oder Besitzmittler für B ist, ist zweifelhaft. .... Letztlich kann diese Frage aber dahingestellt bleiben, da es auf sie mit Rücksicht darauf, dass A nicht Eigentümer ist, nicht ankommt.“

Allgemein sollte von Hilfsbegründungen eher zurückhaltend Gebrauch gemacht werden. Bei häufiger Anwendung könnten sie bei dem Leser Zweifel erwecken, ob der Bearbeiter seinen eigenen (Haupt-)Begründungen vertraut.

c) **Alternative Begründung**

aa) **Bedeutung**

Eine weitere Möglichkeit, mithilfe von Begründungen das Ergebnis abzusichern, ist die alternative Begründung. Bei einer alternativen Begründung wird ein zweifelhaftes Merkmal unentschieden gelassen, weil das Ergebnis auch nach einer anderen Lösung das Gleiche ist (mehrspurige oder wahlweise oder alternative Lösung; Motto: „Wenn nicht dies ... dann das ...“). Die Rechtsfolge kann sich aus Norm N1 mit den Voraussetzungen M1 und M2 ergeben. Eine gleiche Rechtsfolge ergibt sich aus der Norm N2.

Vertiefung: Demgegenüber wird beim Offenlassen des nachrangigen Merkmals eindeutig – negativ – entschieden. Bei Haupt- und Hilfsbegründung wird eindeutig entschieden, dass bereits die Hauptbegründung das Ergebnis trägt.

Beispiel: A macht gegenüber B Rechte aus einem Kaufvertrag oder einem Werkvertrag geltend. Eine alternative Lösung würde dann so aussehen: Ob der zwischen A und B geschlossene Vertrag ein Kaufvertrag ist oder ob er als Werkvertrag zu beurteilen ist, ist streitig. Die Frage kann aber unentschieden bleiben, weil das Ergebnis in jedem Fall das Gleiche ist.

Eine alternative Begründung kommt nicht nur bei verschiedenen Rechtsnormen in Betracht, sondern auch bei alternativen Tatbestandsmerkmalen innerhalb derselben Rechtsnorm.

Beispiel: Bei Prüfung des § 823 Abs. 1 BGB erscheint zweifelhaft, ob die verletzte Position „Eigentum" oder „Gewerbebetrieb als sonstiges Recht" ist.

bb) **Zulässigkeit**

Die Zulässigkeit einer alternativen Begründung ergibt sich aus dem Gesetz, wenn

- verschiedene Alternativen gerade deshalb nebeneinander gestellt werden, um dem Rechtsanwender die Entscheidung abzunehmen, ob das eine oder das andere vorliegt;
- wenn verschiedene nebeneinander gestellte Alternativen unselbstständige Teile einer auf eine einheitliche Rechtsfolge gerichteten Gesamtregelung sind.

Beispiele:

Besitzmittlungsverhältnis gemäß § 868 BGB – Wenn zweifelhaft ist, ob ein gefälligkeitshalber übernommenes Aufpassen auf eine Sache eine „Verwahrung" oder ein „ähnliches Verhältnis" ist, kann die Frage unentschieden gelassen werden;

§ 858 BGB – Geht es darum, ob eine verbotene Eigenmacht vorliegt und ist zweifelhaft, ob die Einwirkung auf die Sache als „Entziehung" oder „Störung" anzusehen ist, eines von beiden aber vorliegt, so kann man diese Frage unentschieden lassen.

Im Übrigen gilt der Grundsatz: Ob die Voraussetzungen der geprüften Rechtsnorm vorliegen und die Rechtsnorm eingreift, muss entschieden werden. Es ist grds. nicht zulässig, diese Frage unentschieden zu lassen und alternativ zu lösen. Demgegenüber kann nicht eingewandt werden, in einem solchen Fall sei die Entscheidung der Rechtsfrage nicht notwendig. Ob eine Erörterung notwendig ist, richtet sich nach dem Vorangegangenen und nicht nach dem Ergebnis.

Beispiel (Strafrecht): Es ist ausgeschlossen, unentschieden zu lassen, ob eine Wegnahme i.S.d. § 242 StGB oder eine Vermögensverfügung gemäß § 263 StGB vorliegt, weil in jedem Fall eine Verurteilung zu einer Freiheitsstrafe ausgesprochen werden kann.

Darüber hinaus gilt für alle Rechtsgebiete, dass eine alternative Lösung voraussetzt, dass nur die aufgezeigten Alternativen bestehen. Meist liegt das nicht ohne weiteres auf der Hand und bedürfte dann der Begründung. Die Notwendigkeit einer solchen Begründung ist für den Leser aber schwer einzusehen. Bei alternativen Lösungen ist i.d.R. auch eine mehrfache Subsumtion erforderlich; auch dies wäre aber unnötig. Vor allem erwartet der Leser zu Recht einen lückenlosen und klaren Gedankengang. Dieser ist bei alternativen Lösungen nicht gewährleistet.

Ausnahmen sind möglich, um Schwerpunkte eines Falles richtig zu setzen. Wird beispielsweise ein Anspruch aus einem privatschriftlichen Vertrag geltend gemacht und ist zunächst problematisch, ob überhaupt eine Einigung erfolgt ist, ferner, ob eine Formbedürftigkeit (z.B. § 518 BGB) eingehalten worden ist, so kann man bei der Anspruchsgrundlage noch unentschieden lassen, um welche Art Vertrag es sich handelt, und zunächst das Vorliegen der Einigung prüfen. Der Rechtscharakter wird erst bei der Frage der Form geprüft, weil er sich an dieser Stelle auf die Wirksamkeit des Vertrags und damit auf das Ergebnis auswirkt. Handelt es sich um einen Fall mit zahlreichen schwierigen, sich auf das Ergebnis auswirkenden Problemen, ist man gezwungen, Randprobleme so einfach wie möglich zu behandeln. Lässt sich dann ein Randproblem durch eine alternative Lösung einfacher behandeln, so ist dies zulässig. Um die Unklarheiten so gering wie möglich zu halten, ist zunächst festzustellen, dass beide Lösungswege zum selben Ergebnis führen; dass ist dann im Urteilsstil zu begründen.

cc) **Anwendungsbereich**

Die aufgezeigten Möglichkeiten, das Ergebnis abzusichern, lassen sich nur nutzen, wenn man bei der Anfertigung der Lösung folgendermaßen verfährt: Steht das Ergebnis an sich fest, wurde insbesondere ein für den Eintritt der Rechtsfolge erforderliches Merkmal verneint, bleiben aber Zweifel bzgl. der Richtigkeit des Ergebnisses oder der Überzeugungskraft der Begründung, so sollte man die Prüfung in Gedanken weiterführen, um herauszufinden, ob nicht eine weitere Möglichkeit zur Verbesserung der Begründung besteht. Gleichwohl sollte von dieser Möglichkeit nur zurückhaltend Gebrauch gemacht werden. Denn durch mehrfaches Offenlassen kann der Eindruck entstehen, der Bearbeiter sei entscheidungsscheu. Bei einer Darstellung, die ständig Fragen offen lässt, die übliche Rechtsfolge umstellt und alternativ begründet, wird der Leser leicht misstrauisch und glaubt vielleicht, er werde „mit Aufbautricks hinter das materiellrechtliche Licht geführt".

3. Darstellung Argumentation

a) **Argumentationstechnik**

Die Kunst des Juristen ist das Argumentieren. Während eine Begründung dazu dient, ein Ergebnis nachvollziehbar zu machen, dient die Argumentation dazu, den Leser von der Richtigkeit des Ergebnisses zu überzeugen. Die Argumente sind das Mittel bei der Überzeugungsbildung. Wichtig ist es für einen Juristen, die Technik der richtigen Argumentation zur Überzeugungsbildung anwenden zu können. Überzeugen bzgl. einer Aussage bedeutet, dass der Adressat zustimmt, d.h. ebenfalls der Ansicht ist, die Aussage sei richtig. Eine Aussage ist richtig, wenn sie nicht im Widerspruch zu den maßgeblichen Gesetzmäßigkeiten steht. Diese sind bei den Naturwissenschaftlern die Naturgesetze, bei den Rechtswissenschaftlern die Rechtsordnung. Eine Überzeugung von der Richtigkeit bildet sich, wenn keine Widersprüche erkennbar werden. Dies kann dadurch erreicht werden, dass von vornherein keine Widersprüche vorhanden sind.

Beispiel: Am 30. November war es abends um 20.30 Uhr draußen dunkel.

Treten Widersprüche auf, so sind diese zunächst offen zu legen und dann zu hinterfragen. Das Auftreten von Widersprüchen ergibt sich aus den Gesetzen der Logik und dem Erfahrungswissen. Ein Widerspruch liegt vor, wenn Erkenntnisse oder Aussagen nicht mit der Logik oder unseren Erfahrungen über die Welt, wie wir sie sehen, in Einklang stehen.

Beispiel: Kein Mensch kann an zwei Orten gleichzeitig sein. – Sagt ein Zeuge A, er habe den Täter in X gesehen und ein anderer Zeuge B, er habe den Täter zur selben Zeit in Y gesehen, so stehen beide Aussagen zueinander im Widerspruch.

Die Aufgabe einer Argumentation ist es nun, einen aufgetretenen Widerspruch zu beseitigen. Dies geschieht dadurch, dass man die widersprüchlichen Ergebnisse gegeneinander abwägt, bewertet und so miteinander in Einklang bringt. Diese Bewertung erfolgt mittels der Argumentationstechnik. Es ist auszuführen, was für und gegen das eine Ergebnis bzw. das andere Ergebnis spricht. Dieselbe Technik wird bei der Bewertung von Aussagen und der Entscheidung von Meinungsstreitigkeiten angewendet.

Beispiel (Prozessrecht): Für die Richtigkeit der Aussage des Zeugen A spricht, dass er den Täter aus nächster Nähe gesehen hat. Gegen die Richtigkeit der Aussage des Zeugen B spricht, dass er den Täter nur silhouettenhaft im Dunkeln erkannt hat.

Ziel der Argumentation ist es, die Aussagen zu einem widerspruchsfreien Ganzen zusammenzuführen. Dies ist die Basis für Überzeugung und Mehrheitsfindung. Ein guter Jurist zeichnet sich dadurch aus, dass er die Technik des sachlichen Argumentierens beherrscht. Bei der Falllösung muss deutlich werden, dass der Bearbeiter die Lösung im Wege des sachlichen Argumentierens findet und vermittelt. Durch die Akzeptanz der Argumente gewinnt die Lösung an Überzeugungskraft.

Grenzen für die sachliche Argumentation ergeben sich aus der „Sachbezogenheit“. Es ist allerdings nicht möglich, allgemein anzugeben, wann ein Argument noch sachlich und wann es bereits unsachlich ist, insbesondere wenn man bedenkt, dass manche Argumente nur noch zusätzlich „zur Abrundung“ der Argumentation benutzt werden. Unzulässig oder zumindest zu vermeiden sind aber:

- Begründungen von Rechtsfolgen allein vom Ergebnis des Einzelfalls her

  Beispiele:

  „Die arme Frau“, „Der Schuldner ist ja versichert“, „Der Gläubiger hat genug Geld“

- Rein faktische Begründungen, auch wenn sie auf sozialwissenschaftliche Erkenntnisse gestützt werden

  Beispiel: „Allgemeine Geschäftsbedingungen haben sich faktisch durchgesetzt, werden in der weitaus überwiegenden Zahl der Fälle von den Beteiligten befolgt und sind daher Normen“; „Die Bundesrepublik ist nun einmal ein Industriestaat, der sich saubere Luft und klares Wasser nicht leisten kann.“

- Zu vermeiden ist ein unmittelbarer Durchgriff auf letzte Werte wie Gerechtigkeit, Billigkeit, Rechtsgefühl oder Vernunft. Unzulässig sind auch Argumente aus dem „gesunden Volksempfinden“, da sie im Grunde auf Vorurteilen basieren.

Beispiele:

1. (Zivilrecht): „Verkäufer sind in der Regel darauf aus, den Käufer zu übervorteilen."

2. (Verwaltungsrecht): „Im Zweifel ist dem Standpunkt der Behörde zu folgen, da diese die Interessen der Allgemeinheit vertritt."; „Im Zweifel ist dem Bürger Recht zu geben, weil die Behörden dazu neigen, ihre Befugnisse zu missbrauchen."

3. (Strafrecht): „Ausländer neigen zu kriminellen Handlungen."

b) **Argumentationsanwendung**

aa) **Gesetzesauslegung**

Argumentation ist bei der Gesetzesauslegung gefordert. Die Auslegungsmethoden sollen die Möglichkeiten aufzeigen, die sich bei der Auslegung ergeben, um zu einem gerechten Ergebnis zu kommen, und dabei helfen, dass kein wesentlicher Gesichtspunkt übersehen wird. Sie erhöhen die Chance, dass das Ergebnis auch von einem kritischen Leser akzeptiert wird und führen damit zur Konsensfähigkeit des Ergebnisses, da ein klar strukturierter Gedankengang mit Argumenten aus dem Wortsinn, dem Gesetzeszweck usw. in der Regel eine starke Überzeugungskraft hat.

(1) **Anwendung Auslegungsmethoden**

Die Auslegungsmethoden sollen keine neuen Probleme schaffen. Deshalb kommt es nicht darauf an, welcher Auslegungsmethode ein Argument zugeordnet wird. Das ist häufig auch schwierig zu bestimmen, weil vielfache Verbindungen und Überschneidungen bestehen. Handelt es sich um einen rechtstechnischen Begriff, dessen Wortsinn sich erst aus der Heranziehung anderer Vorschriften ergibt (Begriff „Verfügung" in §§ 137, 185, 719, 816, 893 BGB), fällt die Auslegung nach dem Wortsinn mit der systematischen Auslegung zusammen. Geht es um die Auslegung nach dem Normzweck, so können zur Bestimmung des Normzwecks auch andere gesetzliche Vorschriften und Prinzipien, auch Grundrechtsbestimmungen sowie die Entstehungsgeschichte heranzuziehen sein.

Daraus ergibt sich, dass man bei der Formulierung des Gutachtens keine ausdrücklichen Ausführungen darüber zu machen braucht, welche Auslegungsmethode gerade zur Anwendung kommt. Es gilt der Grundsatz: Die Regeln über Methode und Aufbau sind anzuwenden, nicht darzustellen! „Anwenden" bedeutet aber auch, dem Leser deutlich zu machen, dass die Ausführungen methodisch geleitet sind.

Formulierung: Es ist überflüssig, eine Auslegung etwa so einzuleiten: „Im Folgenden ist dieser Begriff näher auszulegen. Dabei kommt es auf den Wortsinn, die Gesetzessystematik usw. an." Zweckmäßig ist aber: „Die Auslegung nach dem Wortsinn schließt zwar nicht aus ... Auch steht der Regelungszusammenhang mit den gleichlautenden Vorschriften ... diesem Ergebnis nicht entgegen .... Jedoch ist zu berücksichtigen, dass Sinn und Zweck ... Wollte man anders entscheiden, so hätte dies zur Folge .... ."

Dass die angewandten methodischen Denkfiguren nicht ausdrücklich dargelegt zu werden brauchen, hat auch einen praktischen Vorteil: Vielfach ist das Ergebnis klar, nicht jedoch der methodische Weg. In einem solchen Fall könnten methodische Ausführungen die Überzeugungskraft des Ergebnisses schwächen. Wichtig ist, dass sich sämtliche zur Beantwortung einer Frage herangezogenen

Gesichtspunkte (Sachargumente) in einen geschlossenen, von der Frage bis zum Ergebnis hinführenden Gedankengang einfügen und dabei in eine Beziehung zu Wortsinn, Systematik, Entstehungsgeschichte oder Normzweck gesetzt werden. Unzutreffend wäre es, die Auslegungsmethoden etwa nur als äußeren, formalen „Mantel" zu verwenden und davon die „Sachargumente" oder gar unausgesprochene „wahre Gründe" zu unterscheiden.

Wie verhalten sich die in Rspr. und Lit. vertretenen Auffassungen zu der eigenen, nach den Regeln der Methodenlehre entwickelten Auslegung?

Die in einem Kommentar, Lehrbuch, Aufsatz, Urteil oder einer Zeitschrift entwickelte Rechtsmeinung ist bereits das Ergebnis der Auslegung, hat also das Stadium der Auslegungsmethoden durchlaufen. Die in Rspr. und Lit. vertretenen Ansichten, sowohl eine h.M. wie abweichende Meinungen, stehen daher nicht etwa als zusätzliche Argumente neben den Auslegungsmethoden. Sie sind daher auch im Gedankengang mit diesen zu verbinden. Keinesfalls können sie eine methodische Auslegung ersetzen.

Die Auslegung muss fallbezogen und allgemein gültig sein. Indem die Auslegung die Bedeutung eines Rechtsbegriffs klären hilft, unterstützt sie die Rechtsanwendung auf den konkreten Fall. Ebenso wie die der Subsumtion vorausgehende Definition des Rechtsbegriffs im „Hin-Blick" auf den zu lösenden Fall erfolgt, so muss auch die Gesetzesauslegung in der Fallbearbeitung fallbezogen und nicht lehrbuchartig vorgenommen werden. Dies erfordert der Grundsatz der Notwendigkeit. Andererseits muss das Auslegungsergebnis allgemein gültig sein, um eine unkontrollierbare Gefühlsjurisprudenz zu vermeiden. Das Ergebnis der Auslegung muss sich mithin in einem abstrakten Satz zusammenfassen lassen, der für unbestimmt viele Fälle gilt. Ob man einer bestimmten Auslegung folgt, darf daher nicht nur „für den vorliegenden Fall", sondern muss entweder generell oder doch für die in Rede stehende Fallgruppe entschieden werden.

(2) **Generalklauseln**

Bei Generalklauseln (z.B. § 242 BGB) und unbestimmten Rechtsbegriffen (z.B. § 35 GewO „Unzuverlässigkeit") geben regelmäßig Wortsinn, Systematik und Entstehungsgeschichte keine wesentlichen Auslegungshilfen. Entscheidend ist deshalb auch hier der Normzweck, der allerdings meist auch wenig konkret ist. Hinreichend vorhersehbare Auslegungsergebnisse sind daher nur möglich, wenn die Generalklausel durch Bildung von Fallgruppen und konkretisierenden Grundsätzen aufbereitet worden ist. Bei einer Falllösung geht der Rechtsanwender daher nicht allein vom Wortlaut und Zweck der Generalklausel aus, sondern von der durch Rspr. und Lit. konkretisierten Gestalt der Generalklausel. Fehlt eine derartige konkretisierende Ausgestaltung oder ist sie nicht bekannt, muss der Rechtsanwender selbst versuchen, eine einschlägige Fallgruppe herauszuarbeiten. Ist das nicht möglich, ist nach „allen wesentlichen Umständen des Einzelfalls" zu entscheiden. Durch das Heranziehen der konkreten Umstände des zu entscheidenden Falles geht die Auslegung stufenlos in die Subsumtion und die Lösung des Falles über. Es fehlt dann an dem sonst erforderlichen abstrakt formulierten Auslegungsergebnis als Zwischenschritt zwischen Normtext und Falllösung. Um nicht bei wertungsoffenen Normen und Begriffen vorschnell in allgemeine Billigkeitserwägungen oder höchst persönliche Einschätzungen auszuweichen, ist nach möglichst konsensfähigen, rational fassbaren Kriterien Ausschau zu halten.

Hierbei ist wie folgt vorzugehen:

- Ausschöpfung des Gesetzes
  Zunächst ist der Argumentationsinhalt des Gesetzes auszuschöpfen. Die abstrakte Ranghöhe eines Wertes kann u.U. der Verfassung, bei strafrechtlich geschützten Rechtsgütern der Höhe der Strafdrohung entnommen werden. Die konkrete Schutzwürdigkeit eines Interesses hängt von der Dringlichkeit des Schutzes, insbesondere vom Ausmaß des drohenden Schadens und den Rettungsmöglichkeiten ab. Der Umfang des Wertgehalts kann von der Zahl der teilhabenden Personen, der Teilbarkeit des Gutes, der Mittel-Zweck-Beziehung sowie einer Abwägung der Vor- und Nachteile bei Folge- und Nebenwirkungen abhängen. Allgemeine Abwägungsregulative sind die Grundsätze der Einigung, Erforderlichkeit, Verhältnismäßigkeit und Zumutbarkeit.
- Bildung von Fallgruppen
  Die Konkretisierung der offenen Norm geschieht durch Bildung von Fallgruppen, zweckmäßigerweise indem man zunächst die realen oder fiktiven Normalfälle vorstellt, die eindeutig normerfasst sind. Sodann bildet man Extremfälle, die es ebenso eindeutig nicht sind. Durch einen Vergleich des zu lösenden Falles mit den Normal- und Extremfällen ergeben sich dabei häufig nachvollziehbare Kriterien für die Subsumtion (Vergleichsfalltechnik).

(3) **Entscheidungsspielraum**
Letztlich bleibt für den Rechtsanwender die Entscheidungssituation. Er behält bei zweifelhafter Auslegungssituation einen Entscheidungsspielraum. Rechtsgewinnung beruht daher sowohl auf Erkenntnis als auch auf Entscheidung. Dadurch wird der Rechtsanwender zugleich mit der Pflicht zur Entscheidung belastet. Es ist den Gerichten ebenso wie z.B. einem Verwaltungsbeamten untersagt, eine für den praktischen Fall erhebliche Rechtsfrage offen zu lassen, etwa mit der Begründung, das Gesetz enthalte keine oder keine klare Regelung. Dies ergibt sich aus dem Rechtsverweigerungsverbot.

Besteht aber ein Entscheidungsspielraum, dann lässt sich die zu treffende Entscheidung nicht mehr danach ausrichten, ob sie die einzig richtige ist, sondern nur noch danach, ob sie vertretbar ist. Dies wiederum hängt von der Begründung ab, wie sie durch Argumentation dargelegt ist. Für die Überzeugungskraft der Begründung kommt es auf mehrere Gesichtspunkte an:

- Wesentliche Gesichtspunkte
  Es sind alle wesentlichen Gesichtspunkte zu beachten. Entscheidende Hilfe dafür, dass nichts übersehen wird, geben die Auslegungsmethoden. Die von den Beteiligten vorgebrachten oder nach ihrer Interessenlage nahe liegenden Argumente sind selbst dann zu behandeln, wenn sie unerheblich oder unzulässig sind. Allerdings dürfen sie dann keinen Einfluss auf die Sachent-

scheidung bekommen, sondern es ist darzulegen, dass und weshalb sie unzulässig und unerheblich sind. Sie dürfen nicht einfach übergangen werden. Da das juristische Gutachten häufig eine belastende Maßnahme (Urteil, Verwaltungsakt, Anklage) vorbereitet, ist insbesondere darauf zu achten, dass die zur Begründung herangezogenen Gesichtspunkte dem von der Maßnahme Betroffenen einleuchten können. Eine adressatenbezogene Begründung macht es wahrscheinlicher, dass der Betroffene die Entscheidung anerkennt und sich ihr unterwirft. Damit wird der Befriedungsfunktion des Rechts gedient (Rechtsfrieden).

- Argumente aus Rspr. und Lehre
  Selbstverständlich sind Argumente aus Rspr. und Lehre, soweit bekannt, zu berücksichtigen. Sofern danach eine Rechtsfrage streitig ist, ist sie letztlich aufgrund eigener Wertung und Begründung zu entscheiden. Dabei braucht der Rechtsanwender weder eine eigene Auffassung noch neue eigene Argumente zu entwickeln. Stets ist aber erforderlich zu begründen, weshalb gewisse Argumente für entscheidend gehalten werden. Zumindest für den Anfänger, aber auch für Juristen in der Praxis gilt: Im Zweifel sollte er der überkommenen und bewährten Auffassung folgen, denn es ist grds. Aufgabe des Juristen, auch Neues nach überkommenen Regeln zu entscheiden. Es darf auch offen zum Ausdruck gebracht werden, dass man der h.M., insbesondere einer h.Rspr. folgt, etwa weil sich keine hinreichend gewichtigen Gegenargumente gezeigt haben. Gegenargumente zu unterdrücken ist demgegenüber nicht nur intellektuell unredlich, sondern auch gewagt, da vom Fachmann meist leicht durchschaubar.

- Fallbezug
  Bei der Auslegung muss der Fallbezug, d.h. die anvisierte praktische Rechtsfolge deutlich werden.

  Beispiel: Wird innerhalb einer Prüfung des § 812 BGB abgegrenzt, ob eine Vermögensverschiebung „durch Leistung" oder „in sonstiger Weise" vorliegt, so muss deutlich werden, dass hierdurch eine Entscheidung der für das Ergebnis relevanten Fragen vorbereitet wird, und zwar zwischen welchen Personen ein Rechtsgrund erforderlich ist, um eine Vermögensverschiebung zu rechtfertigen bzw. wie der Rechtsgrund beschaffen sein muss, z.B. welcher Zweck im Falle einer zweckbestimmten Leistung erfüllt sein muss.

bb) **Argumentation bei Analogie und teleologischer Reduktion**

(1) **Argumentationsaufwand**

Bei der Analogie und der teleologischen Reduktion bedarf es eines besonderen Argumentationsaufwandes, da das Ergebnis bei beiden nicht unmittelbar aus dem Gesetz herzuleiten ist. Vielmehr erfolgt eine Vergleichbarkeitsbetrachtung im Hinblick auf die Interessenlage und den Sinn und Zweck einer Norm. Zunächst muss der Anlass für eine solche Betrachtung eingehend dargelegt werden. Anschließend erfolgt eine Betrachtung der Vergleichbarkeit im Wege der Argumentation. Dabei sind die einzelnen Anschauungen und Folgen gegeneinander abzuwägen und die jeweils dafür und dagegen sprechenden Argumente ausführlich darzulegen.

(2) **Einbeziehung Rechtsprechung und Literatur**
Für die Einbeziehung von Rspr. und Lit. bei der Heranziehung einer Analogie oder teleologischen Reduktion gilt das Gleiche wie bei der Auslegung. Soweit nicht ausnahmsweise Gewohnheits- oder Richterrecht entstanden ist, das sich aus Rspr. und Lit. ergibt, bilden Stellungnahmen in Rspr. und Lit. keine selbstständigen Argumente, sondern sind mit der Entwicklung und Begründung der Analogie gedanklich zu verbinden. Allerdings kann eine Analogie, die in der Rspr. und Lit. weitgehend vertreten wird, zu einer erheblichen Entlastung der Begründung führen, u.U. kann eine Begründung ganz entfallen. Insoweit ergibt sich aus einer allgemeinen Anerkennung eine Verminderung des Argumentationsaufwandes.

Beispiel: Analoge Anwendung des § 670 BGB für risikotypische Schäden

(3) **Anwendung**
Da in einer Klausur Material und Zeit für die z.T. schwierigen Fragen der Lückenfeststellung und Ähnlichkeitsbewertung fehlen, sind Ausführungen ohnehin nur dort zu erwarten, wo eine Analogie bzw. teleologische Reduktion anerkannt ist, zumindest aber diskutiert wird.

c) **Argumentationsmittel**
Die Argumentation soll den Leser von der Richtigkeit des Lösungswegs überzeugen. Zur Argumentation stehen verschiedene Argumentationsmittel zur Verfügung. Die juristische Argumentationstechnik kennt Sachargumente, den Interessenausgleich des Gesetzes und das Regel-Ausnahme-Prinzip.

aa) **Sachargumente**
Sachargumente sind Argumente, welche die Lösung durch eine sachliche Überlegung in eine bestimmte Richtung führen. Technik der Argumentation ist dabei im Wesentlichen eine vergleichende Betrachtung.

(1) **argumentum a maiore ad minus**
Beim argumentum a maiore ad minus handelt es sich um einen „Erst-recht-Schluss". Es wird vom Größeren (Mehr) auf das Kleinere (Weniger) geschlossen. Dies lässt sich mit der Formulierung umschreiben: „Wenn schon das .... (Größere), dann erst recht das ... (Kleinere)."

Beispiele:

1. (Zivilrecht): Problematisch ist, ob ein gutgläubiger Erwerb eines Anwartschaftsrechts möglich ist – Wenn schon das Eigentum gutgläubig erworben werden kann, dann muss das erst recht für die Vorstufe Anwartschaftsrecht gelten.
2. (Öffentliches Recht): Staatshaftung „enteignungsgleicher Eingriff" – Wenn schon rechtmäßige Eingriffe zu entschädigen sind dann erst recht rechtswidrige.

(2) **argumentum a minore ad maius**
Auch hierbei handelt es sich um einen „Erst-recht-Schluss". Es wird vom Kleineren (Weniger) auf das Größere (Mehr) geschlossen. Formulierung: „Wenn das schon in dem Fall (das Kleinere) so ist, dann erst recht in dem Fall (das Größere)."

Beispiele (Zivilrecht):

Haftung § 823 BGB – Wenn schon der gutgläubige Fremdbesitzer nach § 823 BGB haftet, dann erst recht der bösgläubige Besitzer;

§ 812 BGB – Ablehnung der Gleichstellung von rechtsgrundlosem und unentgeltlichem Besitzerwerb – Eine Rückabwicklung ist erst recht vorzunehmen, wenn nicht nur das schuldrechtliche, sondern darüber hinaus auch noch das dingliche Rechtsgeschäft fehlgeschlagen ist.

(3) **argumentum a simili**

Beim argumentum a simili wird eine vergleichende Betrachtung zwischen parallelen Situationen vorgenommen. Eine gleiche Lösung ist möglich, wenn es sich um einen ähnlichen Fall handelt. Formulierung: „Wenn das in dem Fall so ist ..., dann auch in diesem Fall“.

Beispiel (Zivilrecht): Entsprechende Anwendung der §§ 177, 179 BGB auf den Boten – Der Bote der bewusst seine Botenmacht überschreitet, ist vergleichbar mit einem Vertreter ohne Vertretungsmacht.

(4) **argumentum e contrario**

Beim argumentum e contrario handelt es sich um einen Umkehrschluss. Es wird von einem in einer anderen Situation bestehenden Auslegungsergebnis darauf geschlossen, dass es dann in diesem Fall nicht so sein kann. Die typische Formulierung lautet: „Wenn das dort so ist ..., dann muss es hier anders sein ...“

Beispiel (Zivilrecht): Im Bereicherungsrecht wird die Bösgläubigkeit der Rechtshängigkeit gleichgestellt und führt zu einer verschärften Haftung, § 818 Abs. 4, § 819 BGB – Da eine entsprechende Regelung im Eigentümer-Besitzer-Verhältnis für die weitergehende Haftung des § 990 Abs. 2 BGB fehlt, haftet der Bösgläubige nur, wenn die zusätzlichen Voraussetzungen des Verzugs vorliegen. Der Bösgläubige gilt nicht als verklagt, sodass eine Mahnung nicht gemäß § 286 Abs. 1 S. 2 BGB entbehrlich ist.

(5) **Umgehungsargument**

Beim Umgehungsargument handelt es sich um eine Folgenbetrachtung. Bei der Annahme einer bestimmten Auslegung würde sich eine Folge ergeben, mit der eine gesetzliche Regelung umgangen werden könnte. Formulierung: „Wenn das so wäre ..., könnte die im Gesetz vorgesehene Rechtsfolge des § ... unterlaufen werden.“

Beispiel (Zivilrecht): Problematisch ist die Formbedürftigkeit gemäß § 311 b BGB von Vorverträgen über einen Grundstückskauf – Wenn ein Vorvertrag über einen Grundstückskauf nicht als formbedürftig angesehen würde, könnten sich für die Parteien indirekt Verpflichtungen zur Veräußerung oder zum Erwerb eines Grundstücks ergeben.

(6) **argumentum ad absurdum**

Beim argumentum ad absurdum handelt es sich ebenfalls um eine Folgenbetrachtung. Zunächst wird eine bestimmte Auslegung unterstellt, und dann das Ergebnis von seinen Folgen her betrachtet. Die Betrachtung der Folge würde zu einem unerwünschten Ergebnis führen. Formulierung: „Wenn das ... angenommen würde, ergäbe sich die Folge ...; das kann nicht sein.“

Beispiele: (Zivilrecht):

Problematisch ist die Erfüllung gemäß § 362 Abs. 1 BGB an einen Minderjährigen. – Wenn die Erfüllung an einen Minderjährigen zum Erlöschen des vertraglichen Anspruchs führte, würde für den Minderjährigen eine nachteilige Folge eintreten und der Minderjährigenschutz ausgehöhlt.

Problematisch ist auch die Rechtsfolge der Sittenwidrigkeit von Ratenkreditverträgen. – Wenn ein Ratenkreditvertrag aufgrund eines überhöhten Zinssatzes sittenwidrig ist, hat der Kreditgeber keinen Anspruch auf Zinsen; bei Annahme eines üblichen Zinssatzes könnte der Kreditgeber gefahrlos die Sittenwidrigkeitsgrenze überschreiten (Sanktionsargument).

(7) **Argument Sachgerechtigkeit**

Bei dem Argument der Sachgerechtigkeit wird eine bestimmte Lösung gefunden, weil diese in der Sache zu einem gerechten Ergebnis führt. Die typische Formulierung hierfür lautet: „Von daher ist es sachgerecht ..."

Beispiel (Zivilrecht): Haftung von schuldrechtlichem und dinglichem Sicherungsgeber – Sachgerecht ist eine gleichmäßige Haftungsverteilung, um einen „Wettlauf der Sicherungsgeber" zu verhindern.

Das Argument der Sachgerechtigkeit ermöglicht in einer Vielzahl von Fällen, eine Lösung überzeugend zu begründen. Dennoch sollte man sich vor einer vorschnellen Argumentation mit der Sachgerechtigkeit hüten. Bei genauer Betrachtung handelt es sich um eine Argumentation aus einem wertenden Rechtsgefühl, wobei ein sachliches Argument im eigentlichen Sinn nicht angeführt wird. Gleiches gilt für eine Argumentation mit generellen Begriffen oder letzten Wahrheiten: „Es entspricht der Billigkeit, Treu und Glauben, Gerechtigkeit, wenn ...; es muss rechtens sein, wenn ...; es kann nur gerecht sein, wenn ..."

bb) **Interessenausgleich des Gesetzes**

Das Recht dient dem Ausgleich widerstreitender Interessen von Personen oder Personengruppen. In den Rechtsnormen hat der Gesetzgeber eine Bewertung des Interessenausgleichs vorgenommen. Möglich ist es nun, bei der Argumentation auf diesen allgemeinen Interessensausgleich abzustellen. Für eine Argumentation auf der Grundlage des dem Gesetz innewohnenden Interessenausgleichs muss zunächst die Interessenbewertung des Gesetzes ermittelt werden. Anschließend ist zu würdigen, ob der zu beurteilende Fall den dem Gesetz innewohnenden Interessenausgleich entspricht. Bei der Lösung gilt es, die unterschiedlichen Interessen aufzuzeigen und die Wertung des Gesetzes auf den Fall zu übertragen.

Beispiele (Zivilrecht):

Im Verhältnis Schuldner – Gläubiger, §§ 404 ff. BGB (Schuldnerschutz bei Abtretung);

im Verhältnis Verbraucher – Unternehmer, Schutz des Verbrauchers in §§ 305 ff. BGB (AGB), §§ 474 ff. (Verbrauchsgüterkauf);

verschärfte Anforderungen für Kaufleute (HGB).

Insoweit besteht eine ähnliche Situation wie bei der Analogie bzw. dem Sinn und Zweck einer Norm bei der teleologischen Auslegung und der teleologischen Reduktion. Jedoch wird bei diesen Bewertungen das Interesse in erster Linie im Hinblick auf eine einzelne Norm betrachtet. Demgegenüber steht bei dem Interessenausgleich des Gesetzes eine Gesamtbewertung im Vordergrund, die sich in einer Vielzahl von Normen wiederfindet. Entscheidend ist daher, wie der Gesetzgeber eine grundsätzliche Bewertung der Interessen vorgenommen hat.

cc) **Regel-Ausnahmeprinzip**

Beim Regel-Ausnahmeprinzip werden der Normalfall und der Ausnahmefall gegenübergestellt. Zunächst wird ein Fall betrachtet, wie er normalerweise, im Regelfall zu lösen ist. Ausnahmsweise kann sich jedoch etwas anderes ergeben, wenn hierfür ein bestimmter Grund vorliegt, sog. Sonderfall. Formulierung: „Grundsätzlich wird angenommen, dass ... Ausnahmsweise ergibt sich jedoch etwas anderes, wenn ...“

Beispiel (Zivilrecht/Strafrecht): Verhältnis zwischen Tatbestand und Rechtswidrigkeit – Grundsätzlich folgt aus der Tatbestandserfüllung die Rechtswidrigkeit, etwas anderes ergibt sich jedoch, wenn ein besonderer Rechtfertigungsgrund eingreift.

Von einer Anwendung nach dem Regel-Ausnahme-Prinzip sollte bei der Darstellung einer Lösung häufig Gebrauch gemacht werden. Es handelt sich um eine typische Form des juristischen Denkens und Formulierens.

4. Darstellung Meinungsstreit

a) **Grundsätzliche Darstellung**

Die Darstellung eines Meinungsstreits in einer Klausur oder Hausarbeit bereitet den Fallbearbeitern manchmal Schwierigkeiten. Der grundsätzliche Aufbau ergibt sich aus der Auseinandersetzung mit verschiedenen Ansichten im Rahmen der Rechtsanwendung. Danach bietet sich für die Reihenfolge der Darstellung folgender Aufbau an:

- Meinung 1
  - Darstellung der Meinung (Inhalt)
  - Begründung der Meinung (Argumente)
  - Subsumtion (Lösung im Fall)
- Meinung 2
  - Darstellung der Meinung (Inhalt)
  - Begründung der Meinung (Argumente)
  - Subsumtion (Lösung im Fall)
- Stellungnahme
  - Vergleich der Subsumtionsergebnisse
  - Entscheidung
  - Begründung

Zunächst ist bei jeder Meinung ihr Inhalt im Einzelnen darzustellen und zu begründen. Bei jeder Meinung erfolgt die Subsumtion des Sachverhalts und damit ein Ergebnis nach der einzelnen Meinung. Im Rahmen der Stellungnahme ist zunächst zu erörtern, ob die Meinungen zu unterschiedlichen Ergebnissen kommen. Ist das nicht der Fall, so erübrigt sich eine Stellungnahme. Anderenfalls ist eine eigene Stellungnahme erforderlich. Die eigene Entscheidung ist aufgrund einer eigenen Überzeugung zu finden. Diese sollte sich anhand der Sachargumente ergeben. Anschließend ist die eigene Meinung unter Abwägung der Argumente zu begründen. Am besten ist es, wenn einem ein eigenes Argument einfällt. Dies dürfte jedoch relativ selten möglich sein. Man könnte sich allenfalls dadurch „retten“, dass man bei der Darstellung der Argumente einer Meinung ein Argument weglässt und es dann bei der Streitentscheidung als das maßgebliche Argument anfügt.

Hinweis: Teilweise wird diese Vorgehensweise für fragwürdig angesehen.

b) **Besonderheiten**

Besonderheiten weist ein Meinungsstreit auf, wenn zu einer Meinung mehrere Untermeinungen vertreten werden. Dann ist es erforderlich, zunächst die Meinungsstränge innerhalb einer Meinungsgruppe zu prüfen und darzustellen. Führen die Untermeinungen bei der Subsumtion zu unterschiedlichen Ergebnissen, so ist eine Streitentscheidung innerhalb der Untermeinungen erforderlich. Anschließend ist zu prüfen, ob die Untermeinung, der gefolgt wurde, zu einem anderen Ergebnis führt als die andere vertretene Meinung. Ausgesprochen schwierig kann die Gliederung werden, wenn zu dem Problemkreis eine Fülle von Argumenten gehört, die alle wesentlich sind und behandelt werden müssen. Dann kann man die Argumente zu Gruppen zusammenfassen, z.B. Argumente aus dem Wortlaut, der Systematik usw. Geben Rspr. und Lit. zu einem bestimmten Problem keinen Aufschluss oder ist der Meinungsstand dem Bearbeiter unbekannt, so muss er versuchen, die verschiedenen Lösungsmöglichkeiten und die für sie sprechenden Gesichtspunkte selbst zu entwickeln. Hierbei hilft die oben vorgeschlagene Methode des Rollenspiels. Man versetzt sich in die Situation des Anspruchstellers und überlegt, welche Gründe er für sein Begehren anführen könnte. Anschließend überlegt man, was der Anspruchsgegner dem entgegensetzen könnte.

c) **Darstellungsformen**

Zur Darstellung eines Meinungsstreits stehen verschiedene Darstellungsformen zur Verfügung.

aa) **Meinungsgruppen**

Als Darstellungsform für einen Meinungsstreit bietet sich zunächst der oben gezeigte Aufbau an. Man stellt die verschiedenen Meinungen mit Begründungen nacheinander dar und schließt die eigene Stellungnahme an. Dieser Aufbau ist am sichersten, hat jedoch den Nachteil, dass für die eigene Begründung meist keine überzeugenden Argumente mehr zur Verfügung stehen. Man kann sich dann so helfen, dass man die Argumentation der Meinung, der man folgt, noch einmal ganz knapp und prägnant als eigene wiedergibt. Oder auch umgekehrt: Die zunächst nur knapp gebrachte fremde Meinung wird als eigene genauer ausgeführt, wobei dann die oben „ausgesparten" Argumente als eigene ausgegeben werden.

Als alternative Aufbaumöglichkeit bietet sich an, die eigene Stellungnahme und Begründung mit der Meinung, der man folgen will, zu verbinden.

Formulierung: Nach Meinung von ... Dieser Ansicht ist zu folgen. Für sie spricht ... Wenn demgegenüber geltend gemacht wird ..., so wird dabei übersehen .... .

Bei diesem Schema wird also zuerst die Meinung dargestellt, der man folgen will; man kann auch umgekehrt zunächst die abgelehnte Meinung bringen.

Formulierung: Nach Ansicht von ... Dagegen spricht aber .... Deshalb kann dieser Meinung nicht gefolgt werden. Vorzuziehen ist die Auffassung, wonach ... .

bb) **Eigene Überlegungen**

Bei den bisherigen Vorschlägen richtete sich die Gliederung nach den verschiedenen Meinungen. Der Vorteil dieser Darstellung liegt darin, dass man den vorgefundenen Streitstand lediglich wiederzugeben braucht. Dabei können jedoch der Fallbezug und Ableitungszusammenhang der Argumente verloren gehen. Auch kann der Eindruck entstehen, es entscheide ein Obergutachter in einer wissenschaftlichen Streitfrage. Eine elegante Form der Darstellung eines Meinungsstreits ergibt sich daraus, dass die einzelnen Meinungen nicht als fremde Ansichten, sondern als das Ergebnis eigener Überlegungen dargestellt werden. Es ist überzeugender, allerdings auch schwieriger, den fraglichen Gesetzesbegriff zum Ausgangspunkt zu machen und die von den verschiedenen Theorien vertretenen Argumente als eigene Überlegungen Pro und Kontra anzuführen und aus ihnen die Lösung zu entwickeln. Bei dieser Darstellungsform werden in der Hausarbeit die Bezeichnung als Meinung und die einzelnen Vertreter lediglich in den Fußnoten aufgeführt. Erforderlich ist, jedes Argument durch ein Zitat zu belegen.

Beispiel (Strafrecht): „Einerseits könnte man daran denken, die Abgrenzung zwischen Täterschaft und Teilnahme nach objektiven Kriterien vorzunehmen. Hierfür spricht ... Andererseits könnte man zur Abgrenzung auf das subjektive Kriterium des Täterwillens abstellen. Hierfür spricht ... ."

Bei dieser Gliederung nach Sachargumenten bilden die Auslegungsmethoden Wortsinn, systematische Stellung und Gesetzeszweck den äußeren Rahmen. Dabei fördert es die Überzeugungskraft, wenn man Argument und Gegenargument einander gegenüberstellt und sodann nach jedem „Schlagabtausch" entscheidet, welchem Gesichtspunkt der Vorrang gebührt.

Diese Art der Darstellung erweckt den Eindruck einer eigenständigen Problembewältigung und vermeidet den Vorwurf, es würden nur „gepaukte Streitstände heruntergebetet".

5. Darstellung Ergebnis

Die Darstellung einer Falllösung erfordert die Formulierung von Ergebnissen. Bei der Erarbeitung der Falllösung können sich in verschiedenen Situationen Lösungen ergeben. Z.T. werden vom Fallbearbeiter selbst bei der Erarbeitung der Lösung entsprechend der Gutachtentechnik Fragen gestellt. Zu jeder aufgeworfenen Frage muss es ein Ergebnis geben. Für jede vom Fallbearbeiter bei der textlichen Bearbeitung aufgeworfene Frage sollte auch eine Antwort formuliert werden. Die Falllösung führt nicht weiter, wenn immer wieder Fragen aufgeworfen werden, im weiteren Text aber keine Beantwortung erfolgt. Ein solcher „Fragenfluss" zeigt Mängel in der juristischen Denkweise und kann kaum jemals zu einem überzeugenden Ergebnis führen. Die Beantwortung einer Frage sollte klar und eindeutig sein. Ein solches Zwischenergebnis braucht nicht als solches gekennzeichnet zu werden und muss auch nicht als Überschrift formuliert werden.

Am Ende der Darstellung ist ein Gesamtergebnis anzugeben. Es ist die Antwort auf die Fallfrage, d.h. die Antwort zu dem geltend gemachten Begehren. Die Falllösung ist so weit fortzuführen, bis eine Beantwortung aller gestellten Fragen möglich ist. Ein Fall muss bis zu Ende entschieden werden, d.h. es müsste möglich sein, aufgrund des Ergebnisses ein Urteil, abgesehen von den Nebenentscheidungen wie Kosten und vorläufige Vollstreckbarkeit, zu formulieren.

Eine Ausnahme besteht, wenn die Konkretisierung der Rechtsfolge aufgrund der Angaben im Sachverhalt nicht möglich ist. Diese Situation ist beispielsweise dann gegeben, wenn aufgrund des Fehlens genauerer Angaben eine betragsmäßige Konkretisierung der Rechtsfolge nicht vorgenommen werden kann.

Beispiel: Höhe des Anspruchs auf Schadensersatz. Der Sachverhalt enthält nur den Hinweis, dass A einen Schaden erlitten hat. In einem solchen Fall darf die Prüfung mit der Feststellung beendet werden: „Somit hat A einen Anspruch auf Ersatz des ihm entstandenen Schadens." Liegt ein Mitverschulden vor, enthält der Sachverhalt aber keine ausreichenden Angaben, um das Abwägungsergebnis quotenmäßig festzulegen, so kann dies unterbleiben. Allerdings kann eine Einschätzung angebracht sein, aufgrund welcher Umstände bei welcher Person wohl ein überwiegender Verschuldensanteil anzunehmen sein dürfte.

Bei der Formulierung des Gesamtergebnisses ist möglichst genau auf die Fallfrage des Falltextes abzustellen.

Beispiele:

(Zivilrecht): „Kann A von B Herausgabe verlangen?" – „A hat gegenüber B einen Anspruch auf Herausgabe aus § ...";

(Strafrecht): „Hat A sich strafbar gemacht?" – „A hat sich gemäß §§ ... strafbar gemacht";

(Prozessrecht): „Erfolgsaussichten einer Klage?" – „Die Klage hat Erfolg, sie ist zulässig und begründet."

III. Sprachliche Darstellung

1. Formulierung

a) Erwartungshaltung

Ziel der Ausformulierung des Gutachtens ist es, anderen seine Gedanken und Überlegungen mitzuteilen. Das Gutachten wird für den Leser/Prüfer geschrieben. Versetzt sich der Fallbearbeiter in die Position des Lesers, so wird erkennbar, dass zwei Erwartungshaltungen besonders hervortreten. Zunächst möchte der Leser das nachvollziehen können, was der Bearbeiter sagen will. Außerdem möchte er interessiert werden für dessen Überlegungen, d.h. insbesondere nicht gelangweilt werden mit überflüssigen Ausführungen. Daraus ergeben sich die beiden Gebote für die Ausformulierung des Gutachtens: Verständlichkeit und Knappheit!

b) Verständlichkeit

Für die Verständlichkeit kommt es darauf an, dass die Darstellung klar, treffend, flüssig lesbar und anschaulich ist. Um dies zu erreichen, ist auf eine richtige Wortwahl und eine zutreffende Formulierung der Sätze zu achten.

aa) Wortwahl

Die Wortwahl sollte zutreffend, anschaulich und abwechselungsreich sein. Zunächst ist es wichtig, die verwendeten Wörter richtig zu gebrauchen. Das gilt zunächst für Fremdwörter und juristische Fachausdrücke.

Beispiel: Die Rechtswidrigkeit ist indiziert.

Bei Worten, die eine logische Beziehung ausdrücken, muss die richtige Bezugnahme erfolgen.

Beispiel: Aber, falls, jedenfalls, jedoch, soweit, einerseits ... andererseits, zwar ... aber ...

Auf Fremdwörter sollte dann verzichtet werden, wenn angemessene deutsche Ausdrücke zur Verfügung stehen. Soweit es möglich ist, sollten Substantive durch Verben ersetzt werden. Der Gebrauch bestimmter Wörter trägt mangels Informationsgehalt nicht zu einem größeren Verständnis bei. Vielmehr deuten sie auf eine Unsicherheit beim Bearbeiter hin („Angstwörter").

Beispiel: An und für sich, fast, gewissermaßen, irgendwie, wohl.

bb) **Satzbau**

Beim Satzbau sollten möglichst einfach gebaute Sätze formuliert werden. Diese werden am besten nach der klassischen Struktur aufgebaut: Subjekt, Prädikat, Objekt. Der Idealsatz hat sieben Wörter. Er enthält maximal drei Informationen. Bei Haupt- und Nebensätzen gehört das Wesentliche in den Hauptsatz. Zu vermeiden sind Sätze, welche die flüssige Lesbarkeit beeinträchtigen. Hierzu gehören Schachtel- und Bandwurmsätze. Ebenfalls sollte ein Aneinanderreihen von extrem kurzen Sätzen vermieden werden, da sie den Leser wie ein Stakkato treffen. Auch doppelte Verneinungen verlangsamen die Aufnahme des Textes.

Beispiel: Die Vorschrift ist nicht unanwendbar. – Die Vorschrift ist anwendbar.

Der Gebrauch des Passivs ist häufig nicht erforderlich und erschwert die leicht gängige Lesbarkeit.

Beispiel: Das Fahrzeug wurde von dem Täter aufgebrochen und anschließend das Lenkradschloss von ihm geknackt. – Der Täter brach das Fahrzeug auf und knackte anschließend das Lenkradschloss.

Wesentliche Aussagen eines Satzes sollten an den Satzanfang gestellt werden. Von Satzeinschüben (Parenthesen) sollte nur wenig Gebrauch gemacht werden. Parenthesen dienen nicht der Klarheit. Unklar kann vor allem die Trennung von Gedanken allein durch einen Gedankenstrich sein.

Beispiel: Auch politische Parteien haben einen Anspruch auf Benutzung der öffentlichen Einrichtungen – jedoch nur im Rahmen des geltenden Rechts.

Die flüssige Lesbarkeit kann auch durch übermäßige Satzzeichen (Doppelpunkt, Semikolon, Fragezeichen, Ausrufezeichen), Schriftwechsel (Sperrungen, Fett- und Kursivdruck) oder Unterstreichungen beeinträchtigt sein („Unruhe stiftende Elemente").

Treffend und überzeugend sind Sätze in einem juristischen Gutachten, wenn sie genau formulieren, was gerade geprüft wird. Es muss erkennbar werden, welchem Zweck die Ausführungen dienen. In Prüfungsarbeiten ist manchmal die Anmerkung zu lesen: „Was prüfen Sie?" Dies zeigt die Hilflosigkeit des Lesers, der sich in den Formulierungen nicht mehr zurechtfindet. Um dies zu vermeiden, sollte man sich bei der Abfassung der Formulierungen daran orientieren, dass jeder Satz einen gedanklichen Aufhänger braucht, an dem er festzumachen ist. Daran lassen sich dann weitere Gedanken und entsprechende Formulierungen anknüpfen. Durch die Arbeit muss sich sprachlich ein roter Faden ziehen, der die Beherrschung der juristischen Denktechnik erkennen lässt.

c) **Knappheit**

Das Gebot der Knappheit erfordert eine gedrängte Darstellung. Überflüssig ist insbesondere, den Sachverhalt abzuschreiben oder den Inhalt des Gesetzes wiederzugeben. Beides ist dem Leser (Prüfer) bekannt. Ein Verstoß hiergegen liegt besonders am Anfang eines Gedankengangs nahe.

Beispiel: Nach § 818 Abs. 1 BGB erstreckt sich die Verpflichtung zur Herausgabe auf die gezogenen Nutzungen sowie auf dasjenige, was der Empfänger aufgrund eines erlangten Rechts oder als Ersatz für die Zerstörung, Beschädigung oder Entziehung des erlangten Gegenstands erwirbt. Nach dem Sachverhalt hat A erfahren, dass auf sein Los ein Gewinn entfallen ist, das Los dem Veranstalter der Lotterie vorgelegt und daraufhin einen Gewinn i.H.v. 3.000 € ausgezahlt bekommen. A ist somit zur Herausgabe der 3.000 € verpflichtet.

Satz 1 gibt lediglich das Gesetz wieder, Satz 2 wiederholt lediglich den Sachverhalt. Beide Sätze sind überflüssig. Die erforderliche Subsumtion des Sachverhalts unter das Gesetz ist hingegen unterblieben. Einen solchen Fehler kann man vermeiden, wenn man sofort anfängt zu subsumieren. Dabei muss allerdings deutlich gemacht werden, unter welche Rechtsvorschrift oder unter welchen Begriff subsumiert wird, und welche Tatsachen des Sachverhalts dabei herangezogen werden. Erforderlich und ausreichend ist daher eine Bezugnahme auf Gesetz und Sachverhalt.

Beispiel: Der von B erhaltene Gewinn i.H.v. 3.000 € könnte aufgrund eines erlangten Rechts erworben worden sein ...

Ein überflüssiges Abschreiben des Gesetzes liegt auch vor, wenn vorweg die einzelnen Tatbestandsmerkmale des Gesetzes aufgeführt werden. Entbehrlich sind auch Hinweise wie „laut Sachverhalt", „laut gesetzlicher Regelung". Vor allem ist davor zu warnen, die gesetzlichen Voraussetzungen in einleitenden Wenn-Sätzen aufzuführen. Solche Sätze sind überflüssig und misslingen meist auch inhaltlich.

Beispiel: Nach § 437 BGB kann ein Käufer vom Kaufvertrag zurücktreten und den Kaufpreis zurückverlangen, wenn ein Kaufvertrag geschlossen worden ist, die Kaufsache mangelhaft ist und wenn die Rechte des Käufers nicht ausgeschlossen sind.

Wenn der Gedankengang kompliziert oder ungewöhnlich ist und der Leser die Übersicht verlieren könnte, darf man einleitend eine Art Wegweiser zum Gang der Untersuchung geben. Zu vermeiden sind Leerformeln und Sätze, bei denen bloß der Ausdruck gewechselt wird.

Beispiel: Die nach § 273 BGB erforderliche Voraussetzung „aus demselben rechtlichen Verhältnis" liegt vor, wenn Konnexität gegeben ist.

2. Sachlichkeit

Die Sprache eines Juristen ist sachlich. Durch einen sachlichen Ausdruck in der Sprache soll deutlich werden, dass der Gedankengang allein von sachlichen Erwägungen bestimmt worden ist. Gegen das Gebot der Sachlichkeit verstoßen Übertreibungen sowie polemische und abqualifizierende Bemerkungen.

Beispiele: Zweifellos, offensichtlich, keinesfalls, der arme Verbraucher, die übermächtigen Konzerne

Auch Ironie, Spott und Witz tragen wenig zur Sachlichkeit bei. Vermieden werden sollten auch Wörter der Umgangssprache, ausgesprochene Modewörter und phrasenhafte Wendungen.

Beispiele:

Hierfür fehlt ein echtes Bedürfnis, es steht die Frage im Raum, ich würde sagen, es ist cool, megageil

Die Sachlichkeit leidet ferner, wenn die eigene Meinung überbetont wird oder wenn anstelle eines Arguments Autoritäten angeführt werden, die sich zu einer bestimmten Auffassung bekennen.

Der Fall ist abstrakt. Er sollte nicht mit aktuellen politischen Ereignissen in Zusammenhang gebracht werden. Unzulässig ist es auch, für im Text verwandte Amtsbezeichnungen Namen zu nennen.

Beispiel (Verfassungsrecht): Kompetenz des Bundeskanzlers – „Unser Bundeskanzler, Herr Kohl, Herr Schröder ... sollte die Kompetenz haben ..."

Bestimmte drucktechnische Gestaltungen, wie sie in Lehrbüchern zu Lehrzwecken gewählt werden (z.B. vorangestellte Striche oder Punkte, Einrückungen), sind in einer Übungs- oder Prüfungsarbeit nicht erforderlich. Der Text soll aus sich heraus verständlich sein und wirken.

3. Stil

Stil ist die Kunst des richtigen Schreibens. Auch eine juristische Begutachtung erlangt durch den richtigen Stil ihre besondere Note. Die Einhaltung der aufgezeigten Gebote der Verständlichkeit und Knappheit ermöglichen eine zutreffende Bearbeitung des Falltextes. Jedoch könnte die Begutachtung schon wegen der juristischen Sprache und einer immer wiederkehrenden Subsumtionsarbeit eintönig und matt erscheinen. Daher ist zu versuchen, etwas Farbe und Lebendigkeit in die Bearbeitung zu bringen. Dies gelingt, indem man stereotype Formulierungen vermeidet.

Beispiel: Nicht bei jedem Tatbestandsmerkmal: „Zu prüfen ist ... ", „Fraglich ist ..." – Sondern: „Ob zwischen A und B ein Vertrag zustande gekommen ist, hängt davon ab, ob B das Angebot des A angenommen hat."

Andererseits sollte man nicht krampfhaft nach anderen Umschreibungen suchen. Das wirkt dann eher etwas hilfslos. Grds. ist die juristische Denkweise und Sprache trocken, sodass man auch keine Angst davor haben sollte, mehrfach typische juristische Formulierungen zu verwenden. Dies gilt auch für Fachausdrücke. Zwar ist es nötig, die Begriffe des Gesetzes sowie die juristischen Fachausdrücke zu gebrauchen, selbst wenn diese abstrakt sind. Bei ihnen ist es nicht möglich, dem allgemeinen stilistischen Gebot zu folgen und die gewählten Ausdrücke möglichst zu wechseln. Jedoch sollte jede Gelegenheit genutzt werden, einen konkreten und anschaulichen Ausdruck zu wählen, wenn dies ohne Abweichen vom sachlich Notwendigen möglich ist.

Beispiel: Bei § 812 BGB kann anstatt von „Leistung“ auch konkret auf das „übereignete Fahrzeug“ Bezug genommen werden.

Stets ist der engere Rechtsbegriff dem weiteren und deshalb farbloseren vorzuziehen.

Beispiel: Kaufvertrag statt Rechtsgeschäft, Inhaltsirrtum statt Willensmangel.

Ein besonderes stilistisches Problem besteht darin, dass beim Gutachtenstil durch die Einleitungsformulierung des Gedankengangs klargestellt werden muss, dass lediglich eine Hypothese aufgestellt wird. Hierfür ist der Gebrauch des Konjunktivs gut geeignet und auch üblich. Sein ständiger Gebrauch ist aber stilistisch unschön („Konjunktivitis“). Häufig lässt er sich durch Formulierungen wie z.B. „es kommt in Betracht, dass ... “ vermeiden. Zumindest kann man gelegentlich „könnte“ durch „kann“ ersetzen. Ein unnötiger gedankenloser Gebrauch des Konjunktivs ist zu vermeiden. Beim Gebrauch des Konjunktivs in der Vergangenheit ist zu beachten, dass er in eine verneinende Richtung weist („Irrealis“).

Beispiel: Von folgender Formulierung ist abzuraten: „Er wäre zur Verweigerung der Leistung berechtigt, wenn der Anspruch des G verjährt wäre. Das ist hier der Fall.“

Ein weiterer Aspekt guten Stils ergibt sich aus der Beachtung der Regeln der Rechtschreibung, Grammatik und Zeichensetzung. Es ist nicht zu leugnen, dass die Regeln der deutschen Sprache teilweise recht schwierig zu handhaben sind, was erst recht die Übergangszeit der Rechtschreibreform mit sich bringt. Jedoch sollte jeder Bearbeiter darum bemüht sein, die Grundregeln einigermaßen sicher zu beherrschen und richtig anzuwenden. Dieser Hinweis ist insbesondere vor dem Hintergrund zu verstehen, dass einige Prüfer bei mehrfacher Verletzung der Regeln der Interpunktion oder der Rechtschreibung bei der Bewertung einen Punktabzug von einer halben bis zu einer ganzen Note vornehmen.

Vertiefung: Schröder, Die Bewertung juristischer Prüfungsleistungen, JuS 1980, 310

Gerade in Fragen des Stils bei der Anfertigung juristischer Arbeiten wird der Fallbearbeiter durch häufiges Schreiben von Übungsarbeiten die bisherigen Schreibkenntnisse verbessern und seinen eigenen Stil finden können.

E. Besondere Hinweise

I. Schwerpunktbildung

1. Problemsituation

Eine gute juristische Arbeit zeichnet sich durch eine richtige Schwerpunktbildung aus. Es gilt, das Wesentliche vom Unwesentlichen zu scheiden. Grds. gilt das Vollständigkeitsgebot und das Notwendigkeitsprinzip, d.h. dass das Gutachten die aufgeworfenen Rechtsfragen ausschöpfen soll, dabei aber nur die zur Beantwortung notwendigen Ausführungen machen darf. Nicht alle notwendigen Aussagen sind jedoch von gleichem Gewicht. Die Darstellung des Gedankengangs darf deshalb nicht Punkt für Punkt mit der gleichen Intensität abgespult werden. Vielmehr müssen problemlose Aspekte gedrängt, schwierige Fragen dagegen ausführlich dargestellt werden.

Für die Schwierigkeiten bei der richtigen Schwerpunktbildung gibt es mehrere Ursachen. Anfänger neigen dazu, gerade einfache Probleme („Wissensoasen“), vor allem wenn sie sich nach einem Schema behandeln lassen, ausführlicher darzustellen, während sie schwierigere Fragen gern „herunterspielen“. Richtig ist aber meist das Gegenteil. Viele Bearbeiter, die an eine Falllösung zunächst unter Verwendung eines Schemas herangehen, sind nicht in der Lage, dieses Schema im Laufe der Überlegungen den Besonderheiten und Schwerpunkten des zu lösenden Falles anzupassen. Deshalb sei betont, dass ein Schema in erster Linie in den Bereich der Vorüberlegungen gehört, während die endgültige Fassung umso besser ist, je mehr sie auf den zu lösenden Fall abstellt und je weniger das Schema in ihr deutlich wird. Manche Fallbearbeiter haben sich im Stadium der Vorüberlegungen viele gute Gedanken gemacht, können sich von ihnen aber nicht wieder genügend lösen. Vorüberlegungen sollen gerade die richtige Schwerpunktbildung fördern statt die Arbeit mit Nebensächlichkeiten zu beladen.

Typisch für eine verfehlte Einstellung ist das immer wieder gebrachte Argument, man müsse doch zeigen, dass man an diese oder jene Frage gedacht hat. Es ist jedoch nicht Sinn der endgültigen Ausarbeitung, dem Leser zu zeigen, an was man alles gedacht hat, auch nicht „nur in einem Satz“. Der „eine Satz“ ist stets fehlerhaft: Denn er ist bei tragenden und bei problematischen Überlegungen zu wenig, ansonsten ist er überflüssig („Lesefrüchte“). Hat der Bearbeiter sorgfältige Vorüberlegungen angestellt, so merkt der Leser am Gedankengang der gesamten Arbeit, dass der Bearbeiter an sehr viel mehr gedacht hat als er geschrieben hat, und ist dafür dankbar, dass sich die endgültige Fassung auf das Wesentliche konzentriert.

Um den Anforderungen an eine richtige Schwerpunktbildung zu genügen, sollte der Bearbeiter vor der endgültigen Fassung der Arbeit eine zusätzliche Kontrolle mit dem Ziel der Überprüfung, ob eine richtige Schwerpunktbildung vorliegt, vornehmen („Problembilanz“). Es ist allgemeine Auffassung, dass von deren Gelingen die Qualität der juristischen Arbeit ganz wesentlich abhängt.

2. Schwerpunkte

Zunächst ist es wichtig, die richtigen Schwerpunkte gefunden zu haben. Dabei kommt es darauf an, das Wesentliche vom Unwesentlichen zu trennen. Zu den Schwerpunkten gehören die grundlegenden Gedanken des Lösungsweges („tragender Gedankengang“). Das beinhaltet beispielsweise:

a) **Zivilrecht**

- Bei einem Anspruch: Die Anspruchsgrundlage und ihre Voraussetzungen, bei einem vertraglichen Anspruch insbesondere das Zustandekommen des Vertrags;

- bei einem Anspruch unmittelbar aus Eigentum (§§ 985, 1004 BGB): Die Eigentümerstellung, ggf. der Erwerbstatbestand für das Eigentum, und der Besitz des Anspruchsgegners bzw. die Störung des Eigentums, wegen des engen Zusammenhangs auch das Nichtvorliegen der Gegennormen, § 986 BGB („kein § 985 ohne § 986“), § 1004 Abs. 2 BGB.

b) **Öffentliches Recht**

- Bei Grundrechten: Den Schutzbereich und die im Grundgesetz vorgesehenen oder zugelassenen Schranken, soweit ihr Eingreifen in Betracht kommt;
- bei der Prüfung der Verfassungsmäßigkeit eines Gesetzes: Gesetzgebungszuständigkeit und richtiges Gesetzgebungsverfahren; Beachtung der vom Gesetz berührten materiell-rechtlichen Vorschriften des Grundgesetzes (z.B. Grundrechte);
- bei einer verwaltungsgerichtlichen Klage: Die Zulässigkeit des Verwaltungsrechtsweges wie Klageart und ihre besonderen Zulässigkeitsvoraussetzungen (z.B. Widerspruch, Feststellungsinteresse).

c) **Strafrecht**

- Beim Straftatbestand: Tatbestand, Vorsatz oder Fahrlässigkeit; Rechtswidrigkeit und Schuld grds. nur, sofern Ausschlussgründe in Betracht kommen.

d) **Allgemein**

- Stets gehören zum tragenden Gedankengang die erforderlichen methodischen Überlegungen, z.B. die Auslegung eines Gesetzes bzw. Gesetzesbegriffs.

Im Übrigen spielt die Gestaltung des Falles eine entscheidende Rolle für die richtige Schwerpunktbildung. Umfasst der Fall zahlreiche schwierige Probleme, so ist man eher gezwungen, kleinere Probleme als unproblematisch und kurz zu behandeln, als wenn der Fall wenig Problematik enthält. Hier sind prüfungstaktische Erwägungen durchaus legitim. Unzutreffend ist allerdings die Erwägung, gebietsfremde Vorfragen (z.B. zivilrechtliche Eigentumsfragen im Rahmen einer Diebstahlsprüfung) müssten sehr knapp behandelt werden. Vielmehr kann es vorteilhaft sein, wenn derjenige, der beispielsweise eine strafrechtliche Klausur schreibt, bei der Behandlung zivilrechtlicher Vorfragen die Gelegenheit wahrnimmt, auch seine Kenntnisse im Zivilrecht darzulegen.

Wenn es also gilt, die Probleme der Arbeit zu erkennen, so soll damit nicht gesagt werden, dass jede Hausarbeit oder Klausur die Entscheidung einer bedeutenden Streitfrage zum Gegenstand hat. Viele Kandidaten erwarten dies aber zu Unrecht. Wenn sie derartige „große Streitfragen“ vermissen, fragen sie sich allein deshalb, wo eigentlich die Probleme seien („Keine Probleme suchen“, Aufgabensteller sind keine „Fallensteller“). Ebenso wie die allermeisten juristischen Fälle in der Praxis zwar keine großen Streitfragen zum Gegenstand haben, gleichwohl aber sehr problematisch sein können, gibt es auch Examensarbeiten ohne Hauptprobleme, bei denen aber viele kleinere Probleme zu behandeln sind, oder deren Schwierigkeit bei Gedankengang und Gliederung, Auslegung und Verständnis des Sachverhalts liegen, und wo es auf die Überzeugungskraft der Darstellung ankommt. Da ein Schwerpunkt stets nur fallbezogen gebildet werden kann, ist eine „Ausgewogenheit" der einzelnen Prüfungspunkte keinesfalls erforderlich.

Beispiel: Die Prüfung einer einzelnen Anspruchsgrundlage kann sich über mehrere Seiten hinziehen, während die folgenden Anspruchsgrundlagen auf einer Seite behandelt werden können; die Zulässigkeit einer Klage kann auf einer halben Seite geprüft werden, während sich die gesamte weitere Arbeit mit der Begründetheit befasst.

3. Darstellung

Die endgültige Fassung enthält nur den tragenden, grundlegenden Gedankengang, d.h. diejenigen Rechtsnormen und rechtlichen Gesichtspunkte, aus denen sich die gesuchte Rechtsfolge ergibt. Bei einem negativen Prüfungsverlauf sind die am ehesten in Betracht kommenden Rechtsnormen darzustellen. Die nicht eingreifenden rechtlichen Gesichtspunkte (z.B. nicht eingreifende Anspruchsgrundlagen oder Gegennormen) sind nur darzustellen, sofern sie ernsthaft in Betracht kommen. Formuliert wird die endgültige Fassung; soweit Prüfungspunkte unproblematisch sind, so knapp wie möglich (Urteilsstil), und soweit problematisch, gründlich und ausführlich.

Eine ausführliche Darstellung ist geboten bei besonders umstrittenen oder schwierigen Fragen, bei Abweichungen von der h.M. und bei Vorschriften mit einschneidenden Rechtsfolgen (z.B. im Strafrecht bei Verbrechen). Knapper behandelt werden unstreitige oder einfache Fragen, Vorschriften, die in Übereinstimmung mit der ganz h.M. abgelehnt oder bejaht werden können, Vorschriften, deren Voraussetzungen verneint werden oder aus Konkurrenzgründen zurücktreten, Vorschriften, die eine bereits bejahte Rechtsfolge lediglich bestätigen, und Vorschriften mit unbedeutenden Rechtsfolgen (z.B. im Strafrecht bei Bagatelldelikten).

Soweit eine Vorschrift zum tragenden Gedankengang gehört oder sonst geprüft wird, muss stets eine Subsumtion erfolgen. Sie kann allerdings kurz formuliert werden.

Beispiel: § 812 BGB – Eine Leistung liegt darin, dass A an B 3.000 € überwiesen hat.

Stets unzulässig und ein häufiger Fehler ist es, lediglich das Vorliegen eines Gesetzesbegriffs oder gar einer gesetzlichen Norm zu behaupten.

Beispiel: § 437 BGB – Voraussetzung ist, dass die Kaufsache mangelhaft ist. Ein Mangel liegt vor, wenn ... Der von V an K verkaufte Fernsehapparat war mangelhaft in diesem Sinne. – Es ist stattdessen zu schreiben: Der Fernsehapparat war mangelhaft, weil das Bild so verschwommen war, dass man praktisch nichts erkennen konnte.

Das Gebot der richtigen Schwerpunktbildung darf also nicht dahin missverstanden werden, dass gerade die Subsumtion wegfällt.

In zweifelhaften Grenzfällen hilft folgende Faustformel: Ausführlich zu behandeln ist das, worüber man selbst viel nachdenken muss. Das sind insbesondere die Punkte, bei denen man nach einigem Nachdenken feststellt, dass es verschiedene Lösungsmöglichkeiten gibt und infolgedessen der Gedankengang zumindest möglicherweise in verschiedene Richtungen läuft. Ausreichend ist bereits, dass es verschiedene Begründungsmöglichkeiten gibt. Dass es zu einer bestimmten Frage mehr oder weniger umfassende Rspr. und Lit. gibt, bedeutet zwar, dass die Frage für sich genommen problematisch ist, enthebt aber nicht der Prüfung, ob die Problematik gerade im zu entscheidenden Fall relevant wird. Man muss auch bei der Entscheidung, welche Probleme die Schwerpunkte der Arbeit sind, „hart am Fall“ bleiben.

II. Schreibkontrolle

1. Problemsituation

Bei der Formulierung des Gutachtens ist der Gedankengang grds. so wiederzugeben, wie er bei der Begutachtung des Sachverhalts entstanden ist und in der Lösungsskizze seinen Niederschlag gefunden hat. Probleme können sich ergeben, wenn man während des Niederschreibens feststellt, dass der gefundene Lösungsweg unzureichend oder gar unrichtig ist. Diese Erkenntnis darf in keinem Fall zur Verzweiflung führen und einen Aufgabewillen hervorrufen. Vielmehr sollte der Bearbeiter seine Chance zur Korrektur nutzen.

2. Kontrolle

Das Durchdenken des Falls ist mit der Erstellung der Lösungsskizze noch nicht abgeschlossen. Vielmehr stellt die Lösungsskizze nur eine vorläufige, wenn auch nahezu endgültige gedankliche Bearbeitung des Falls dar.

Auch während der Niederschrift sollte der Bearbeiter den Fall und die Begutachtung ständig im Auge behalten. Normalerweise vollzieht sich die Erstellung der Lösung auch nicht nach einer strikten Trennung der Stationen der Fallbearbeitung. Es erfolgt ein fortlaufendes Ineinandergreifen von Denkarbeit und Schreibarbeit. Jedenfalls sollte der Bearbeiter beim Niederschreiben seine Lösung ständig überprüfen und Kontrollüberlegungen anstellen. Hierbei sollte sein Blick fortlaufend zwischen Sachverhalt und Lösung hin und her wandern („Lehre vom Pendelblick“). Es ist immer wieder zu fragen, ob alle Umstände des Sachverhalts bearbeitet worden sind. Außerdem ist zu fragen, ob die Lösung insgesamt plausibel ist. Nur durch eine solche andauernde Überprüfung lässt sich eine gut durchdachte anschauliche Lösung präsentieren.

Insbesondere ist auch nach Anfertigung der Niederschrift eine abschließende Kontrolle zu empfehlen. Eine Bearbeitung vollzieht sich idealtypischerweise so, dass am Ende noch Zeit für eine abschließende Überprüfung und ggf. Korrektur bleibt. Hierbei sollte es sich nicht bloß um ein Wunschdenken handeln, sondern um ein erstrebenswertes Ziel, auch wenn die Praxis zeigt, dass nur in den seltensten Fällen genügend Zeit für eine hinreichende Schlusskorrektur verbleibt. Dies gilt insbesondere für Klausuren. Zu erkennen ist dies an dem Phänomen der nachlassenden Leserlichkeit des Schriftbildes und der Kürze der Formulierungen. Mancher Bearbeiter versucht gar, bei nahendem Ende noch die Lösung zu „vervollständigen", indem er nur noch die Gliederungspunkte, versehen mit einem Pluszeichen oder Minuszeichen aufführt. Allerdings bleibt zweifelhaft, inwieweit eine solche Lösung noch zur „Rettung" einer Bearbeitung beitragen kann. Unangebracht ist es insbesondere, die Lösungsskizze mit einzureichen in der Hoffnung, der Korrektor werde erkennen, dass man den Fall eigentlich hätte lösen können. Maßgeblich ist, welche Leistung der Bearbeiter in der vorgegebenen Zeit tatsächlich erbracht hat. Augenscheinlich handelt es sich um ein Problem der richtigen Zeiteinteilung (hierzu mehr im 6. Abschnitt „Tipps und Tricks" B. II.).

Die Überprüfung der Niederschrift erfolgt sinnvollerweise in zwei Richtungen. Während der Anfertigung ist im Wesentlichen auf die Vollständigkeit der Lösung zu achten. Im Rahmen der Abschlusskorrektur sollte der Bearbeiter seine Lösung nochmals im Hinblick auf die sprachliche Darstellung, insbesondere Rechtschreibung und Zeichensetzung durchsehen.

3. Korrektur

Zeigen sich während der Niederschrift oder bei der Abschlusskorrektur Unvollständigkeiten oder Unrichtigkeiten, sollte eine Korrektur vorgenommen werden. Dies dürfte bei kleineren Fehlern unproblematisch sein. Probleme können sich ergeben, wenn größere Passagen zu ergänzen sind oder sich der Aufbau der Arbeit grundlegend ändert. Bei Hausarbeiten, die mittels eines Computers mit einem guten Schreibprogramm geschrieben werden, dürfte dies keine Probleme bereiten. Bei Klausuren sind Umstellungen und Ergänzungen durch eindeutige Verweise kenntlich zu machen. Vorteilhaft ist es, wenn die Seiten nur einseitig beschrieben sind und eine Nummerierung aufweisen. Ergänzungen können auf die Rückseite geschrieben bzw. auf zusätzlichen Seiten eingefügt werden. Die Stelle, an der die Einfügung erfolgen soll, ist durch ein Einfügungszeichen (V) zu kennzeichnen. Bei mehreren Einfügungen empfiehlt sich die Markierung an der Einfügungsstelle und an der Textstelle durch gleich lautende Sternchen ($*_1$, $*_2$, $*_3$). Befinden sich die Einfügungsstelle und der neue Text auf verschiedenen Seiten, muss zur Ermöglichung eines schnellen Auffindens die Seitenzahl mit angegeben werden. Ebenfalls kann die Markierung mit farbigen Stiften hilfreich sein.

Keine Angst vor großen Korrekturen! Die Korrektoren/Prüfer kennen so etwas. Selbst wenn bei der Korrektur kein Stein mehr auf dem anderen bleibt, sollte eine Korrektur versucht werden. Es handelt sich um die letzte Chance, die Arbeit (das Examen) noch zu retten, die in jedem Fall genutzt werden sollte.

III. Umfang

1. Problemsituation

Problematisch kann es sein zu entscheiden, welchen Umfang das Gutachten aufweisen soll. Der Fallbearbeiter mag sich fragen: „Wie viel soll ich schreiben?“ Ein kluger Mann könnte antworten: „Nicht zu viel und nicht zu wenig!“ Doch was ist zu viel und was ist zu wenig? Sicherlich lassen sich keine allgemein gültigen Kriterien für die richtige Größenordnung aufstellen. Jedoch soll im Folgenden versucht werden, dem Fallbearbeiter einige Orientierungspunkte zur ungefähren Vorstellung über den richtigen Umfang zu geben.

2. Kriterien

Bei der Lösung einer Klausur oder Hausarbeit wird die Leistung des Fallbearbeiters bewertet. Physikalisch gesehen ist Leistung Arbeit pro Zeit. Das gilt im übertragenen Sinne auch für juristische Klausuren und Hausarbeiten. Entscheidend ist, welche juristische Leistung innerhalb der vorgegebenen Zeit erbracht wird. Die sichtbare Leistung ist der abzugebende Lösungstext. Allein dieser ist die Grundlage für die Bewertung. Insoweit ist nicht das, was man alles gedacht hat, sondern das, was man geschrieben hat, maßgeblich.

Dieser Umstand mag manche Fallbearbeiter dazu verleiten, möglichst viel zu schreiben, um zu zeigen, was man alles weiß. Jedoch wird der Wert einer Lösung nicht nach ihrem Umfang gemessen. Entscheidend ist vielmehr, ob es gelungen ist, die entscheidenden Probleme des Falls zu erkennen und überzeugend zu lösen. Daraus ergibt sich zunächst die Erkenntnis: „Viel heißt nicht unbedingt richtig!“ Zuweilen hört oder liest man sogar die Bemerkung: „Weniger wäre mehr gewesen.“ Zutreffend ist wohl, dass derjenige, der viel schreibt, sich in einer größeren Gefahr befindet, viel Falsches zu schreiben, was zu einer schlechten Bewertung führen kann. Andererseits besteht die Gefahr, Entscheidendes wegzulassen, was dann zu der Bemerkung führt: „Verfasser hat das Problem ... nicht gesehen.“ Zwischen den beiden Extremen „zu viel“ oder „zu wenig“ gilt es, den „goldenen Mittelweg“ zu finden.

Grundlage für die Bestimmung des richtigen Umfangs ist zunächst eine Vorgabe des Aufgabenstellers. Ist eine Seitenzahlbegrenzung vorgegeben, ist diese – nach oben – strikt einzuhalten. Eine natürliche Begrenzung ergibt sich aus der Vorgabe der Bearbeitungszeit. Im Übrigen resultiert der Umfang der Niederschrift aus der Einhaltung der Prinzipien der juristischen Formulierungstechnik. Wie bereits dargelegt sind die maßgeblichen Parameter für die Ausformulierung der Lösung das Prinzip der Vollständigkeit und das Prinzip der Notwendigkeit.

Auszugehen ist vom Prinzip der Notwendigkeit. Was zur Darstellung der Lösung notwendig ist, muss auch formuliert werden. Darüber hinaus besteht eine gewisse gestalterische Freiheit des Fallbearbeiters. Das, was er für zweckmäßig und sinnvoll hält, sollte er in seine Lösung aufnehmen. Hierbei handelt es sich natürlich um Wertungsgesichtspunkte, die unterschiedlich beurteilt werden können. Es ist dem Geschick des Fallbearbeiters überlassen, „sein Werk" überzeugend zu präsentieren. Ein Gefühl dafür, welche Art und welcher Umfang der Darstellung gut ankommt, wird sich erst im Laufe der Zeit aus der Erfahrung entwickeln. Insoweit sollte jeder Fallbearbeiter mit Fleiß und Geduld Erfahrungswissen aus einer Vielzahl von Lösungen ansammeln („Training am Fall").

Für verbleibende Zweifelsfälle kann folgende Entscheidungshilfe dienlich sein: Eine Bemerkung, dass etwas bei den Ausführungen fehlt, dürfte schwerwiegender sein als eine überflüssige Ausführung, die mit der Bemerkung „überflüssig" versehen wird. Daher darf es im Zweifel lieber etwas mehr sein.

3. Richtwerte

Genaue Richtwerte für den Umfang einer Niederschrift lassen sich, wie dargelegt, kaum geben. Maßgeblich ist natürlich bei Klausuren auch die Größe der eigenen Handschrift. Zur Orientierung können folgende ungefähre Richtwerte dienen:

Bei einer Übungs- oder Prüfungsklausur mit einer Bearbeitungszeit von fünf Stunden dürfte die Seitenzahl (ca. 1/3 Rand) bei ca. 10–18 Spalten liegen. Zivilrechtliche und öffentlich-rechtliche Klausuren haben i.d.R. eher einen etwas geringeren Umfang als strafrechtliche Klausuren.

Für Übungshausarbeiten ist i.d.R. eine Seitenzahlbegrenzung von 25 Seiten vorgegeben. Dies dürfte auch im Übrigen der maßgebliche Richtwert sein. Mehr als 30 Seiten sollte die Ausarbeitung i.d.R. nicht umfassen.

Bei der Examenshausarbeit mit einer Bearbeitungszeit von 4 Wochen ist der Umfang der Niederschrift in gewissem Maße abhängig von dem Rechtsgebiet. Zivilrechtliche und öffentlich-rechtliche Hausarbeiten haben i.d.R. einen Seitenumfang von ca. 60–70 Seiten. Eine strafrechtliche Hausarbeit umfasst i.d.R. ca. 100–120 Seiten, in Ausnahmefällen können es auch bis zu 140 Seiten sein.

F. Zusammenfassung

Die dritte Station der Fallbearbeitung betrifft das Gutachten und die juristische Schreibtechnik. Innerhalb dieses Arbeitsbereichs sind zwei Arbeitsschritte vorzunehmen: Das Anfertigen einer Lösungsskizze und die Formulierung des Gutachtens.

Ziel der Niederschrift des Gutachtens ist es, den Lösungsweg nachvollziehbar und überzeugend darzustellen. Es kommt entscheidend darauf an, zu zeigen, dass es gelungen ist, den Fall in den Griff zu bekommen.

Vor der eigentlichen Schreibarbeit empfiehlt es sich, eine Lösungsskizze anzufertigen. Die Lösungsskizze enthält den groben Gedankengang der Lösung in Stichworten, worin die einzelnen Tatbestandsmerkmale der zu prüfenden Rechtsnormen mit kurzen Bemerkungen zum voraussichtlichen Ergebnis der Prüfung aufgeführt werden. Nach Anfertigung der Lösungsskizze ist es ratsam, eine Kontrollüberlegung anzustellen, ob das gefundene Ergebnis insgesamt plausibel erscheint.

In der Ausformulierung des Gutachtens ist der Gedankengang der Begutachtung darzustellen, d.h. der in der Begutachtung gefundene Lösungsweg ist zu Papier zu bringen. Grundsätzlich wird für die Formulierung der Gutachtenstil verwendet. An unproblematischen Prüfungspunkten darf auf den Urteilsstil zurückgegriffen werden.

Die Darstellung des Gedankengangs erfolgt mithilfe juristischer Formulierungstechniken. Erforderlich ist eine schlüssige Darstellung, d.h. die Gedanken müssen folgerichtig und nachvollziehbar formuliert werden. Für die Auswahl der Gedanken gilt zunächst das Prinzip der Vollständigkeit, d.h. es sind die einzelnen Denkschritte der Lösung darzustellen. Andererseits gilt das Prinzip der Notwendigkeit, d.h. es dürfen nur die Überlegungen ausformuliert werden, welche die Lösung des Falles weiterbringen. Bei einem bejahenden (positiven) Prüfungsergebnis sind Ausführungen zu allen Voraussetzungen der Rechtsnorm erforderlich. Bei einem verneinenden (negativen) Prüfungsergebnis ist es ausreichend, darzulegen, wegen Fehlens welcher Voraussetzungen die Rechtsfolge der Rechtsnorm nicht eintritt. Die Tatbestandsmerkmale einer Rechtsnorm sind grds. in der Reihenfolge zu erörtern, die sich aus dem Gesetz ergibt. Aufgrund des Ökonomieprinzips kann es geboten sein, die Prüfungsreihenfolge umzustellen, etwa wenn ein für den Eintritt der Rechtsfolge erforderliches Merkmal eindeutig fehlt.

Die Darstellung einer Begründung erfordert, den Gedankengang in logisch aufbauenden, in sich geschlossenen Begründungsketten ohne Gedankensprünge zu formulieren. Eine hilfsweise Begründung kann dazu dienen, das gefundene Ergebnis abzusichern. Bei einer alternativen Begründung wird bei einem schwierigen Merkmal dasselbe Ergebnis auch auf eine andere Begründung gestützt.

Die Darstellung einer Argumentation dient dazu, den Leser von der Richtigkeit des gewählten Lösungsweges zu überzeugen. Argumente sind das Mittel der Überzeugungsbildung. Ziel der Argumentation ist es, die Aussagen zu einem widerspruchsfreien Ganzen zusammenzufügen. Für die Akzeptanz und Überzeugungskraft ist ein sachliches Argumentieren erforderlich. Argumente ergeben sich aus der Auslegung der Gesetze. Für den Rechtsanwender bleibt bei der Auslegung ein Entscheidungsspielraum. Es gibt dann nicht die einzig richtige, sondern nur eine vertretbare Entscheidung. Weshalb eine Entscheidung vertretbar ist, ist durch Argumentation darzulegen.

Analogie und teleologische Reduktion erfordern einen besonderen Argumentationsaufwand. Darzulegen ist eine Vergleichsbetrachtung im Hinblick auf die Interessenlage und den Sinn und Zweck einer Norm. Eine allgemeine Anerkennung in Rspr. und Lit. führt zu einer Verringerung des Argumentationsaufwandes.

Mittel der Argumentation sind Sachargumente, der Interessenausgleich des Gesetzes sowie das Regel-Ausnahme-Prinzip. Zu den Sachargumenten gehören: Argumentum a maiore ad minus, argumentum a minus ad maiore, argumentum a simili, argumentum e contrario, Umgehungsargument, argumentum ad absurdum und das Argument der Sachgerechtigkeit. Beim Interessenausgleich des Gesetzes ist bei der Argumentation auf den dem Gesetz innewohnenden Ausgleich der unterschiedlichen Interessen abzustellen. Das Regel-Ausnahme-Prinzip betrachtet den Normalfall und den ausnahmsweise bestehenden Sonderfall. Es handelt sich um eine typische Form des juristischen Denkens und Formulierens.

Die Darstellung eines Meinungsstreits erfordert zunächst die Darlegung jeder einzelnen Meinung einschließlich ihrer Begründungen. Anschließend ist zu jeder Ansicht im Wege der Subsumtion das Ergebnis bezogen auf den konkreten Fall zu ermitteln. Eine Stellungnahme ist nur erforderlich, wenn verschiedene Meinungen nach der Subsumtion im konkreten Fall zu unterschiedlichen Ergebnissen führen.

Die Niederschrift des Gutachtens endet mit der Darstellung des Ergebnisses. Soweit eine konkrete Fallfrage gestellt wurde, ist die konkrete Antwort zu formulieren.

Die sprachliche Darstellung der Niederschrift verlangt Verständlichkeit und Knappheit. Der Verständlichkeit dient eine zutreffende Wortwahl und die zutreffende Formulierung von Sätzen. Ideal sind Sätze mit Subjekt, Prädikat und Objekt. Das Gebot der Knappheit verlangt eine gedrängte Darstellung. Die sprachlichen Formulierungen sind sachlich, ohne Ironie und Polemik. Die Niederschrift sollte in einem guten Stil, ohne Rechtschreib- und Zeichensetzungsfehler und in einer anschaulichen Sprache ohne stereotype Formulierungen präsentiert werden.

Bei der Niederschrift der Lösung ist auf eine richtige Schwerpunktbildung zu achten. Schwerpunkte sind die tragenden Gedankengänge, d.h. die grundlegenden Gedanken des Lösungsweges. Eine ausführliche Darstellung ist bei schwierigen oder umstrittenen Fragen erforderlich. Bei der Entscheidung, welche Probleme die Schwerpunkte der Arbeit sind, gilt: „Hart am Fall bleiben“

Während der Niederschrift ist eine Schreibkontrolle vorzunehmen. Der Fallbearbeiter sollte den Sachverhalt im Auge behalten und seine Lösung ständig überprüfen. Verbleibende Zeit nach der Niederschrift ist zur Abschlusskontrolle und Abschlusskorrektur zu nutzen. Zu überprüfen sind insbesondere die

Vollständigkeit und das Vorliegen von Rechtschreibfehlern. Bei erkannten Unrichtigkeiten sollte die Chance zur Korrektur genutzt werden, auch wenn dies umfangreichere Textumgestaltungen bedingt.

Für den Umfang der Arbeit gibt es keine allgemein gültigen Größenordnungen. Gefahren für eine nachteilige Bewertung bestehen sowohl, wenn man zu viel, als auch, wenn man zu wenig schreibt. Eine Seitenzahlbegrenzung des Aufgabenstellers ist strikt einzuhalten. Anhaltspunkte für die Bestimmung des Umfangs ergeben sich zunächst aus dem Prinzip der Notwendigkeit. Ein Gefühl für den richtigen Umfang stellt sich bei einer geduldigen ständigen Übung der Fallbearbeitung ein. Im Zweifel sollte lieber etwas mehr geschrieben werden.

G. Zum Beispielsfall

Die Erkenntnisse der Vorgehensweise der juristischen Schreibtechnik im Rahmen des Gutachtens sollen auf den „Pinscher-Fall“ (S. 4) angewandt werden. Die erforderlichen Arbeitsschritte des Gutachtens sind das Anfertigen einer Lösungsskizze und das Formulieren des Gutachtens.

Erster Schritt: Anfertigen einer Lösungsskizze

Ansprüche A gegen F

I. **§§ 662, 670 BGB** (Auftrag)
  1. Anspruch entstanden
    a) Einigung
      aa) Angebot der F
        Angebot = WE = Verhalten, das schließen lässt auf: Handlungswillen (+)
        Rechtsbindungswillen (+)
      bb) kein Rechtsbindungswille, weil Erklärung in akuter Notsituation
    b) Folge: keine Einigung
  2. Ergebnis: kein Anspruch

II. **§§ 677 ff., 683 i.V.m. § 670 BGB** (Geschäftsführung ohne Auftrag)
  1. Voraussetzungen
    a) fremdes Geschäft (+)
    b) Fremdgeschäftsführungswille (+)
    c) ohne Auftrag (+)
    d) Berechtigung einer GoA, § 683 S. 1
      - Interesse (+)
      - Wille (+)
  2. Rechtsfolge, § 670 BGB – Aufwendungsersatz (Auftragsrecht)
    a) Aufwendung
      aa) Wortlaut (–)
      bb) erweiterte Auslegung: auch risikotypische Schäden (wenn schon freiwillige Opfer, dann erst recht unfreiwillige)
    b) Ersatz
      - Heilungskosten
      - Beschädigung: Anzug
  3. Ergebnis: Anspruch auf Heilungskosten und Wertersatz

III. **§ 823 Abs. 1 BGB** (unerlaubte Handlungen)
  1. Tatbestand
    a) Rechtsverletzung: Körper und Eigentum des A (+)
    b) durch zurechenbares Verhalten

aa) Verhalten: Spazieren gehen. Hilferuf
bb) Zurechenbarkeit (Herausforderungsformel)
2. Rechtswidrigkeit
3. Verschulden (–) kein pflichtwidriges Verhalten
4. Ergebnis: kein Anspruch

IV. **§ 833 S. 1 BGB** (Tierhaltungshaftung)
1. Tatbestand
a) Halter
b) Rechtsgutverletzung
c) durch Luxustier (Pinscher) – typische Tiergefahr: dass ein Hund einen anderen anlockt
2. Rechtsfolge
a) Schaden
- Körperschaden
- Sachschaden
b) Ersatz
- Heilungskosten
- Wertersatz
3. Ergebnis: Anspruch (+)

V. **§ 833 S. 1 i.V.m. § 253 Abs. 2 BGB** (Schmerzensgeld)
- Schmerzensgeld (+)

Zweiter Schritt: Formulieren des Gutachtens

Der in der Lösungsskizze wiedergegebene Gedankengang zur Lösung des Falls ist schriftlich auszuformulieren. Dem Leser wird empfohlen, zu Übungszwecken eine Formulierung der Lösung des „Pinscher-Falls“ auf der Grundlage der erworbenen Kenntnisse zur juristischen Schreibtechnik selbst zu versuchen.

5. Abschnitt: Formalien

A. Vorüberlegung

Ziel einer Fallbearbeitung ist es, eine gute Lösung zu präsentieren. Voraussetzung hierfür ist neben der Bearbeitung der zu lösenden Fallfrage die Einhaltung bestimmter Formalien. Dies ist aus zweierlei Gründen wichtig. Zunächst ergibt sich die Notwendigkeit aus dem Anspruch des wissenschaftlichen Arbeitens. Hierfür gilt es, die Einsicht zu gewinnen, dass es sich nicht um eine („unnötige") bloße Förmelei handelt, sondern notwendiger Bestandteil einer genauen und effektiven wissenschaftlichen Arbeit ist. Darüber hinaus ist zu berücksichtigen, dass neben dem Inhalt auch der äußere Eindruck einer Arbeit entscheidend ist. Zwar lässt sich nicht feststellen, ob eine ordentliche und saubere Arbeit generell besser benotet wird. Jedoch besteht das psychologische Phänomen, von der Form auf den Inhalt zu schließen. Wenn eine Ausarbeitung in äußerlich ansprechender Form vorliegt, erscheint es nahe liegend, dass auch der Inhalt entsprechend ist. Insbesondere bei der Entscheidung zwischen zwei Noten kann ein guter äußerer Eindruck das Zünglein an der Waage sein. Insoweit empfiehlt es sich, die einzuhaltenden Formalien mit besonderer Sorgfalt zu beachten. Es kommt darauf an, auch in der Art und der Form der Darstellung einen guten Eindruck zu vermitteln. Sofern es die Hausarbeit im Staatsexamen betrifft, sollte man sich vor Augen halten, dass es sich um das Meisterstück handelt, das anzufertigen und abzuliefern ist.

Ziel dieses Abschnitts ist es, dem Fallbearbeiter aufzuzeigen, welche Formalien bei der Anfertigung einer Klausur oder Hausarbeit einzuhalten sind, damit die Arbeit auch in formeller Hinsicht den Anforderungen genügt. Außerdem gibt er Hinweise, auf welche Details ein besonderes Augenmerk zu legen ist und wie die eigene Arbeitsweise optimiert werden kann. Wichtig ist insbesondere für alle Formalien eine einheitliche Handhabung (Grundsatz der Einheitlichkeit der Formalien).

Die Darstellung erfolgt entsprechend der Aufgabenstellung, je nachdem ob eine Klausur oder Hausarbeit anzufertigen ist. Innerhalb der jeweiligen Aufgabenstellung Klausur oder Hausarbeit werden eventuelle unterschiedliche Anforderungen zwischen Übungs- und Prüfungsarbeiten besonders herausgestellt.

B. Formalien Klausur

I. Abgabeexemplar

1. Inhalt

a) **Allgemeines**

Das Abgabeexemplar enthält die vollständige Bearbeitung der zu lösenden Aufgabe. Für die Klausur sind die Anforderungen geringfügig unterschiedlich, je nachdem ob es sich um eine bloße Übungsarbeit oder die Prüfungsarbeit handelt. Bei Prüfungsarbeiten sind insbesondere die Hinweise des Justizprüfungsamtes zu berücksichtigen. Insoweit wird wegen der weiteren Einzelheiten, insbesondere abweichende landesrechtliche Besonderheiten, auf die Hinweise bzw. Merkblätter der jeweiligen Prüfungsämter verwiesen.

b) **Bestandteile**
Das Abgabeexemplar einer Klausur enthält:

- Deckblatt
- Aufgabentext
- Gutachtentext
- Abschlusstext

Das Deckblatt und der Aufgabentext werden dem sog. Formalienteil (Formalienblock, Apparat) zugerechnet. Der Gutachtentext und der Abschlusstext gehören zum Lösungsteil (Gutachten).

c) **Zusammenfügung**
Bei einer Übungsklausur werden die einzelnen Teile entweder mit einer Heftklammer versehen oder besser geheftet (getackert). Alternativ kann die Zusammenfügung mittels Lochung und Heftstreifen oder Einheftung in einen Schnellhefter erfolgen. Bei der Prüfungsklausur wird das Deckblatt in der Regel vom Justizprüfungsamt ausgegeben. Es handelt sich um einen doppelten DIN A4-Bogen, in den das Gutachten eingelegt wird.

2. Material

a) **Allgemeines**
Grundsätzlich gilt: Beim Material sollte nicht gespart werden! Aus Umweltschutzgründen ist es sicherlich sinnvoll ‚Recyclingmaterial' zu verwenden. Jedoch dürfte nicht empfehlenswert sein, die Rückseite von bereits bedrucktem Altpapier zu verwenden. Dies könnte zu einer Beeinträchtigung des Leseeindrucks führen. Zu berücksichtigen ist, dass es sich bei der äußeren Gestaltung der Arbeit um die Visitenkarte handelt, bei der ein guter Eindruck insgesamt von Vorteil sein kann.

b) **Papier**
Als Größe für die einzelnen Blätter ist das DIN A4-Format zu verwenden. In Übungsklausuren kann auf Ringbuchpapier in weiß, kariert oder liniert geschrieben werden. In den Examensklausuren wird das zu verwendende Papier in der Regel vom Justizprüfungsamt gestellt. Es handelt sich um liniertes Papier mit Rand. Wer sich bereits während der Übungsklausuren daran gewöhnen möchte, kann sich entsprechendes Papier besorgen oder selbst erstellen.

c) **Schreibmittel**
Gebräuchliche Schreibmittel sind Kugelschreiber mit schwarzer oder blauer Farbe oder entsprechende Füllfederhalter. Das Schreiben mit Bleistift ist nicht zu empfehlen. Zwar bestünde der Vorteil der einfacheren Korrigierbarkeit,

doch leidet der professionelle Eindruck der Arbeit. Unschön ist es, wenn während der Klausur mit verschiedenen Stiften und/oder verschiedenen Farben weitergeschrieben wird. Insoweit gilt: Vorher für ausreichendes einheitliches Schreibmaterial sorgen!

3.Gestaltung

a) **Seite**
Jedes Blatt sollte grundsätzlich nur auf einer Seite beschrieben werden. Dadurch wird das Ersetzen einzelner Seiten erleichtert. Außerdem kann notfalls auf der Rückseite eine Ergänzung oder ein Einschub vorgenommen werden.

Im Lösungsteil ist auf jeder einzelnen Seite links ein Rand für Korrekturbemerkungen freizulassen. Der Rand sollte etwa eine Breite von mindestens 1/3 bis 1/2 (halbspaltig) der Seite aufweisen. Zu berücksichtigen ist, dass auch etwa 2 cm zum Abheften benötigt werden. Bei einer Blattbreite von 21 cm ist damit etwa 9 cm bis 10 cm von der linken Blattseite aus mit dem Schreiben des Textes zu beginnen.

b) **Nummerierung**
Die einzelnen Seiten des Gutachtenteils sind mit fortlaufenden arabischen Seitenzahlen zu versehen. Werden nachträglich Seiten eingefügt, dürfen die Ergänzungen mit Buchstaben in Kleinschrift (a, b, c etc.) fortgeführt werden. Die Seitenzahl ist am besten am oberen Rand in der Mitte der Seite zu platzieren.

c) **Schriftbild**
Oberster Grundsatz ist: Die Schrift muss deutlich und gut leserlich sein! Das dient der Aufnahmemöglichkeit und Aufnahmeleichtigkeit für den Leser. Insbesondere wird dadurch die Lesefreudigkeit eines Prüfers gefördert. Unleserliche Passagen erwecken Missmut und gelten als nicht geschrieben. Ebenso steigern vollgeschriebene Seiten ohne Absätze den Leseunmut. Daher sollte in einer Klausurbearbeitung besonderes Augenmerk auf eine gute Handschrift gelegt werden. Der Text muss nicht in Schönschrift abgefasst werden, aber das Schriftbild sollte ohne größere Anstrengungen nachvollzogen werden können. Wer normalerweise eine „Sauklaue“ hat, sollte sich durch langsames Schreiben von Anfang an um Leserlichkeit bemühen. Dringend abzuraten ist davon, den Text zunächst zu formulieren und später nochmals abzuschreiben. Hierzu fehlt die Zeit.

II. Formalienteil

1. Deckblatt

Bei Übungsklausuren sind auf dem Deckblatt oben links anzugeben: Vor- und Zuname, Anschrift, Semesterzahl und die Matrikelnummer. In der Blattmitte sind anzuführen: Bezeichnung der Arbeit („1. Klausur“), Übungsveranstaltung („Übungen im Bürgerlichen Recht für Anfänger Sommersemester 2002“) und der Name des Übungsleiters („bei Prof. Dr. NN“). Es empfiehlt sich, das Deckblatt bereits vorher anzufertigen, damit wertvolle Zeit für die eigentliche Bearbeitung gespart wird.

Bei den Prüfungsklausuren entfällt wegen der Anonymität die Angabe der Personalien auf dem Deckblatt. Es ist nur die Prüfungskennziffer anzugeben.

2. Sachverhalt

In Klausuren braucht der Sachverhalt nicht nochmals abgeschrieben zu werden. Vielmehr ist der ausgegebene Aufgabentext dem Lösungstext beizufügen.

III. Lösungsteil

1. Gutachtentext

a) **Allgemeines**
Der Gutachtentext ist der wichtigste Teil der Arbeit. In ihm ist der Lösungsweg darzustellen. Die Darstellung erfordert nicht nur, den Weg zur richtigen Lösung zu finden, sondern auch, den Gedankengang für den Leser/Prüfer nachvollziehbar und überzeugend zu präsentieren.

In dem Gutachtentext wird der Gedankengang zur Lösung wiedergegeben. Der Gedankengang verläuft nun aber nicht kontinuierlich („wie Perlen an einer Schnur“), sondern es gibt mehr oder weniger zusammengehörige Gedankenblöcke. Diese gilt es nach außen deutlich zu machen. Unübersichtlich sind Arbeiten, die oben in der ersten Zeile beginnen und fortlaufend ohne jegliche Struktur bis zum Ende durchgeschrieben werden.

b) **Aufbau/textliche Gestaltung**
Der innere Gedankengang des Lösungsweges soll auch nach außen deutlich werden. Zunächst ist eine grobe Struktur durch die zu prüfenden Rechtsnormen (Anspruchsgrundlagen, Straftatbestände, Ermächtigungsgrundlagen) vorgegeben. Die Rechtsnormen sollen mit einem Gliederungspunkt und einer entsprechenden Überschrift versehen werden (z.B. I. § 433 Abs. 2 BGB, Zahlung Kaufpreis). Dabei ist darauf zu achten, dass die weiteren Rechtsnormen Gliederungspunkte derselben Gliederungsebene erhalten (I. § 433 Abs. 2 BGB, II. § 823 Abs. 1 BGB). Auch innerhalb der Prüfung der einzelnen Rechtsnormen ist es empfehlenswert, die Tatbestandsmerkmale mit Gliederungspunkten und Überschriften zu versehen (z.B. 1. Einigung, 2. Wirksamkeit). Durch diese Art der Darstellung gelingt auch in der Klausur ein übersichtlicher Aufbau. Es erleichtert dem Leser, die einzelnen Schritte des Lösungsweges nachzuvollziehen. Andererseits sollte in einer Klausur nicht eine Gliederung mit einer allzu tiefen Gliederungsebene vorgenommen werden, da hierdurch bei der geringen Seitenanzahl die Lesbarkeit beeinträchtigt wird.

Nach jedem zu einem Gliederungspunkt gehörenden Text ist vor dem nächsten Gliederungspunkt ein Absatz (eine Zeile frei) zu lassen. Hierdurch heben sich die Inhalte der Texte besser voneinander ab.

Auch innerhalb eines Gliederungspunktes bietet es sich an, einen zusammengehörenden Gedankengang von einem anderen Gedankengang durch einen Absatz zu trennen. Mit der Verwendung von Absätzen braucht man nicht sparsam umzugehen. Unsinnig wäre es dagegen, nach jedem Satz einen Absatz zu lassen („keine Absatzwut“).

Allgemein gilt der Grundsatz der Einheitlichkeit. Die einmal gewählte Struktur für die Darstellung sollte während der ganzen Arbeit konsequent durchgehalten werden („Konsequenz der Formalien“).

c) **Textliche Formalien**

Bei den textlichen Formalien ist insbesondere die sprachliche und grammatikalische Darstellung zu beachten. Rechtschreibung und Zeichensetzung müssen stimmen! Beide Bereiche sind wichtig und sollen nicht vernachlässigt werden. Zwar schleicht sich immer mal ein Rechtschreib- oder Kommatafehler ein. Dies gilt insbesondere nach der Rechtschreibreform, wo nur noch wenige wissen, wie wirklich richtig zu schreiben ist. Eine Arbeit jedoch, die eine Vielzahl von Rechtschreibfehlern oder Zeichensetzungsfehlern aufweist, ist äußerst problematisch. Zunächst kann der Eindruck von Nachlässigkeit entstehen. Selbst wenn die juristische Lösung einwandfrei ist, vermittelt die Arbeit insgesamt ein schlechtes Bild. Dies kann nicht nur den Unmut des Lesers/Prüfers hervorrufen, teilweise wird es sogar für gerechtfertigt erachtet, einen Punktabzug vorzunehmen.

D.h.: Auf Rechtschreibfehler und Zeichensetzung achten! Schon beim Schreiben sollte man sich bemühen, die gängigen Regeln zu beachten und umzusetzen. Das führt nicht zu einer Beeinträchtigung der juristischen Denkkraft. Wer sich eine ordentliche Bearbeitung auch im Hinblick auf Rechtschreibung und Zeichensetzung von Anfang an antrainiert, wird beim Schreiben diese Denkarbeit automatisch und unterbewusst erledigen.

Besondere textliche Hervorhebungen beispielsweise durch Großbuchstaben, andere Schriftfarbe oder Unterstreichungen sind nicht erforderlich. Der Text soll aus sich selbst heraus wirken. Insoweit ist auch die äußere Gestaltung rein sachlich und ohne Schnörkel.

Im Übrigen gilt auch für die textlichen Formalien der Grundsatz der Einheitlichkeit. Die Form der textlichen Darstellung sollte von Anfang bis Ende einheitlich sein, damit die Arbeit „wie aus einem Guss“ erscheint.

2. Fußnoten

Fußnoten sind in einer Klausur nicht anzulegen. Zitate gehören nicht in eine Klausur, auch wenn man eine Fundstelle („zufällig“) im Kopf hat.

3. Abschlusstext

Den Abschluss der Arbeit bildet das Ergebnis, d.h. die Beantwortung der Fallfragen.

Bei Übungsklausuren ist der Gutachtentext am Ende zu unterschreiben.

Bei Prüfungsklausuren entfällt aus Gründen der Anonymität die Unterschrift. Stattdessen endet der Text mit der Schlussformel („Ende der Bearbeitung“).

C. Formalien Hausarbeit

I. Abgabeexemplar

1. Inhalt

a) **Allgemeines**

Das Abgabeexemplar einer Hausarbeit enthält die vollständige Bearbeitung der zu lösenden Aufgabe. Hinzu kommen weitere Erfordernisse im Rahmen eines Formalienteils.

Für Übungshausarbeiten werden teilweise von juristischen Lehrstühlen Hinweisblätter herausgegeben, deren Vorgaben eingehalten werden sollten.

Für die Prüfungshausarbeit haben einige Justizprüfungsämter Merkblätter erstellt, auf denen die Anforderungen im Einzelnen beschrieben werden. Der Inhalt sollte eingehend studiert werden. Die dort gemachten Vorgaben sind strikt zu beachten.

b) **Bestandteile**

Das Abgabeexemplar einer Hausarbeit hat folgenden Inhalt:

- Deckblatt
- Sachverhalt
- Gliederung
- Literaturverzeichnis
- Abkürzungsverzeichnis
- Lösungstext
- Abschlusstext

Deckblatt, Sachverhalt, Gliederung, Literaturverzeichnis und Abkürzungsverzeichnis werden dem Formalienteil zugerechnet, der Lösungstext und der Abschlusstext dem Lösungsteil.

c) **Zusammenfügung**

Die einzelnen Bestandteile sind zusammenzufügen, am besten durch Einbinden mittels Leimbindung oder Spiralbindung. Möglich ist ferner das Heften mit Klammern. Hierbei sollte aber berücksichtigt werden, dass für umfangreichere Arbeiten Spezialgeräte (z.B. Firma Skreba) erforderlich sind. Einfache Hefter schaffen nur etwa maximal 70 Seiten.

Bei der Examenshausarbeit ist das fertige Abgabeexemplar in einen entsprechend großen Briefumschlag einzulegen. Hinzu kommen eventuell erforderliche Erklärungen für das Prüfungsamt. Der Umschlag ist mit der Anschrift des Prüfungsamtes und der Angabe des Absenders beim Postamt zur Versendung abzugeben (s. 6. Abschnitt „Tipps und Tricks“ C. Anfertigen der Examenshausarbeit).

2. Material

a) **Allgemeines**

Was für die Klausur gilt, gilt für die Hausarbeit erst recht: Beim Material sollte nicht gespart werden. Bei einer Hausarbeit, insbesondere der Examenshausarbeit, sollte nicht auf Recyclingmaterial zurückgegriffen werden. Es handelt sich um das „Meisterstück“, bei dem es auch in formeller Hinsicht darum geht, einen optimalen Eindruck zu vermitteln.

b) **Papier**

Die Arbeit ist auf Blätter im DIN A4-Format zu schreiben. Dass beim Material nicht gespart werden sollte, betrifft insbesondere den Papiertyp. Als Mindeststandard sollte weißes 80 g-Papier verwendet werden. Für ein besonders ansprechendes Erscheinungsbild empfiehlt sich sogar blütenweißes 90 g- oder 100 g-Papier.

c) **Schreibmittel**

Eine Übungshausarbeit sollte in Maschinenschrift angefertigt werden, sofern dies nicht bereits durch den Aufgabensteller vorgeschrieben wird. Bei der Examenshausarbeit dürfte in jedem Fall die Arbeit in Maschinenschrift einzureichen sein. Die Erstellung hat dann entweder mittels Schreibmaschine oder besser mit einem Computer mit Schreibprogramm zu erfolgen. Dabei ist insbesondere darauf zu achten, dass der Computer in seiner Handhabung auch tatsächlich beherrscht wird. Andernfalls kann man böse Überraschungen erleben (s. unten 6. Abschnitt „Tipps und Tricks“ C. Anfertigen der Examenshausarbeit).

3. Gestaltung

a) **Seite**

Jedes einzelne Blatt ist nur auf einer Seite zu beschreiben. Für das Freilassen eines Seitenrandes im Lösungsteil gilt dasselbe wie für Klausuren. Mit dem Schreiben ist etwa 9-10 cm von der linken Blattseite aus zu beginnen. Demgegenüber braucht im Formalienteil nur ein üblicher Seitenrand von ca. 2 cm links und 1 cm rechts freigelassen zu werden. Für den oberen und unteren Rand gelten etwa dieselben Abstände.

b) **Nummerierung**

Die einzelnen Seiten sind mit fortlaufenden Seitenzahlen zu versehen. Der Text im Lösungsteil erhält arabische Ziffern (1., 2., 3. ....). Innerhalb des Formalienteils (Gliederung, Literaturverzeichnis, Abkürzungsverzeichnis) sollen römische Zahlen (I., II., III. ...) verwendet werden. Werden nachträglich Seiten eingefügt, dürfen die Ergänzungen mit Buchstaben in Kleinschrift (a), b), c) .... etc.) fortgeführt werden.

Enthält die Vorgabe des Aufgabenstellers eine Seitenzahlbegrenzung, so muss diese eingehalten werden. Weist die Ausarbeitung einen größeren Umfang auf, spricht dies für eine unrichtige Schwerpunktbildung. In diesem Fall ist eine Kürzung vorzunehmen. Überschreitungen führen in der Regel zu einem Punktabzug oder der Verweigerung der weiteren Korrektur. Zu warnen ist vor einer Mogelei durch Verringerung des Zeilenabstandes, Verkleinerung der Schriftgröße oder des Zeichenabstandes. Diese Tricks sind den Prüfern durchaus bekannt.

c) **Schriftbild**
Beim Schriftbild ist auf einen richtigen Schrifttyp zu achten. Der Schrifttyp sollte entsprechend dem wissenschaftlichen Anspruch sachlich und nüchtern sein. Daher keine Schnörkelschrift oder Künstlerschrift verwenden. Empfehlenswert sind beispielsweise die Schrifttypen Courier oder Roman.

Die einzelnen Buchstaben dürfen nicht zu fein gedruckt sein. Üblich ist eine Schriftgröße von 12 Punkten bei einem Zeichenabstand von 10 Zeichen/Zoll. Für Anmerkungen in Fußnoten ist ein kleinerer Schrifttyp zulässig. Die Höhe des Zeilenabstandes muss für den Text im Lösungsteil mindestens 1 1/2-fach betragen, für den Text im Formalienteil genügt ein 1-zeiliger Abstand.

II. Formalienteil

1. Deckblatt

Bei Übungshausarbeiten entspricht das Deckblatt in seinem Aufbau dem einer Klausur (s. Anlage 4: Muster Deckblatt).

Bei der Prüfungshausarbeit ist ein Deckblatt im eigentlichen Sinne nicht zu erstellen. Vielmehr genügt die Angabe der Prüfziffer. Es ist insbesondere darauf zu achten, dass das Deckblatt keine persönlichen Daten, sondern nur die vom Justizprüfungsamt vergebene Kennnummer enthält.

2. Sachverhalt

Bei Übungshausarbeiten braucht der Sachverhalt grundsätzlich nicht nochmals abgeschrieben zu werden. Dies ist jedoch zur Wiedergabe eines einheitlichen Schriftbildes empfehlenswert. Hinzu kommt, dass ein Abtippen des Sachverhalts dazu zwingt, sich eingehend mit den Sachverhaltsdetails vertraut zu machen („wer schreibt der sieht“). Wird der erhaltene Aufgabentext abgegeben, soll gleich zu Anfang eine Kopie angefertigt werden, da der verwendete Text im Laufe der Bearbeitung oftmals Bearbeitungsspuren aufweist.

Bei der Examenshausarbeit sollte der Sachverhalt in jedem Fall nochmals abgeschrieben werden. Das einheitliche Schriftbild lässt die Arbeit auch als einheitliches Ganzes erscheinen.

3. Gliederung

a) **Allgemeines**

Dem Gutachten ist eine Gliederung voranzustellen. Die Gliederung zeigt den Inhalt der Bearbeitung auf. Jedem einer Problembewältigung dienenden Gedankengang liegt eine bestimmte Ordnung der Gedanken zugrunde. Diese Ordnung kann man als innere Gliederung bezeichnen. Die Gliederung ist das Gerüst, dem die Gedanken zugeordnet sind. Bei der Abfassung des Gutachtens wird die innere Gliederung durch eine äußere Gliederung kenntlich gemacht. Dies geschieht, indem logisch zusammenhängende Gedankenabschnitte herausgestellt werden. Mittel der Herausstellung sind Absätze und Überschriften sowie Ziffern und Buchstaben. Handelt es sich um untergeordnete Abschnitte, kann eine Gliederung durch einen Absatz im Text oder durch Worte wie: „erstens, zunächst, ferner, einerseits, andererseits“ kenntlich gemacht werden. Handelt es sich um wichtige schwerpunktmäßige oder übergeordnete Gliederungspunkte, werden sie mit Überschriften versehen.

Bei der im Formalienteil zu erstellenden Gliederung handelt es sich um ein Voranstellen der dem Gutachten zugrunde liegenden Gliederung. Die Gliederungspunkte, die im Gutachten mit einer Überschrift versehen sind, werden vorab wie eine Inhaltsübersicht aufgeführt. Insoweit verschafft die Gliederung einen Überblick über die schwerpunktmäßig bearbeiteten Bereiche. Allein aus der Gliederung lässt sich in groben Zügen der Gedankengang des Lösungsweges erkennen. Oftmals wird schon aus der Gliederung klar, inwieweit die Bewältigung der Aufgabenstellung gelungen ist. Insbesondere können Gliederungsfehler erkennbar werden, die auf Denkfehler hindeuten. Die sorgfältige Erstellung der Gliederung ist daher eine maßgebliche Aufgabe. Sie erfüllt zudem eine wichtige Kontrollfunktion, da der Bearbeiter veranlasst wird, sich den gesamten Gedankengang der Lösung nochmals insgesamt vor Augen zu führen.

b) **Inhalt/Gestaltung**

Die Gliederung im Formalienteil enthält die mit Überschriften versehenen Gliederungspunkte, die im Gutachten verwendet worden sind. Die einzelnen Gliederungspunkte werden mit Seitenzahlen versehen, sodass ein schnelles Auffinden im Text möglich ist. Alle Überschriften, die im Gutachten auftauchen, müssen auch in der Gliederung stehen. Umgekehrt dürfen in der Gliederung keine Überschriften stehen, die nicht im Gutachtentext auftauchen.

Die Benennung der einzelnen Gliederungspunkte erfolgt nach dem sog. Mischsystem, d.h. einer Bezeichnung mit Buchstaben sowie römischen und arabischen Ziffern. Durch deren Kombination werden mehrere Gliederungsebenen gebildet. Üblich ist folgende Reihenfolge:

A.
  I.
    1.
      a)
        aa)
          (1)
            (a)
              (aa)

Durch die dargestellte Kombination werden 8 Gliederungsebenen erreicht. Sofern weitere Ebenen benötigt werden, kann eine tiefere Ebene durch griechische Buchstaben (α, β, γ, ...) oder eckige-Klammerzusätze ([]) gekennzeichnet werden. Möglich ist auch eine Ausweitung der Gliederungsebene nach oben durch ein Voranstellen von: 1. Teil, 1. Abschnitt.

Aber Vorsicht: Es sollten nicht zuviele Gliederungsebenen gebildet werden. Wer bei „[α_{13}]" angelangt ist, hat meist bei der Ordnung der Gedanken etwas falsch gemacht. In diesem Fall sollte man die Lösung nochmals grundsätzlich durchdenken. Darüber hinaus führt eine zu starke Untergliederung zu einer Beeinträchtigung der Übersichtlichkeit und Lesbarkeit. Dies gilt es zu vermeiden.

Wichtig ist die richtige Zuordnung der Gliederungspunkte. Es handelt sich um ein in sich geschlossenes logisches System. Daher sind einige Prinzipien der Logik zu beachten. Zu unterscheiden sind insbesondere gleichstufige und verschiedenstufige Gliederungspunkte. Logisch gleichrangige Gedanken müssen auch gleichstufigen Gliederungspunkten zugeordnet sein.

Beispiel: Prüfung § 823 Abs. 1 BGB – Logisch gleichrangig sind Tatbestand, Rechtswidrigkeit, Verschulden – Daher 1. Tatbestand, 2. Rechtswidrigkeit, 3. Verschulden.

Ein Gliederungsfehler liegt vor, wenn logisch gleichrangige Gedanken unterschiedlichen Gliederungsebenen zugeordnet sind oder logisch ungleichrangige Gedanken einer Gliederungsebene zugeordnet werden. Die Gedankenschritte, die nicht miteinander in Begründungszusammenhang stehen, sondern zur Begründung eines übergeordneten Gedankens dienen, sind logisch gleichstufig und erhalten auch gleichstufige Gliederungspunkte. Dazu gehören die verschiedenen Anspruchsgrundlagen untereinander, ferner die einzelnen Tatbestandsmerkmale einer Rechtsnorm.

Beispiel: Prüfung § 823 Abs. 1 BGB – 1. Tatbestand, 2. Rechtsgutverletzung, 3. zurechenbare Handlung, 4. Rechtswidrigkeit, 5. Notwehr, 6. Verschulden – Falsch ist es, die Rechtsgutverletzung auf eine Ebene mit dem Tatbestand zu stellen. Vielmehr handelt es sich um ein Merkmal des Tatbestandes. Gleiches gilt für die Zuordnung der Notwehr auf der gleichen Gliederungsebene wie die Rechtswidrigkeit.

Verschiedenstufige Gedanken sind verschiedenstufigen Gliederungspunkten zuzuordnen. Verschiedenstufige Gedanken sind gegeben, wenn einzelne Gedankenschritte untereinander in einem Begründungszusammenhang stehen, d.h. ein Gedanke durch einen anderen begründet wird.

Beispiel: Prüfung § 823 Abs. 1 BGB – I. § 823 BGB, II. Voraussetzungen – Die Norm einerseits und die Voraussetzungen der Norm andererseits sind verschiedene Gedankenschritte, weil die Norm durch ihre Voraussetzungen begründet wird. Deshalb müssen die Voraussetzungen nicht in den Gliederungspunkt II., sondern den Gliederungspunkten 1., 2. usw. enthalten sein.

c) **Erstellung**

Hinter jedem herausgestellten Gliederungspunkt muss durch die Überschrift deutlich gemacht werden, welcher Gedanke hier behandelt wird. Die Überschriften sollen kurz und prägnant sein. Wichtig ist, dass sie den Inhalt des Gedankenabschnitts treffend beschreiben. Die Bezeichnung sollte mittels einheitlicher Worttypen erfolgen. Am besten erfolgt die Bezeichnung durch Substantive. Ganze Sätze und Fragen als Überschriften sollten vermieden werden. Unzulässig ist es, für mehrere Gliederungspunkte gleichzeitig dieselbe Überschrift zu verwenden.

Beispiel: I. 1. a) Tatbestand

Das Prinzip, dass jede Überschrift einen Gliederungspunkt haben muss, ist problematisch, wenn zu einem übergeordneten nur ein untergeordneter Gliederungspunkt vorhanden ist.

Beispiel: Prüfung § 823 Abs. 1 BGB – Die unerlaubte Handlung ist durch Notwehr gerechtfertigt – I. § 823 Abs. 1 BGB, 1. Tatbestand, a) Rechtsverletzung, b) zurechenbares Verhalten, 2. Rechtswidrigkeit, a) Notwehr, § 227 BGB.

Innerhalb einer Gliederungsebene nur einen Gliederungspunkt aufzuführen, verstieße gegen die Weisheit „Wer A sagt, muss auch B sagen". Die Einordnung in ein Gliederungssystem verlangt, dass einem Gliederungspunkt noch ein gleichrangiger Gliederungspunkt folgen muss. Die Lösung des Problems kann nun nicht darin gefunden werden, ohne besonderen Anlass eine Prüfung eines weiteren Gliederungspunktes anzuschließen. Vielmehr kann man sich dadurch helfen, indem ein weiterer Gliederungspunkt mit der Überschrift „Ergebnis" bezeichnet wird. Ansonsten brauchen Ergebnisse nicht unbedingt einen eigenen Gliederungspunkt zu erhalten.

Es obliegt dem Geschick des Bearbeiters, durch eine sinnvolle Auswahl und Bezeichnung der Gliederungspunkte und Überschriften die Lösung als widerspruchsfreies einheitliches Ganzes darzustellen. Schon in den Übungshausarbeiten sollte der Bearbeiter sich darum bemühen, für sich ein praktikables Gliederungssystem zu finden. Hierbei kann es hilfsreich sein, gleiche Gliederungsebenen auch immer gleich zu bezeichnen.

Beispiel: I., II., III. für Anspruchsgrundlagen, I., II., III. für Straftatbestände

4. Literaturverzeichnis

a) **Allgemeines**

Bei Übungs- und Prüfungshausarbeiten ist ein Literaturverzeichnis zu erstellen. Sinn und Zweck des Literaturverzeichnisses ist es, dem Leser/Prüfer einen Überblick über die zur Lösung des Falles verwandte Literatur zu geben. Darüber hinaus dient das Literaturverzeichnis zum Auffinden der in den Fußnoten wiedergegebenen Zitate.

Daraus ergeben sich die folgenden Regeln für den richtigen Inhalt: In das Literaturverzeichnis gehört nicht jegliche zum Erarbeiten der Lösung herangezogene Literatur. Vielmehr ist nur die Literatur aufzunehmen, die auch in Fußnoten zitiert worden ist. Andererseits müssen im Literaturverzeichnis alle Literaturquellen zu finden sein, für die in Fußnoten eine Zitatfundstelle existiert.

Zu warnen ist vor einer „Aufblähung“ des Literaturverzeichnisses. Es kommt nicht darauf an, durch eine Anhäufung von Literatur zu zeigen, wie fleißig man war und wie viele Quellen man in der Arbeit verwendet hat. Von daher sollten auch nicht standardmäßig alle bekannten einschlägigen Werke aufgeführt und der Fußnotenapparat mit entsprechenden Zitaten „angereichert“ werden. Zu empfehlen ist ein „ehrlicher Umgang“, d.h. man sollte die Literatur in dem tatsächlich bearbeiteten Umfang auflisten, wobei natürlich „ehrlicherweise“ bestimmte Standardwerke nicht fehlen dürfen (z.B. im Zivilrecht Palandt, im Strafrecht Schönke/Schröder).

b) **Gestaltung**

aa) **Aufbau**
Bei der Gestaltung des Literaturverzeichnisses stellt sich zunächst die Frage nach dem grundsätzlichen Aufbau. Es bestehen zwei Aufbaumöglichkeiten: Entweder eine gruppenweise Anordnung der Literatur unter Verwendung der Literaturkategorien Kommentare, Lehrbücher, Monographien und Aufsätze, oder eine rein alphabetische Reihenfolge sämtlicher Werke. Empfohlen wird, die Literatur ausschließlich in alphabetischer Reihenfolge aufzuführen. Hierdurch wird das Auffinden erleichtert, da der Leser sich bei der Literatursuche im Literaturverzeichnis nicht zunächst Gedanken über die richtige Zuordnung machen muss. Für die Einordnung in das Alphabet ist der Nachname des Verfassers oder Herausgebers maßgeblich. Bei größeren Kommentaren wird auch eine Einordnung unter der Sammelbezeichnung für zulässig angesehen (z.B. Münchener Kommentar).

bb) **Inhalt**
Der notwendige Inhalt einer Literaturangabe orientiert sich an dem Zweck: Es geht darum, das angegebene Werk möglichst schnell auffinden zu können. Dafür ist es erforderlich, die Fundstelle so präzise zu bezeichnen, dass ein zuverlässiges und eindeutiges Auffinden in einer Bibliothek gewährleistet ist.

Angegeben werden müssen (Mindestangaben):

- Name des Autors
- Titel des Werks
- Auflage, Erscheinungsjahr

Die Namensangabe des Autors erfolgt ohne akademische Grade oder sonstige Amts- oder Berufsbezeichnung. Entscheidend ist nicht die (berufliche) Stellung des Autors, sondern das Gewicht seiner Argumente.

Der Titel des Werks muss im Literaturverzeichnis einmal vollständig angegeben werden. Bei einem Zitat in den Fußnoten kann eine abgekürzte Form verwendet oder der Titel ganz weggelassen werden. Bei einer derartigen Handhabung bedarf es im Literaturverzeichnis der Angabe der Zitierweise, wie das Zitat in der Fußnote bezeichnet ist (z.B. Brox, Allgemeiner Teil des Bürgerlichen Gesetzbuches, zitiert: Brox AT). Wird bei einem Werk aus unterschiedlichen Auflagen zitiert, so sind sämtliche Auflagen mit jeweiligem Erscheinungsjahr im Literaturverzeichnis aufzuführen.

Neben den allgemein notwenigen Angaben bestehen unterschiedliche Anforderungen für die Gestaltung eines Literatureintrages bei Kommentaren, Lehrbüchern, Monographien, Dissertationen, Beiträgen in Zeitschriften, Beiträgen zu Sammelwerken und Anmerkungen zu Entscheidungen.

(1) **Kommentar**

Bei Kommentaren sind grds. der Herausgeber, der Titel, die Auflage und das Erscheinungsjahr anzugeben. Die Angabe des Erscheinungsortes dürfte nicht unbedingt erforderlich sein.

Beispiel:
Palandt
Bürgerliches Gesetzbuch
61. Auflage 2003

Sofern eine eigene Zitierweise verwendet wird, ist diese aufzuführen.

Beispiel:
Schönke/Schröder
Strafgesetzbuch, Kommentar
26. Auflage 2001
(zit.: Sch/Sch-Bearbeiter)

Bei einem Loseblattkommentar ist der Stand der Ergänzungslieferung anzugeben.

Beispiel:
Maunz/Dürig/Herzog/Scholz
Grundgesetz,
Loseblattkommentar, 2002, Stand: 41. Ergänzungslieferung 10/2002

Besteht ein Kommentar aus mehreren Bänden, so ist jeder Band gesondert anzugeben. Identische Angaben des Herausgebers und des Titels dürfen durch die Abkürzung „ders.“ benannt werden. Dasselbe gilt, wenn aus unterschiedlichen Auflagen desselben Werks zitiert wird.

Beispiel:
von Staudinger, J.
Kommentar zum Bürgerlichen Gesetzbuch
2. Buch, Recht der Schuldverhältnisse, §§ 241–254
12. Auflage 1983

ders.
2. Buch, Recht der Schuldverhältnisse, §§ 823–832
12. Auflage 1986

(2) **Lehrbücher**

Bei Lehrbüchern ist der Name des Autors, der vollständige Titel des Werks, die Auflage und das Erscheinungsjahr sowie ggf. die Zitierweise anzugeben.

Beispiele:
Larenz
Lehrbuch des Schuldrechts, Band I, Allgemeiner Teil
14. Auflage 1987

Brox, Hans
Allgemeines Schuldrecht
27. Auflage 2000
(zit.: Brox , SchR)

(3) **Monographien, Dissertationen, Habilitationsschriften**
Bei Monographien und Dissertationen sind der Name des Autors, der vollständige Titel des Werks und das Erscheinungsjahr sowie ggf. die Auflage anzugeben.

Beispiel:
Marburger, Peter
Die Regeln der Technik im Recht, 1979

Kelsen, Hans
Reine Rechtslehre
2. Auflage 1960

Dissertationen bedürfen zusätzlich der Kennzeichnung als solche und der Angabe des Ortes der Universität. Sofern sie veröffentlicht worden sind, ist die Schriftenreihe/Veröffentlichungsschrift anzugeben.

Beispiel:
Leipold, Dieter
Beweislastregeln und gesetzliche Vermutungen
Diss., in: Schriften zum Prozessrecht, Band IV, Berlin 1966

(4) **Aufsätze**
Aufsätze in Zeitschriften werden mit dem Namen des Autors, dem vollständigen Titel, dem abgekürzten Namen der Zeitschrift, dem Erscheinungsjahr sowie den Zeitenzahlen angegeben.

Beispiel:
Westermann, Harm Peter
„Das neue Kaufrecht"
NJW 2000, 241–253

Erichsen, Hans-Uwe
Unbestimmter Rechtsbegriff und Beurteilungsspielraum
VerwArch 63 (1972), 337–344

(5) **Urteilsanmerkungen**
Bei Anmerkungen zu Urteilen oder zu Beschlüssen von Gerichten ist zunächst der Name des Bearbeiters anzuführen. Es folgt die Benennung der Entscheidung, zu der die Anmerkung erfolgt, mit Datum und ggf. Aktenzeichen sowie der Textstelle in der amtlichen Sammlung oder einer Zeitschrift.

Beispiel:
Rohe, Mathias
Anmerkungen zum Urteil des BGH v. 09.11.1993
BGHZ 124, 52 = JZ 1994, 463
JZ 1994, 465 ff.

(6) **Sonstige Beiträge**

Bei Beiträgen in Festschriften ist der Name des Jubiliars anzugeben. Darüber hinaus empfiehlt es sich, den Titel der Festschrift und den Herausgeber anzuführen.

Beispiel:
Hilger, Marie Luise
Überlegungen zum Richterrecht
in: Festschrift für Karl Larenz zum 70. Geburtstag
hrsg. von Gotthard Paulus, Uwe Diederichsen, Klaus-Wilhelm Canaris
1973, 109–123

Beiträge innerhalb von Schriftenreihen oder Sammelwerken werden wie Aufsätze zitiert.

Beispiel:
Stark, Christian
Die Bindung des Richters an Gesetz und Verfassung
VVDStRL 34 (1976), 43–93

In weniger bekannten Schriftenreihen kann es sich zum Zweck der besseren Auffindbarkeit empfehlen, auch den Herausgeber anzugeben.

Beispiel:
Schnapp, Friedrich E.
Hans Kelsen und die Einheit der Rechtsordnung,
Bemerkungen zur Relativität juristischer Qualifikationen
in: Rechtstheorie, Beiheft 5, Rechtssystem und gesellschaftliche Basis bei Hans Kelsen
hrsg. von Werner Krawietz und Helmut Schelsky
1984, 381–407

Vertiefung: Vgl. weitere Angaben bei Diederich, Jura 1998, 142–151

cc) **Optische Gestaltung**

Die optische Gestaltung der Literatureinträge kann derart erfolgen, dass die einzelnen Autoren mit den weiteren Angaben fortlaufend untereinander aufgeführt werden. Zur besseren Sichtbarkeit empfiehlt es sich, die Namen der Autoren im Fettdruck hervorzuheben.

Besonders übersichtlich wirkt ein Literaturverzeichnis, wenn auf der linken Seite des Blattes nur die Namen der Autoren stehen und auf der rechten Seite (linksbündig nach rechts versetzt) die dazugehörigen bibliographischen Angaben (s. Anlage 6: Muster Literaturverzeichnis).

c) **Erstellung**

Die Erstellung des Literaturverzeichnisses erfordert einigen Aufwand. Zu empfehlen ist, mit den Vorarbeiten für das Anlegen des Literaturverzeichnisses bereits bei der Literatursuche und dem Erstellen des Manuskripts zu beginnen.

Für jedes Werk, das man in den Händen hält und möglicherweise zitiert, sollte sofort eine Karteikarte mit den notwendigen Literaturangaben angelegt werden (s. Anlage 8: Muster Literaturkarte/Zitatkarte). Sofern aus Kommentaren, Lehrbüchern und Monographien Fotokopien gefertigt werden, empfiehlt es sich, zusätzlich das Deckblatt, auf dem die Literaturangaben stehen, zu kopieren. Nach der Erarbeitung des Gutachtentextes werden diejenigen Karteikarten, deren Literatur tatsächlich verwendet und zitiert worden ist, aussortiert und alphabetisch geordnet. Nunmehr brauchen sie für die Erstellung des Literaturverzeichnisses lediglich noch abgetippt zu werden.

Die aufgezeigte Art der Handhabung erfordert von Anfang an ein diszipliniertes Vorgehen. Es empfiehlt sich, diese Disziplin strikt einzuhalten, damit nicht am Ende der Arbeit, wo die Zeit erfahrungsgemäß sowieso besonders knapp ist, die große Suche nach der Literatur erforderlich wird („Literaturrallye").

Grundsätzlich gehört in das Literaturverzeichnis die neueste Literatur. Wegen der in den Seminaren und Bibliotheken der Universitäten nur in begrenzter Anzahl zur Verfügung stehenden Exemplare ist es oftmals schwierig, an die neueste Auflage eines Werks heranzukommen. Hier hilft man sich, sofern man nicht zu den glücklichen „Auflagengewinnern" gehört, indem man zunächst mit einer Vorauflage arbeitet und zu einem späteren Zeitpunkt die inhaltlichen Angaben einschließlich der Zitate mit der neuesten Auflage abgleicht. Sofern man überhaupt nicht an die neueste Auflage herankommt, sollte man ehrlicherweise nur die tatsächlich zur Verfügung stehende Auflage verwenden und im Literaturverzeichnis entsprechend aufführen.

Dies gilt allerdings nicht für die Anfertigung von Prüfungsarbeiten. Von dem Examenskandidaten ist ausnahmslos die neueste Literatur zu verarbeiten und zu zitieren. Hierfür sehen die Bibliotheken erfreulicherweise in der Regel Sonderregeln vor, die gewährleisten, dass den Examenskandidaten auch die neuesten Auflagen zugänglich sind. Ggf. sollte man in der Universität bei Lehrstühlen nachfragen. Manchmal besteht auch die Möglichkeit, in Gerichtsbibliotheken Einsicht in die Literatur zu nehmen und evtl. auch Kopien zu fertigen („Geheimtipp").

5. Abkürzungsverzeichnis

Ein Abkürzungsverzeichnis enthält die in der Arbeit verwendeten Abkürzungen. In Übungs- und Prüfungshausarbeiten ist ein Abkürzungsverzeichnis nicht unbedingt erforderlich. Jedoch ist es dann sinnvoll, wenn viele Abkürzungen gebraucht werden. Werden die üblichen juristischen Abkürzungen benutzt, kann generell auf einschlägige Literatur verwiesen werden (z.B. Kirchner, Abkürzungsverzeichnis der Rechtssprache, 3. Auflage 1983).

Wird ein Abkürzungsverzeichnis erstellt, brauchen allgemein gültige Abkürzungen nicht extra aufgeführt zu werden (am angegebenen Ort a.a.O., beziehungsweise bzw.). Übliche Abkürzungen auch für Gesetze (z.B. BGB, StVG) und Gerichte (z.B. BGH, BAG) können unbedenklich benutzt werden. Sonstige Ausdrücke, auch Fachausdrücke, sind nicht abzukürzen. Unzulässig ist es deshalb, statt Willenserklärung „WE" zu schreiben oder „VA" statt Verwaltungsakt. Ausnahmsweise kann man häufig vorkommene Spezialbegriffe abkürzen (z.B. das in einer Arbeit häufig wiederkehrende Wort Bezirksschornsteinfegermeister durch BezSchfM).

III. Lösungsteil

1. Gutachtentext

a) **Allgemeines**

Der Gutachtentext ist der wichtigste Teil der Arbeit. Dies gilt für die Klausur und erst recht für die Hausarbeit. Die Formalien des Gutachtentextes bei einer Hausarbeit unterscheiden sich nicht grundlegend von denen einer Klausur. Insoweit kann auf die dortigen Ausführungen verwiesen werden (s.o. B. III. 1.).

In dem Gutachtentext ist der Gedankengang zur Lösung nachvollziehbar und anschaulich zu formulieren. Dafür ist es insbesondere im Hinblick auf den Umfang einer Hausarbeit erforderlich, den Gedankengang in einer textlichen Struktur mit textlichen Formalien darzustellen.

b) **Textliche Struktur**

Der Gedankengang des Lösungsweges vollzieht sich nicht in einem fortlaufenden Kontinuum. Vielmehr gibt es innerlich zusammengehörige Gedanken (Gedankenblöcke). Diese innere Struktur ist beim Schreiben des Textes nach außen deutlich zu machen.

Die erste grobe Struktur ergibt sich durch die Prüfung mehrerer Rechtsnormen. Jede einzelne Rechtsnorm erhält einen Gliederungspunkt und eine Überschrift. Innerhalb der Rechtsnorm besteht eine weitere Struktur aufgrund der zu prüfenden Tatbestandsmerkmale. Auch jedes einzelne Tatbestandsmerkmal sollte mit einem Gliederungspunkt und einer Bezeichnung versehen werden. Die Notwendigkeit einer weiteren Untergliederung hängt von den Besonderheiten des Falles ab. Handelt es sich um die schwerpunktmäßigen Probleme der Falllösung, ist ein tieferer Gedankengang und damit auch eine Darstellung auf kleineren Gliederungsebenen erforderlich. An unproblematischen Stellen bedarf es demgegenüber keiner weiteren Untergliederung. Schon daraus, wo der Bearbeiter eine tiefergehende Gliederung vorgenommen und dementsprechend Gliederungspunkte verwendet hat, lässt sich erkennen, wo er die Probleme des Falles gesehen hat. Von dem Gestaltungsmittel der textlichen Struktur sollte der Bearbeiter in vielfältiger Weise Gebrauch machen. Durch geschickte Wahl der Untergliederung der Gedanken und dem Kenntlichmachen zusammengehöriger Gedanken durch Absätze kann er seinen Gedankengang überzeugend präsentieren.

Die Vorgaben im Hinblick auf die formale Gestaltung sind nicht besonders streng. Der Bearbeiter ist vielmehr frei, wie er seine Lösung gestaltet. Zu beachten ist der Grundsatz der Einheitlichkeit. Die einmal gewählten Formalien sind konsequent beizubehalten!

Die eigentliche Kunst der juristischen Falllösung besteht darin, den Fall in den Griff zu bekommen. Die Falllösung ist wie ein Kunstwerk, das von dem Bearbeiter zu erschaffen ist. Es ist letztlich dem individuellen Geschick des Bearbeiters überlassen, seine Falllösung inhaltlich so zu gestalten und zu präsentieren, dass sie überzeugend wirkt.

c) **Textliche Formalien**
Bei den textlichen Formalien für die Anfertigung einer Hausarbeit ist nochmals eindringlich auf die Einhaltung der sprachlichen Formalien hinzuweisen. Bei einer Hausarbeit müssen Rechtschreibung, Grammatik und Zeichensetzung stimmen!

Eine Anhäufung von Fehlern in diesem Bereich ist eine unverzeihliche Nachlässigkeit. Aus diesem Grund ist es dringend anzuraten, die Arbeit vor der Abgabe gründlich Korrektur zu lesen. Vielleicht erklärt sich ein unverbildeter Nichtjurist ohne den juristischen Blickwinkel bereit, einen Korrekturlesevorgang vorzunehmen. Von dem Bearbeiter selbst werden aufgrund der eingehenden Beschäftigung mit den juristischen Problemen die sprachlichen Formalien schlichtweg übersehen („Betriebsblindheit"). Bei der Anfertigung der Hausarbeit mittels Computer kann der Einsatz von Rechtschreibprogrammen hilfreich sein. Natürlich kann man sich hierauf nur verlassen, wenn man das Programm und den Computer im entscheidenden Moment auch beherrscht.

Bei der übrigen Gestaltung der textlichen Formalien sollte Zurückhaltung geübt werden. Besondere Hervorhebungen durch Großbuchstaben, Unterstreichungen, Fettdruck oder Kursivdruck sind nicht erforderlich. Der Text soll aus sich selbst heraus wirken.

2. Fußnoten

a) **Struktur**
Fußnoten haben eine wichtige Funktion innerhalb des Lösungsteils. Sie dienen dazu, das wissenschaftliche Arbeiten zu erleichtern. Fußnoten beinhalten Fundstellen für im Text verwendete Zitate sowie Verweisungen auf andere Textstellen oder Fußnoten.

Von besonderer Bedeutung sind die Angaben über Fundstellen von Zitaten. Die Notwendigkeit ergibt sich aus dem Gebot der Wissenschaftlichkeit. Ein Gutachten ist eine wissenschaftliche Arbeit. Zu einem wissenschaftlichen Arbeiten gehört es, den Lösungsweg auf der Grundlage der gegenwärtigen Erkenntnisse zu den verschiedenen Problempunkten zu finden. Die gegenwärtigen Erkenntnisse ergeben sich aus dem Wissen und dem Meinungsstand anderer Personen. Wenn bei der Bearbeitung auf fremdes Wissen oder fremde Meinungen zurückgegriffen wird, gebietet es die Fairness und der wissenschaftliche Anspruch, die Quellen fremder Erkenntnis zu benennen. Dies geschieht bei juristischen Gutachten durch die Kennzeichnung der Übernahme fremder Erkenntnisse als Zitat und die Benennung der Urheberschaft in Fußnoten zum Text. In den Fußnoten werden die Fundstellen für die im Gutachtentext verwendeten Zitate angegeben.

Die Erstellung der Fußnoten erfordert eine sorgfältige Arbeitsweise. Zu achten ist insbesondere auf eine korrekte und einheitliche Zitierweise.

Wichtig ist zunächst der richtige Standort der Fußnoten. Für die auf einer Textseite aufgeführten Fußnoten werden die zugehörigen näheren Angaben unten auf jeder Seite zusammen aufgelistet (Fußnotenapparat). Der Fußnotenapparat einer Seite enthält je nach Bearbeitungsschwerpunkt eine oder mehrere Fußnoten. In Hausarbeiten ist es nicht üblich und eher sogar unzulässig, sämtliche Fußnoten im Anschluss an den Gutachtentext anzusiedeln.

Am Ende der Seite ist zwischen dem Text und dem Fußnotenapparat eine Abgrenzung vorzunehmen. Dies geschieht durch einen etwas größeren Abstand (2 Zeilen) oder einen Strich. Der Zeilenabstand zwischen den einzelnen Fußnoten kann geringer sein als im Text. Es genügt eine einzeilige Schreibweise. Auch die Schriftgröße der Fußnoten kann kleiner sein. Die Fußnotenzahlen und der Fußnotentext stehen jeweils bündig untereinander.

Der Aufbau einer einzelnen Fußnote wird durch ihre Funktion innerhalb des Gutachtentextes bestimmt. Eine Fußnote besteht aus der Fußnotenzahl und dem Fußnotentext. Am Ende jeder Fußnote steht ein Punkt, da eine Fußnote eine in sich geschlossene Aussage enthält. Die Fußnotenzahl in einer Fußnote entspricht der Fußnotenzahl an der Zitatstelle im Text. Die Nummerierung der Fußnoten kann für alle Fußnoten fortlaufend erfolgen oder auf jeder Seite neu beginnen. Eine neue Nummerierung auf jeder Seite erleichtert ein späteres Hinzufügen weiterer Fußnoten. Andererseits wird durch eine fortlaufende Nummerierung die Möglichkeit geschaffen, auf einfache und exakte Art und Weise innerhalb der Arbeit auf andere Fußnoten zu verweisen. Bei der Verwendung eines Computers mit gutem Schreibprogramm dürfte eine fortlaufende Nummerierung auch bei späteren Einfügungen keine Probleme bereiten. Dies sollte aber vor Anfertigung der Hausarbeit gründlich ausprobiert und geübt werden.

Im Fußnotentext wird die Fundstelle des Zitats oder eine Verweisung angegeben. Eine Fußnote kann auch mehrere Angaben enthalten. Dies gilt insbesondere für Zitatfundstellen. Bei mehreren Fundstellenangaben sind zwei Schreibweisen möglich. Die einzelnen Fundstellen können unmittelbar nacheinander geschrieben werden, jeweils getrennt durch ein Semikolon.

Beispiel: 1) BGH NJW 1993, 2234; Palandt-Heinrichs Vor § 249 Rdnr. 77 ff.; Brox, Allgemeines Schuldrecht, Rdnr. 332.

Etwas übersichtlicher dürfte es sein, für jede Zitatfundstelle zu einer Fußnote eine neue Zeile zu verwenden.

Beispiel:

1) BGH NJW 1993, 2234;
Palandt-Heinrichs, BGB, Vor § 249 Rdnr. 77 ff.;
Brox, Allgemeines Schuldrecht, Rdnr. 332.

b) **Zitate**

aa) **Zitate im Text**

Die Übernahme fremder Erkenntnisse ist als Zitat im Text selbst zu kennzeichnen. Dies geschieht durch eine Fußnotenzahl, d.h. eine hochgestellte Zahl mit dahinter stehender Klammer (Wort [1)]).

(1) **Standort**
Wichtig ist der richtige Standort der Fußnotenzahl. Daraus ergibt sich der Bezugspunkt einer Zitatstelle (Bezugsstelle). Grundsätzlich bezieht sich die Kennzeichnung auf das unmittelbar davor stehende Wort (Bezugswort). Soll der Bezug auf einen Satzteil oder einen ganzen Satz erfolgen, wird die Fußnotenzahl hinter das Satzzeichen (.... Satz,[1)] ....; .... Satz.[1)]. gesetzt (Bezugssatz). Bei der Kennzeichnung von einzelnen Meinungen innerhalb von Meinungsstreitigkeiten erfolgt die Kennzeichnung bei der Einleitung der Meinung oder dem Autor (nach einer Meinung[1)] ist ..., nach der Meinung von Herzberg[1)] ist ...).

(2) **Auswahl**
Wichtig ist darüber hinaus die richtige Auswahl der Zitatstelle, d.h. die Entscheidung, welche Textstelle als Zitat gekennzeichnet werden soll. Grundsätzlich erfordert eine Textstelle immer dann eine Kennzeichnung als Zitat, wenn es sich um die Wiedergabe von fremdem Wissen oder fremden Äußerungen handelt. Insoweit gilt das Prinzip der Notwendigkeit. Streng genommen stammt ein Großteil der Erkenntnisse, die in einer Arbeit herangezogen werden, aus fremden Quellen. Aus Gründen der praktikablen Handhabung können nun nicht alle fremden Erkenntnisse ausdrücklich gekennzeichnet werden. Insoweit wird das Prinzip der Notwendigkeit eingeschränkt durch das Prinzip der Praktikabilität.

Als Richtschnur kann gelten, dass ein Zitat immer dann als solches gekennzeichnet werden sollte, wenn ihm innerhalb der Arbeit eine gewisse Bedeutung zukommt. Das ist zunächst dann der Fall, wenn eine fremde Meinung zu einem Rechtsproblem wiedergegeben wird. Außerdem ist eine Definition für ein Tatbestandsmerkmal grundsätzlich immer als Zitat zu belegen, es sei denn, eine Rechtsnorm enthält die Definition (z.B. § 90 BGB). Nicht gekennzeichnet werden müssen lapidare Aussagen (z.B. „Ein Vertrag kommt zustande durch eine Einigung zwischen zwei Personen"). Eine solche Aussage „verdient" kein Zitat und auch keine Fußnote. Darüber hinaus darf nicht gekennzeichnet werden, was sich bereits aus dem Gesetz ergibt (z.B. Verträge sind so auszulegen, wie Treu und Glauben mit Rücksicht auf die Verkehrssitte es erfordern). Zulässig ist es, den Text des Gesetzes zusammen mit dem Paragraphen anzuführen (z.B. Gemäß § 157 BGB sind ...). Grundsätzlich gilt, dass ein Gesetz nicht in den Fußnoten zitiert wird. Ein Gesetz wird im Text zitiert! Jedoch sollte es in der Regel vermieden werden, den Wortlaut eines Gesetzes zu wiederholen. Das Gesetz kann als bekannt vorausgesetzt werden.

(3) **Wiedergabe**
Die Wiedergabe eines Zitats im Text kann sinngemäß oder wörtlich erfolgen. Grundsätzlich ist nur der Sinngehalt einer fremden Aussage zu formulieren („Wortlautsperre"). Nur ausnahmsweise, wenn es gerade auf eine bestimmte Formulierung ankommt, sollte eine Aussage als Zitat wörtlich übernommen werden. In diesem Fall ist der zitierte Passus in Anführungsstriche zu setzen. Für das Gebot, ein Zitat grundsätzlich nur sinngemäß wiederzugeben, gibt es

plausible Gründe. Durch die sinngemäße Wiedergabe ist der Bearbeiter gezwungen, sich mit dem Inhalt der Aussage zu beschäftigen, den Sinngehalt zu reflektieren und eine Inhaltsbeschreibung mit eigenen Worten zu formulieren. Damit wird bereits eine inhaltliche Auseinandersetzung erreicht, die dann eine an den Argumenten orientierte rechtliche Beurteilung ermöglicht.

(4) **Bezug**

Wichtig ist darüber hinaus der richtige Bezug zwischen Zitat und Fußnote. Zwischen dem Zitat im Text und der Fundstelle in der Fußnote muss eine inhaltliche Übereinstimmung bestehen. Es dürfen nur solche Textstellen ein Zitat aufweisen, die eine abstrakte rechtliche Aussage enthalten. Aussagen, die sich auf den konkreten Fall beziehen, dürfen keinesfalls für ein Zitat herhalten („kein konkretes Zitat"). Unzulässig ist daher eine Kombination von Sachverhaltswürdigung und Fußnote (z.B. „Indem A und B übereinstimmende Willenserklärungen abgegeben haben, haben sie einen Vertrag geschlossen1)"). Hierdurch würde der Eindruck vermittelt, die in den Fußnoten genannten Autoren hätten unseren Fall gelöst („Der BGH kennt den zu lösenden Fall nicht"). Bei einem kombinierten Satz, d.h. der Satz enthält abstrakte und konkrete Aussagen, ist ein Zitat zulässig, wenn es sich nur auf den abstrakten Satzteil bezieht (z.B. „Durch die Verletzung des Besitzes, der als sonstiges Recht anerkannt ist1), hat A eine Rechtsverletzung gegenüber B begangen"). Ausnahmsweise darf von dem konkret zu lösenden Fall in einer Fußnote auf einen anderen Fall Bezug genommen werden, wenn eine Parallelität der Fallgestaltung und der Problembearbeitung besteht. Dies ist durch eine entsprechende Formulierung kenntlich zu machen („vgl. in einem ähnlich gelagerten Fall ...").

bb) **Zitatfundstelle in der Fußnote**

Die Fußnoten beinhalten den Fußnotentext, d.h. die genaue Angabe der Fundstelle des Zitats. Für eine eindeutige Beschreibung der Zitatfundstelle gibt es verschiedene Darstellungsformen, je nachdem aus welcher Quelle zitiert wird. Es wird zwischen Zitaten aus der Rechtsprechung (Rechtsprechungszitat) und Zitaten aus der Literatur (Literaturzitat) unterschieden.

(1) **Rechtsprechungszitate**

Bei Rechtsprechungszitaten werden Gerichtsentscheidungen aus amtlichen Sammlungen, Entscheidungssammlungen oder Zeitschriften zitiert. Ein Rechtsprechungszitat muss insbesondere, da keine ergänzenden Angaben im Literaturverzeichnis stehen, alle Informationen enthalten, um ein schnelles und eindeutiges Auffinden zu ermöglichen.

- Bei der amtlichen Sammlung sind der Band und die Anfangsseite der Entscheidung anzugeben. Kommt es auf eine bestimmte Passage in der Entscheidung an, ist zusätzlich die Seitenzahl zu benennen. Bei einer Entscheidung über mehrere Seiten wird dies durch „f." oder „ff." gekennzeichnet.

  Beispiel: BVerfGE 58, 300; BGHZ 6, 270 (273)

- Bei Entscheidungssammlungen sind der Herausgeber und die Fundstelle der Entscheidung anzugeben.

  Beispiel: Lindenmeier/Möhring, § 433 Rdnr. 7

- Entscheidungen in Zeitschriften werden zitiert durch die Angabe des Gerichts, des Namens der Zeitschrift, die Jahresangabe (in vollen Ziffern) und der Anfangsseite der Entscheidung sowie bei genauerer Bezugnahme die konkrete Seitenzahl.

  Beispiel: BGH NJW 1993, 2234; BGH NJW 1993, 2234 (2235)

Teilweise wird empfohlen, bei Rechtsprechungszitaten auch das Datum der Entscheidung mit anzugeben.

Beispiel: BVerfG vom 15.07.1981 in: BVerfGE 58, 300; BVerfG vom 15.07.1981 in: NJW 1982, 745.

Die zusätzliche Angabe des Datums der Entscheidung hat den Vorteil der einfacheren Feststellung übereinstimmender Entscheidungen, sofern dieselbe Entscheidung auch in Zeitschriften abgedruckt ist und andere Quellen diese Fundstelle zitiert haben.

Aus demselben Grund können auch Konkordanzen angegeben werden. Ist dieselbe Entscheidung an mehreren unterschiedlichen Stellen abgedruckt (amtliche Sammlung, unterschiedliche Zeitschriften), lässt sich das Auffinden und Vergleichen für den Leser erleichtern, indem das Vorliegen einer identischen Entscheidung deutlich gemacht wird („finderfreundlich"). Erforderlich ist das Aufsuchen oder Angeben von Konkordanzen allerdings nicht.

Beispiel: BVerfGE 58, 300 = BVerfG NJW 1982, 745.

Bei grundlegenden Entscheidungen eines Gerichts kann zusätzlich ein Schlagwort angegeben werden, wenn das Urteil unter dieser Bezeichnung bekannt geworden ist.

Beispiel: BVerfGE 58, 300 „Nassauskiesung"; BGHZ 76, 249 (253) „Kind als Schaden"

(2) **Literaturzitate**

Für Literaturzitate stehen eine Reihe unterschiedlicher Quellen für Fundstellen zur Verfügung, insbesondere Kommentare, Lehrbücher, Monographien und Zeitschriften. Hierfür gibt es verschiedene Zitierweisen.

- Kommentare werden nach der Bezeichnung des Gesamtwerks oder dem Namen des Herausgebers zitiert. Die Angabe der Auflage des Kommentars in der Fußnote ist nur erforderlich, wenn Kommentare mit unterschiedlichen Auflagen verwendet worden sind. Ansonsten ergibt sich der Stand der Auflage aus dem Literaturverzeichnis. Dasselbe gilt für den Stand bei Loseblattwerken. Sofern mehrere Bearbeiter die Kommentierung vorgenommen haben, ist der Name des konkreten Bearbeiters hinzuzufügen. Teilweise wird auch der Titel des Werks genannt. Dies ist jedoch nur dann erforderlich, wenn ein Autor mehrmals mit unterschiedlichen Werken vertreten ist. In der Fußnote braucht der Titel eines Werks nicht vollständig ausgeschrieben zu werden. Es genügt eine abgekürzte Bezeichnung. In diesem Fall ist die in der Fußnote verwandte Schreibweise im Literaturverzeichnis als Zitierweise aufzuführen. Die konkrete Bezeichnung der Belegstelle erfolgt entsprechend der Systematik eines Kommentars durch die Angabe des Paragraphen und des

Fundortes der Anmerkung. Anzugeben ist die Nummer bzw. Ziffer der Anmerkung oder, soweit vorhanden, die Randnummer. Hierbei können die Abkürzungen Anm. oder Rdn. bzw. Rn. verwendet werden.

Beispiel: MünchKomm-Mertens, § 823 Rdn. 124; Palandt-Thomas, § 823 Rdn. 13

- Lehrbücher werden mit dem Namen des Autors und dem Titel des Werks zitiert. Der Titel kann weggelassen werden, wenn zu dem Autor nur ein Werk im Literaturverzeichnis aufgeführt ist. Auch ist eine abgekürzte Schreibweise des Titels zulässig. In diesem Fall bedarf es der Angabe der Zitierweise (eigenes Kürzel) im Literaturverzeichnis. Existieren mehrere Auflagen eines Werks, sind die zitierte Auflage und das Erscheinungsjahr hinzuzufügen. Dies ist dann nicht erforderlich, wenn nur eine Auflage verwendet worden ist und die entsprechende Angabe im Literaturverzeichnis steht. Die Bezeichnung der konkreten Belegstelle erfolgt durch Angabe des Gliederungspunkts oder der Seite oder Randnummer. Möglich ist auch, eine bestimmte Fußnote als Belegstelle anzugeben, insbesondere verbunden mit einem Hinweis auf weitere Nachweise in der angegebenen Fußnote („m.w.N.“). Hiervon sollte jedoch nur sehr zurückhaltend Gebrauch gemacht werden, da über die fremde Quelle weitere fremde Quellen einbezogen werden, die eigentlich auf ihre inhaltliche Richtigkeit überprüft werden müssten.

  Beispiel: Brox, Allgemeines Schuldrecht, Rdn. 332; Larenz I, § 18 I; Medicus, Schuldrecht I, Rdn. 237; Baur/Stürner, Sachenrecht, § 51 Rdnr. 11 m.w.N.

- Monographien werden wie Lehrbücher mit dem Namen des Autors und dem Titel des Werks zitiert. Die konkrete Belegstelle wird in der Regel durch die Angabe der Seitenzahl ausreichend bezeichnet.

  Beispiel: Larenz, Methodenlehre der Rechtswissenschaft, S. 312; Kaufmann, Arthur, Prozedurale Theorien der Gerechtigkeit, S. 77

- Beiträge in Zeitschriften werden durch die Bezeichnung der Zeitschrift, die Jahreszahl in vollen Ziffern und die Benennung der Seite zitiert. Benannt werden soll die Anfangsseite des Beitrags wie die Seite, auf die konkret Bezug genommen wird. Sofern sich die konkrete Bezugstelle über zwei aufeinander folgende Seiten erstreckt, wird ein „f.“ hinzugefügt, bei Erstreckung über noch weitere Seiten ein „ff.“. Jedoch sollte man bemüht sein, die Fundstelle so konkret wie möglich anzugeben. Abzuraten ist davon, den Prüfer suchen zu lassen und nur die Anfangsseite mit „ff.“ anzugeben („Zitierfaulheit“). Aus dem gleichen Grund sollte von dem Gebrauch des Zusatzes „Passim“ (da und dort zerstreut) nur sehr selten Gebrauch gemacht werden. Um in zweispaltigen Zeitschriften das Auffinden der Bezugstelle zu erleichtern, kann noch die Angabe der Spalte hinzufügt werden (li./re. Sp.).

  Beispiel: Westermann, NJW 2002, 241 (249); Westermann, NJW 2002, 241 (248 f.); Westermann, NJW 2002, 241 (248 li. Sp.).

(3) **Reihenfolge**

Werden zu einer Fußnote mehrere Zitatstellen genannt, insbesondere Rechtsprechungs- und Literaturnachweise, ist eine bestimmte Reihenfolge einzuhalten. Zu beginnen ist mit den Rechtsprechungsfundstellen. Der Grund dafür dürfte darin zu sehen sein, dass Gerichtsentscheidungen eine gewisse Präjudizwirkung zukommen kann. Innerhalb der Rechtsprechungsfundstellen ist zunächst nach der Gerichtsinstanz und anschließend zeitlich zu ordnen, beginnend mit der neueren Entscheidung.

Beispiel: 1) BVerfGE; RGZ; BGHZ; BGH NJW; OLG Hamm; OLG Düsseldorf.

Innerhalb der Literaturnachweise erfolgt die Ordnung nach Autoren in alphabetischer Reihenfolge.

Beispiel: Brox; Canaris; Larenz; Medicus.

cc) **Auswahl der Fußnoten**

Die Anzahl der Fußnoten ist kein Maßstab für die Güte einer Arbeit. Eine wenig gelungene Lösung wird nicht dadurch besser, dass sie eine Vielzahl von Fußnoten enthält. Sofern es sich um die Bearbeitung einer schwerpunktmäßigen Thematik der Arbeit handelt, wirkt eine einzige Fußnote eher dürftig. Es empfiehlt sich, durch die Angabe mehrerer Fußnoten zu zeigen, dass man sich mit der einschlägigen Rspr. und Lit. eingehend beschäftigt hat. Ausdrücklich gewarnt werden muss vor der Handhabung, eine fertige Arbeit noch mit möglichst vielen Fußnoten anzureichern („Fußnoten sammeln“). Erst recht ist es gefährlich, zum Zweck der Anreicherung Zitate aus anderen Quellen ungeprüft zu übernehmen („Verbot von Blindzitaten“).

Eine besondere Problematik bringt die Frage mit sich, ob in Fußnoten eigene Ausführungen gemacht werden dürfen. Grundsätzlich gilt, dass die Lösung der Arbeit im Text stehen muss. Auch wenn die Fußnoten hinweggedacht werden, muss der Gutachtentext den vollen Lösungsweg beinhalten („keine Nebengedanken“). Unzulässig ist es daher, über eine abweichende Mindermeinung nur in den Fußnoten zu berichten. Sofern ein Meinungsstreit für die Falllösung von Bedeutung ist, ist er im Text abzuhandeln. Unschön sind auch Kommentierungen zu einzelnen Fußnoten (z.B. „überzeugend, abwegig, so schon“). Eine solche Auseinandersetzung mit den Aussagen der Autoren gehört in den Gutachtentext. Abzuraten ist von Leseanleitungen („Bildungsvorschläge“) für den Prüfer (z.B. „instruktiv, Problematik umfassend erörtert bei ..., grundlegend“).

Umstritten ist die Zulässigkeit der Verwendung des Kürzels (vgl.) in einer Fußnote. Von dieser Einleitung der Zitatfundstelle sollte nur dann Gebrauch gemacht werden, wenn die Quellenangabe sich mit der Thematik auseinandersetzt, inhaltlich aber nicht hunderprozentig passt.

c) **Verweisungen**

In Fußnoten können auch Verweisungen aufgenommen werden. Verweisungen sind Hinweise auf andere Stellen innerhalb des Lösungsteils. Zu unterscheiden sind Verweisungen auf den Gutachtentext (Textverweisung) und Verweisungen auf andere Fußnoten (Fußnotenverweisungen).

aa) **Paragrapheneingangsfußnote**

Eine Besonderheit bei der Verweisung stellt die Paragrapheneingangsfußnote dar. In ihr wird bei der ersten Gesetzesangabe darauf hingewiesen, dass alle Paragraphen ohne Angabe des Gesetzes solche eines bestimmten Gesetzes (z.B. BGB, StGB) seien. Anschließend wird die weitere Bezeichnung dieses Gesetzes bei allen Paragraphen weggelassen. Eine solche Handhabung ist wohl zulässig, allerdings dürfte dadurch nicht allzuviel Schreibarbeit erspart werden, zumal nur ein Gesetz betroffen ist (z.B. BGB), und weitere Gesetze mit ihrer normalen Bezeichnung aufzuführen sind (z.B. HGB).

bb) **Textverweisung**

Bei Textverweisungen wird auf einen Gedankengang an einer anderen Stelle des Gutachtens hingewiesen, oder ein Gedankengang von einer anderen Stelle in den jetzigen Gedankengang mit einbezogen. Durch solche Verweise werden Querverbindungen geschaffen. Sie dienen dazu, das Bild der Arbeit abzurunden und die Arbeit als Gesamtwerk erscheinen zu lassen.

Textverweisungen sind grundsätzlich möglich. Allerdings wird es nicht für zulässig angesehen, auf später noch folgende Ausführungen („nach unten") zu verweisen. Auf jeden Fall ist es zulässig, auf vorherige Ausführungen zu verweisen („nach oben"). Die Angabe einer Verweisung erfolgt durch Hinweis auf den Gliederungspunkt oder die Seite des Gutachtentextes.

Beispiel: S.o. A. I. 1. a) aa); s.o. S. 7

cc) **Fußnotenverweisung**

Bei Fußnotenverweisungen wird innerhalb einer Fußnote auf eine andere Fußnote innerhalb des Lösungsteils verwiesen. Ein Bedürfnis für eine derartige Verweisung besteht immer dann, wenn derselbe Fußnotentext mehrmals verwandt wird und zudem einen umfassenden Inhalt aufweist.

Wird in zwei aufeinander folgenden Fußnoten eine identische Fundstelle zitiert, kann in der zweiten Fußnote uneingeschränkt auf die vorherige verwiesen werden. Dies geschieht durch den Terminus „ebenda".

Beispiel: 1) Brox, Allgemeines Schuldrecht, Rdn. 332
2) ebenda

Ändert sich lediglich die konkrete Bezugstelle, beispielsweise die Seitenzahl, können die übrigen Angaben übernommen werden durch die Verweisung „a.a.O." (am angegebenen Ort).

Beispiel: 1) Brox, Allgemeines Schuldrecht, Rdn. 330
2) Brox, a.a.O., Rdn. 332

Eine Verweisung auf eine andere Fußnote mittels „a.a.O." ist auch zulässig, wenn es sich nicht um die unmittelbar vorhergehende Fußnote handelt. Allerdings muss der Rückbezug eindeutig und nachvollziehbar sein. Insoweit kommt eine Verweisung bei mehreren Werken eines Autors nicht in Betracht. Auch dürfte ein Rückbezug mittels „a.a.O." auf eine Fußnote, die mehr als zwei Seiten zurückliegt, aus Gründen der leichten Auffindbarkeit nicht sinnvoll sein.

dd) **Problemfälle**

Wer von der Technik der Text- und Fußnotenverweisungen Gebrauch macht, sollte sich über die Probleme im Klaren sein, die bei nachträglichen Änderungen oder Ergänzungen entstehen können. Es muss dann in jedem Einzelfall genau überprüft werden, ob der Bezug zum Text noch stimmt. Kritisch wird es (und führt manchmal zum Chaos), wenn kurz vor Abgabe die gesamte Arbeit nochmal „umgeschmissen" werden muss. Von daher ist anzuraten, die Technik der Verweisung nur sparsam einzusetzen und möglichst zu warten, bis die Arbeit wirklich steht.

3. Abschlusstext

a) **Allgemeines**

Die Hausarbeit endet mit dem Ergebnis der rechtlichen Beurteilung des Sachverhalts. Den Abschluss bildet die Beantwortung der Fallfrage. Die Darstellung des Ergebnisses sollte in einem zusammenhängenden Ergebnissatz erfolgen.

b) **Übungsarbeiten**

Bei Hausarbeiten, die zu Übungszwecken geschrieben werden, ist der Lösungstext am Ende zu unterschreiben.

c) **Prüfungsarbeiten**

Bei der Hausarbeit innerhalb des Examens entfällt aus Gründen der Anonymität die Unterschrift. Also ganz wichtig, insbesondere für die Hektik bei der Abgabe: „Keine Unterschrift unter die Examenshausarbeit"

D. Zusammenfassung

Die Formalien betreffen die Art und die Form der Darstellung der Fallbearbeitung. Formalien sind kein Selbstzweck. Sie dienen dazu, das wissenschaftliche Arbeiten zu erleichtern. In Klausuren und insbesondere in einer Hausarbeit muss der Bearbeiter zeigen, dass er die Formalien der juristischen Fallbearbeitung beherrscht. Für alle Formalien gilt, dass eine einheitliche Handhabung wichtig ist.

Das Abgabeexemplar einer Klausur besteht aus Deckblatt, Aufgabentext, Gutachtentext und Abschlusstext. Jedes Blatt sollte nur einseitig beschrieben und fortlaufend nummeriert werden. Das Schriftbild muss gut leserlich sein. Im Gutachtentext ist der Lösungsweg darzustellen. Bei der textlichen Gestaltung sollten zusammengehörige Gedankengänge durch Absätze bzw. Gliederungspunkte deutlich gemacht werden. Sonstige textliche Hervorhebungen sind nicht erforderlich. Fußnoten gehören nicht in eine Klausur. Übungsklausuren sind am Ende zu unterschreiben, Prüfungsklausuren dürfen nicht unterschrieben werden. Sie enden mit dem Abschlusstext: „Ende der Bearbeitung".

Bei einer Hausarbeit ist auf die Einhaltung der Formalien besonderes Augenmerk zu legen. Das Abgabeexemplar besteht aus dem Formalienteil (Deckblatt, Sachverhalt, Gliederung, Literaturverzeichnis, Abkürzungsverzeichnis) und dem Lösungsteil (Gutachtentext, Fußnoten, Abschlusstext). Beim Material sollte nicht gespart werden. Bei der Examenshausarbeit handelt es sich um das Meisterstück.

Während bei einer Übungshausarbeit ein Deckblatt voranzustellen ist, enthält die Examenshausarbeit nur die Angabe der Kennziffer. Empfehlenswert ist es, den Sachverhalt nochmals abzutippen.

Die Gliederung zeigt das Gerüst der Arbeit. In ihr ist der äußere Gedankengang darzustellen. Die Gliederung enthält die Gliederungspunkte des Gutachtentextes. Die Gliederungspunkte sind in verschiedenen Gliederungsebenen durch Buchstaben und Zahlen darzustellen. Zu den einzelnen Gliederungspunkten werden die Seitenzahlen hinzugesetzt. Die Überschriften der Gliederungspunkte sollten kurz und prägnant sein.

In Übungs- und Prüfungshausarbeiten ist ein Literaturverzeichnis zu erstellen. Aufzuführen ist die Literatur, auf die in den Fußnoten des Lösungsteils verwiesen wird. Für die Auflistung der Literatur empfiehlt sich die alphabetische Reihenfolge. Die Mindestangaben eines Literatureintrages sind: Name des Autors, Titel, Auflage, Erscheinungsjahr. Die Erstellung des Literaturverzeichnisses wird dadurch erleichtert, wenn bereits beim Schreiben der Lösung für die verwendete Literatur Literaturkarten angelegt werden.

Das Abkürzungsverzeichnis enthält eine Auflistung der im Gutachten verwendeten Abkürzungen. Die Erstellung eines eigenen Abkürzungsverzeichnisses ist nicht unbedingt erforderlich, i.d.R. reicht der generelle Verweis auf ein gebräuchliches Abkürzungsverzeichnis.

Im Gutachtentext des Lösungsteils ist der Gedankengang des Lösungsweges nachvollziehbar und anschaulich zu formulieren. Ziel ist es, die Lösung überzeugend zu präsentieren. Der Text erhält eine Struktur, indem zusammengehörige Gedanken nach außen kenntlich gemacht werden. Besondere textliche Hervorhebungen sind nicht erforderlich. Der Text soll aus sich selbst heraus wirken. Besonderes Augenmerk ist auf die Einhaltung der Rechtschreibungs-, Grammatik- und Kommataregeln zu legen.

Die Fußnoten beinhalten Fundstellen für Zitate und Verweisungen. Die Übernahme fremder Äußerungen im Text ist durch ein Zitat zu kennzeichnen. Dies erfolgt durch eine hochgestellte Zahl am Bezugswort oder Bezugssatz. Es gibt Rechtsprechungszitate und Literaturzitate. Die Fundstelle für das Zitat wird unten auf der Seite als Fußnote aufgeführt. Eine Fußnote enthält die Fußnotenzahl und den Fußnotentext. Die Fußnoten können fortlaufend für die gesamte Arbeit oder für jede Seite gesondert nummeriert werden. Der Fußnotentext enthält die genaue Fundstelle des Zitats. An Schwerpunkten der Bearbeitung sollte anhand der Fußnoten die eingehende Beschäftigung mit der einschlägigen Rechtsprechung und Literatur deutlich werden. Eigene Ausführungen oder Anmerkungen gehören grds. nicht in Fußnoten. Fußnoten können auch Verweisungen auf andere Textstellen oder andere Fußnoten beinhalten.

Den Abschluss der Hausarbeit bildet in Übungshausarbeiten die Unterschrift. Prüfungshausarbeiten dürfen nicht unterschrieben werden.

6. Abschnitt: Tipps und Tricks

A. Vorüberlegung

Die bisherigen Ausführungen haben gezeigt, welche Arbeitstechniken und Formalien einzuhalten sind, um einen Fall zu lösen („Wie löse ich einen Fall?"). Wie bei jedem Handwerk gibt es auch beim Schreiben von Klausuren und Hausarbeiten Tipps und Tricks, die einem die Arbeit erleichtern können („Wie geht es leichter?").

In diesem Abschnitt sollen einige Probleme und Problembewältigungsstrategien aufgezeigt werden, die bei der Bewältigung der Aufgabe, eine Klausur oder Hausarbeit zu schreiben, hilfreich sein können. Zunächst werden besondere Problemsituationen bei der Anfertigung von Klausuren und Hausarbeiten angesprochen. Daran schließt sich die besondere Problematik der Bewältigung der Examenshausarbeit an.

B. Anfertigung von Klausuren und Hausarbeiten

I. Bewältigung der Aufgabe

1. Problemsituation

Wie schreibt man Klausuren oder Hausarbeiten? Wie schafft man es, eine Klausur oder Hausarbeit zu bewältigen?

Die Anfertigung einer Übungs- oder Prüfungsarbeit stellt den Bearbeiter vor mehrere Probleme. Neben dem juristischen Wissen, das verlangt wird, geht es auch um die arbeitsmäßige Handhabung und Bewältigung. Dem Bearbeiter muss es gelingen, am Ende der Bearbeitungszeit eine zumindest brauchbare Lösung zu präsentieren. Mit dem Wissen um das „Ende der Bearbeitung" ergibt sich eine besondere psychische Situation. Es muss unter Druck gearbeitet werden. Wer eine Klausur oder Hausarbeit unter Druck anfertigen muss, befindet sich geradezu auf einem Leidensweg. Niemand, der eine Prüfungsarbeit schreiben muss, ist zu beneiden. Niemand, der es hinter sich gebracht hat, möchte jemals wieder diese Druck- und Angstsituationen erleben. „Angst essen Seelen auf" ist eine Bemerkung, die in diesem Zusammenhang manchmal zu hören ist. Besonders schlimm, ja manchmal sogar qualvoll ist der Moment, in dem die ersten Gedanken formuliert werden müssen: „Wie soll ich anfangen?" Man sitzt vor dem weißen Blatt Papier und die Gedanken wollen nicht aus der Feder fließen. Die Angst, noch nicht den richtigen Gedankenweg erkannt zu haben und nicht die richtigen Formulierungen zu finden, steigert sich teilweise bis zur lähmenden Schreibhemmung („Schreibstau").

Auch diese Situationen gilt es zu meistern und die Angst und einen eventuellen Schreibstau zu überwinden. Wichtig ist, sein Ziel klar vor Augen zu haben. Es gilt, den unbedingten Willen zu haben, die gestellte Aufgabe zu meistern. „Ich will die Aufgabe hier und jetzt lösen!", und dann heißt es einfach anzufangen. „Jetzt geht es los!" Das gilt insbesondere auch für den berüchtigten Schreibstau. Es ist ratsam, zunächst einfach mal darauf loszuschreiben. Korrekturen sind immer noch möglich. Oftmals entwickelt sich, nachdem man angefangen hat, ein Schreibfluss, der dann – hoffentlich – die ganze Arbeit lang andauert.

„Trauen Sie sich ruhig etwas zu!" Wer eine Übungs- oder Prüfungsarbeit schreibt, ist kein Ahnungsloser. Jeder hat in Vorlesungen und durch Eigenarbeit schon viel gelernt von Jura. Die Kunst besteht darin, es nun umzusetzen. Auch hierbei hilft Erfahrung und Routine. Aus diesem Grund sollte man sich möglichst oft der Bewältigungssituation, beispielsweise in Übungen oder Examensklausurenkursen aussetzen. Damit entwickelt sich nach und nach eine Routine, und man lernt auch für den Moment der Prüfung mit der belastenden Situation umzugehen. Es wird empfohlen, bis zum 1. Staatsexamen ca. 40 Klausuren geschrieben zu haben – in jedem Fach (Zivilrecht, Öffentliches Recht, Strafrecht). Das erfordert zweifelsohne eine große Selbstdisziplin. Wer sich so auf das Examen vorbereitet, braucht vor der Prüfung und der Lösung auch unbekannter Fälle keine Angst mehr zu haben.

Je nachdem, ob eine Klausur oder eine Hausarbeit anzufertigen ist, besteht eine spezifische eigentümliche Bewältigungssituation. Eine Hilfe in dieser Bewältigungssituation kann eine richtige Zeiteinteilung und eine richtige Organisation sein.

2. Anfertigung Klausur

Das Typische einer Klausur ist die sehr begrenzte Zeit für die Falllösung. Es gilt, innerhalb kurzer Zeit, im Regelfall fünf Stunden, den Fall zu bearbeiten und die Lösung zu formulieren. Das verlangt höchste Konzentration. Hierbei geht die besondere psychische Belastung insbesondere von dem Zeitdruck aus. Das wird teilweise als sehr belastend und manchmal auch als realitätsfern empfunden. Der Zeitdruck ist es aber auch, der einen letztlich dazu bringt, seine Gedanken zu ordnen und mit dem Formulieren anzufangen. Hierin kann man eine gute Schulung für das Leben, insbesondere für den Berufsalltag sehen. Man lernt, in kurzer Zeit zu brauchbaren, vertretbaren Entscheidungen zu kommen. Das ist es, was das Denken eines Juristen auszeichnet. Hat man diese Fähigkeit einmal erlernt, ist sie in allen beruflichen Positionen, wo schnelles, gründlich durchdachtes Entscheiden verlangt wird, von großem Vorteil.

3. Anfertigung Hausarbeit

Anders ist die Situation bei der Anfertigung einer Hausarbeit. Hierbei kommt es in erster Linie nicht auf eine schnelle Entscheidung an. Vielmehr gilt es, zu zeigen, inwieweit man das gründliche Arbeiten beherrscht. Auch hierfür steht nur eine begrenzte Zeit zur Verfügung. Dies ist sicher auch gut so, denn die Tiefen der Problembewältigung sind in der Juristerei nahezu grenzenlos, was zu einer unendlichen Ausdehnung der Bearbeitung führen könnte. Jedes Problem lässt sich noch weiter vertiefen und aus anderen Perspektiven betrachten und beschreiben.

Wichtig ist es bei einer Hausarbeit, sich über einen längeren Zeitraum konzentriert mit einer Sache zu beschäftigen und dabei den Überblick nicht zu verlieren. Grds. sollte man sich darüber im Klaren sein, dass eine Hausarbeit kein aliud ist, sondern nichts anderes als eine „große Klausur“. Eine Hausarbeit enthält eine Vielzahl von Problemen, die zunächst für sich gelöst werden sollen. Wichtig ist es, die gesamte Arbeit in eine Vielzahl kleiner Probleme aufzugliedern. Hilfreich ist hierbei das Motto „divide et impera“ (teile und regiere). Es gilt auch hier, Schritt für Schritt die Methodik der Fallbearbeitung anzuwenden und den Fall als Ganzes zu lösen. Problematisch ist es, sich beim ersten erkannten Problem anhand der veröffentlichten Literatur, vielleicht sogar anhand von Dissertationen und Habilschriften, in die Tiefen der Bearbeitung zu stürzen. Wichtig ist, nicht zu früh mit der Literatur zu beginnen, sondern den Fall insgesamt zu durchdenken und erst nach und nach die Probleme an einzelnen Stellen zu vertiefen.

Die psychische Belastung während einer Hausarbeit ist besonders groß. Über einen längeren Zeitraum denkt man beinahe an nichts anderes. Man wacht auf und denkt an die Hausarbeit, ist den ganzen Tag damit beschäftigt und schläft mit dem Gedanken an die Probleme in der Hausarbeit ein. Oftmals führt die dauerhafte Anspannung an die Grenzen der eigenen psychischen Belastbarkeit. Man sollte daher etwas aufpassen, insbesondere in der letzten Phase der Bearbeitung, nicht die Realität aus den Augen zu verlieren. Hilfreich ist es, Menschen, die einem nahe stehen, an seiner Seite zu haben, um Aufmunterung und Beistand zu erhalten („keine Isolation!“).

II. Zeiteinteilung

1. Problemsituation

„Es war viel zu wenig Zeit!“ Diesen Satz hört man oft, nachdem die Arbeit abgegeben werden musste. Gefährlich wird es, wenn man während der Bearbeitung die Zeit aus den Augen verliert und sich die Arbeit nicht mehr bewältigen lässt.

Eine richtige Zeiteinteilung ermöglicht eine Bewältigung der gesamten Arbeit und schafft die Sicherheit, im richtigen Moment das Richtige zu tun. Mit einer sinnvollen Zeitplanung lässt sich eine sichere Handhabung bei der Abfolge der einzelnen Arbeitsschritte finden, wodurch der Kopf frei bleibt für die Lösung der juristischen Probleme. Hierbei sind einige Grundregeln zu beachten:

Nerven behalten und nicht zu früh mit der Niederschrift anfangen. Es ist erstaunlich, wie wenig manche Studenten die bei Übungsklausuren gegebenen Möglichkeiten ausschöpfen, indem sie etwa nach einer 1/2 Stunde Gliederungsarbeit an die Ausarbeitung gehen und viel zu früh eine allerdings meist auch viel zu oberflächliche Arbeit abgeben. Wer sich nicht schon bei Übungsklausuren daran gewöhnt, seine Leistungsfähigkeit auszuschöpfen, wird dazu auch im Examen nicht in der Lage sein. Selbstverständlich darf man mit der Niederschrift auch nicht zu spät beginnen. Faustformel für Klausuren und Hausarbeiten: Spätestens nach der Hälfte der Zeit mit dem Formulieren anfangen. Bei langen Falllösungen mit einer Mehrzahl von Fragen etwas früher, bei weniger, aber schwierigen Problemen später. Ist man zu diesem Zeitpunkt mit der Lösungsskizze noch nicht fertig, kann man sie unbedenklich abbrechen. Nach dem Ausformulieren des bereits in der Lösungsskizze erarbeiteten Weges fallen dann bei dem offen gebliebenen Rest die Lösungsskizze einschließlich Vorüberlegungen und endgültige Ausarbeitung zusammen. Notfalls lässt sich auch noch eine eventuell erarbeitete Lösungsskizze beilegen mit der Hoffnung, dass der Prüfer daraus noch einige Gedanken verwertet.

Die richtige Zeiteinteilung ist zu lernen. Auch hier gilt, durch häufiges Üben von Klausuren für sich eine sinnvolle Planung der Zeit zu finden. Mit zunehmender Erfahrung stellt sich ein Zeitgefühl ein, das einen sicheren Halt für die Bewältigung der Examensklausuren bietet.

Für eine sinnvolle Zeiteinteilung existieren keine festen Vorgaben. Jeder muss seinen eigenen Arbeitsstil entwickeln. Allerdings lässt sich auf der Grundlage der Stationen der wissenschaftlichen Fallbearbeitung ein grobes Zeitschema aufstellen, das eine gewisse Orientierung bei der Lösung von Klausuren und Hausarbeiten bieten kann (Meilensteine).

2. Klausur (fünf Stunden)

1. Phase: Erarbeitung (Lesearbeit/Denkarbeit) 50% = 2 1/2 Stunden
   - Arbeit am Sachverhalt 10% = 1/2 Stunde
   - Gutachten, Lösungsskizze 40% = 2 Stunden
2. Phase: Niederschrift (Schreibarbeit) 50% = 2 1/2 Stunden
   - Schreiben 40% = 2 Stunden
   - Überarbeiten 10% = 1/2 Stunde

3. Hausarbeit (vier Wochen)

1. Phase: Erarbeitung (Lesearbeit/Denkarbeit) 50% = 14 Tage
   - Arbeit am Sachverhalt 10% = 2 Tage
   - Gutachten, Literatur, Lösungsskizze 40% = 12 Tage
2. Phase: Niederschrift (Schreibarbeit) 50% = 14 Tage
   - Schreiben, Tippen 40% = 12 Tage
   - Überarbeitung 10% = 2 Tage

Bei Hausarbeiten empfiehlt es sich, bereits zu Beginn einen (tageweisen) Zeitplan zu erstellen und dann die jeweiligen Tagesaufgaben abzuarbeiten. Dadurch lässt sich Sicherheit gewinnen, den Überblick zu behalten, und es wird vorgesorgt, die Zeit nicht aus den Augen zu verlieren.

III. Organisation

1. Problemsituation

Das Schreiben von Klausuren und Hausarbeiten muss organisiert werden. Insbesondere die Anfertigung einer Hausarbeit erfordert neben der juristischen eine besondere organisatorische Leistung. Durch eine geschickte wohlüberlegte Vorplanung lassen sich einige Arbeiten vorweg oder vereinfacht erledigen, wodurch wertvolle Zeit für die eigentliche juristische Arbeit eingespart werden kann. Die Möglichkeiten für organisatorische Vorkehrungen sind mehr oder weniger intensiv, je nachdem ob es sich um eine Klausur oder eine Hausarbeit handelt.

2. Klausur

Bei einer Klausur beschränkt sich die Vorarbeit i.d.R. auf eine ausreichende Materialbeschaffung. Schreibpapier und Schreibwerkzeug sollten in jedem Fall ausreichend zur Verfügung stehen. Das gilt darüber hinaus für eventuelle Bindemittel (Tacker, Heftstreifen, Schnellhefter). Zeitsparend ist es auch, das Deckblatt der Klausur bereits vorab anzufertigen. Als psychologische Hilfe besonderer Art bietet es sich an, bereits bei den Übungsklausuren auf Examenspapier zu schreiben. Hierdurch kann sich für manchen ein positiver Gewöhnungs- und Wiedererkennungseffekt einstellen.

3. Hausarbeit

Bei der Anfertigung einer Hausarbeit lässt sich durch eine Vielzahl von organisatorischen Vorkehrungen wertvolle Zeit für die juristische Bearbeitung des Falls gewinnen. Es beginnt bei der Materialbeschaffung. Für die gesamte Zeit der Bearbeitung sollten ausreichende Schreibmaterialien zur Verfügung stehen. Gleiches gilt für Kleingeld für den Kopierer. Wenn die Hausarbeit erst einmal läuft, hat man den Kopf voller juristischer Probleme und ist froh, sich nicht auch noch um Kleinigkeiten kümmern zu müssen. Besonders hilfreich kann es auch sein, sich bereits vorab um die Literaturbeschaffung zu bemühen. Zu jedem Rechtsgebiet gibt es Standardkommentare, von denen ein Exemplar für zu Hause ausgeliehen werden kann. Vorab geplant werden muss ferner die Organisation der Schreibarbeit. Wer seine Arbeit selber tippt, sollte das Arbeitsmaterial (Schreibmaschine, Computer einschließlich Schreibprogramm) gut beherrschen. Wer seine Arbeit tippen lässt, sollte sich rechtzeitig um eine zuverlässige Schreibkraft bemühen.

Wegen der weiteren Einzelheiten zur Anfertigung einer Hausarbeit und den damit einhergehenden Organisationsfragen wird auf die besonderen Tipps für die Examenshausarbeit verwiesen (s. folgendes Kapitel).

C. Anfertigung der Examenshausarbeit

I. Vorplanung

1. Der Tag der Anmeldung

Die Anfertigung der Hausarbeit für das juristische Staatsexamen erfordert eine genaue Planung. Es geht um das Meisterstück. Um alles gut zu bewältigen ist ein richtiges Management vorzunehmen. Examen ist auch Examensmanagement.

Die Planung des Examens beginnt mit der Frage: Wann ist der richtige Zeitpunkt zur Anmeldung? Es gilt: Die Anmeldung sollte nicht zu früh und nicht zu spät erfolgen. Voraussetzung für die Anmeldung ist, dass man sich ein solides Grundwissen erarbeitet, seine Kenntnisse vertieft und durch häufiges Klausurenschreiben Erfahrungen erworben hat.

Nach dem Erwerb der Übungsscheine („scheinfrei") schließt sich die Phase der Vertiefung des erworbenen Wissens an. Dies kann durch Eigenstudium oder den Besuch eines Repetitoriums erfolgen. In einem Repetitorium wird der examensrelevante Stoff, wie er erfahrungsgemäß anzuwenden ist, vorgetragen. Der Vorteil eines Repetitoriums liegt darin, dass man am Ende, in der Regel nach einem Jahr, den gesamten Stoff einmal im Überblick dargestellt bekommen hat. Insoweit erhält man einen Gesamtüberblick und weiß, wo man noch Lücken hat. Die Zeit nach dem Repetitorium dient dazu, den Stoff am besten mittels eines Lernprogramms nochmals zu durchdringen und Lücken aufzuarbeiten.

Gleichzeitig sollte das Klausurenschreiben geübt werden. Bietet die Universität einen Klausurenkurs an, sollte regelmäßig die Gelegenheit wahrgenommen werden, die Klausuren mitzuschreiben und an den Besprechungen teilzunehmen. Die Klausuren sind das A und O des Examens. Hier kann der Rechtskandidat zeigen, dass er eigenständig in der Lage ist, innerhalb einer vorgegebenen Zeit einen Fall juristisch zu bearbeiten. Das häufige Klausurenschreiben hat insbesondere den Vorteil, dass man Erfahrungen sammelt und sich eine gewisse Routine aneignen kann. Hierdurch verliert sich die Angst auch vor unbekannten Fällen. Es ist normalerweise nicht damit zu rechnen, dass im Examen ein bekannter Fall zu lösen ist. Vielmehr muss man sich durch häufiges Üben von Klausuren die Sicherheit aneignen, auch bei unbekannten Fällen und Problemen eine einigermaßen plausible juristische Lösung abzuliefern. Beim Klausurenschreiben bekommt man durch die Korrektur auch ein Feedback dafür, welches Wissen man sich erworben hat und wie nah man dem Examen gekommen ist. Wer über einen längeren Zeitraum die Klausuren mit brauchbaren Ergebnissen geschrieben hat, sollte sich bald zum Examen anmelden („Indikator zur Anmeldung").

Die Vertiefung und das Klausurenschreiben sollten etwa 1/2 bis maximal 1 Jahr dauern. Für denjenigen, der in dieser Zeit regelmäßig und kontinuierlich sein Wissen angereichert und vertieft hat, ist nunmehr der Zeitpunkt gekommen, sich zu seinem Examen anzumelden. Keinesfalls sollte aus Angst vor dem Examen die Anmeldung immer weiter hinausgeschoben werden. Man sollte sich nicht von dem Eindruck leiten lassen, man wisse noch nicht alles. Es ist eine trügerische Hoffnung zu glauben, man könnte irgendwann alles wissen. In der Juristerei wird man immer wieder erleben und mit Erstaunen registrieren, dass es Bereiche und Probleme gibt, von denen man bisher nichts wusste. Und es wird auch immer andere Juristen geben, die mehr wissen als man selbst. Das sollte aber nicht unbedingt der Maßstab sein. Entscheidend ist, dass man seine Vorbereitung konsequent und ehrlich durchführt und sich dann zur Prüfung anmeldet.

Ein weiteres Problem kann sich aus der Frage ergeben: Aus welchem Rechtsgebiet soll ich die Hausarbeit auswählen? Zur Beantwortung lassen sich kaum allgemein gültige Ratschläge geben. Die Wahl der richtigen Hausarbeit ist eine individuelle Entscheidung. Grundsätzlich kann davon ausgegangen werden, dass die Hausarbeiten, egal aus welchem Rechtsgebiet, etwa gleich schwer sind. Vom Umfang her lässt sich feststellen, dass Hausarbeiten aus dem Strafrecht i.d.R. länger sind. Bei öffentlich-rechtlichen Hausarbeiten kommt manchmal die besondere Problematik hinzu, einen Fall aus einem Rechtsgebiet lösen zu müssen, in dem man bisher noch nicht gearbeitet hat. Es kann sogar passieren, auf unbekannte Gesetze zurückgreifen zu müssen, die man sich erst besorgen muss. Für denjenigen, der sich überhaupt nicht entscheiden kann, gibt es zwei Orientierungshilfen. Einmal kann man die Hausarbeit aus dem Rechtsgebiet auswählen, das einem gefühlsmäßig am ehesten liegt. Man wählt einfach das Rechtsgebiet, das man mag und in dem man sich am sichersten fühlt. Führt das auch nicht weiter, hilft vielleicht die rückschauende Betrachtung der bereits angefertigten Hausarbeiten. Wo man seinerzeit in der Übungshausarbeit die besten Ergebnisse erzielt hat, liegt vielleicht auch eine gewisse Vermutung dafür, auch im Examen entsprechend gut zurecht zu kommen.

2. Organisatorische Vorkehrungen

Im Rahmen der Vorplanung können bereits einige Arbeiten vorgenommen werden, die dann bei der Anfertigung der Examenshausarbeit nicht mehr erforderlich sind. Das hilft, wertvolle Zeit zu sparen, die dann für die eigentliche Bearbeitung zur Verfügung steht. Die Bereiche, die durch eine gezielte Vorplanung vorab bearbeitet werden können, betreffen insbesondere die Materialbeschaffung und -beherrschung.

Wer seine Hausarbeit selbst mit einem Computer oder einer Schreibmaschine schreibt, sollte diese Geräte auch beherrschen. Fürchterlich ist die Vorstellung, erst im Examen selbst mit Problemen bei der richtigen Bedienung konfrontiert zu werden. Es hat schon Personen gegeben, die quasi beschwörend um ihren Drucker herumgetanzt sind, um die im Computer fertig gestellte Ausarbeitung auch ausgedruckt zu erhalten. Man sollte auf jegliche Extremfälle gefasst sein. Sinnvoll ist es, jeweils Zweitgeräte schon bereitstehen oder eine Möglichkeit zur schnellen Ersatzbeschaffung zu haben.

Eine ausreichende Vorsorge sollte auch im Hinblick auf das Material getroffen werden. Papier, Tintenpatronen, Stifte, Radiergummis etc. können schon vorab in etwas großzügiger Anzahl beschafft werden. Am besten fertigt man sich eine Liste der Materialien an, die man voraussichtlich für die Hausarbeit benötigt und startet dann, kurz bevor es losgeht, einen großen Materialeinkauf.

Wer die Hausarbeit von einem Schreibbüro erstellen lässt, sollte sich frühzeitig um eine ordentliche und gewissenhafte Schreibperson bemühen. Vorteilhaft ist es, vorab alle Einzelheiten der Gestaltung und Zeitplanung zu besprechen. Am besten fertigt man einen kurzen Probetext und legt fest, wie das fertige Exemplar aussehen soll. Dies gilt insbesondere für die Gestaltung der Gliederung, des Literaturverzeichnisses und der Fußnoten. Routinierte Schreibbüros wissen, was in juristischen Hausarbeiten an Formalien verlangt wird. Insoweit kann es angebracht sein, auf erfahrene Personen zurückzugreifen. Es wurde berichtet von Schreibpersonen, die bei Kontaktaufnahme erst einmal die Hände über dem Kopf zusammenschlugen und einen Seufzer ausstießen, als sie hörten, dass es um eine juristische Hausarbeit ging. Aber keine Angst, auf Personen, die bereits juristische Hausarbeiten geschrieben haben und damit auch wissen, wie angehende Juristen in dieser Zeit zu ertragen sind, kann man sich i.d.R. verlassen.

Ein weiterer Bereich für organisatorische Vorkehrungen ist die Planung der Erstellung des fertigen Abgabeexemplars und die Abgabe selbst. Hierauf wird bei dem Punkt „Abgabe“ näher eingegangen.

3. Probehausarbeit

Besonders gut hat sich der Vorschlag bewährt, vor der eigentlichen Examenshausarbeit, quasi als Generalprobe, nochmals eine Übungshausarbeit anzufertigen. Wer sich einigermaßen fit fühlt, sich dem Examen zu stellen, sollte in dem Rechtsgebiet, aus dem er die Hausarbeit auswählen möchte, zu Übungszwecken eine Hausarbeit schreiben. Hierbei zeigt sich, inwieweit man in der Lage ist, eine Falllösung zu bewältigen. Dabei können noch Schwächen im materiellen Recht offenbar werden, wo es gilt, nochmals vertieft nachzuarbeiten. Insbesondere zeigt die Anfertigung einer Falllösung, ob man in der Lage ist, durch Anwendung der richtigen Methode den Fall in den Griff zu bekommen. Darüber hinaus lassen sich wertvolle Erkenntnisse dafür finden, ob man organisatorisch gut vorgesorgt hat.

Es erscheint vielleicht etwas mühselig, sich „freiwillig“ nochmals der Anfertigung einer Übungshausarbeit zu stellen. Aber die Mühe lohnt sich. Es wird damit erreicht, ein sicheres Gefühl dafür zu bekommen, wie man eine Hausarbeit schreibt. Dabei können wertvolle Erfahrungen gesammelt werden. Aus aufgedeckten Schwächen kann man jetzt noch lernen, und man hat noch die Chance zur Korrektur. Besser jetzt als im Examen.

II. Erstellung

1. Der erste Tag

Wenn der Falltext erst einmal vor einem liegt, schwankt die Stimmung oft zwischen Schrecken und Euphorie, zwischen Verzweiflung und Hoffnung. Einerseits ist man erfreut, wenn man einige Dinge erkennt, zu denen man wohl etwas schreiben kann. Andererseits sieht man sich vor Probleme gestellt, bei denen man zweifelt, sie richtig lösen zu können („Da habe ich noch nie etwas von gehört").

In dieser Situation ist es nun besonders wichtig, methodisch richtig vorzugehen. Insbesondere begegnet man zwei Gefahren. Die erste besteht darin, den oder einen ähnlichen Fall zu suchen, um die Lösung übernehmen zu können. Die andere Gefahr ergibt sich daraus, die Lösung eines erkannten Problems in grundlegenden Aufsätzen oder gar Dissertationen oder Habilitationsschriften zu suchen. Beide Wege führen nicht zur Bewältigung der Aufgabe. Vielmehr besteht die große Gefahr, sich zu verzetteln. Es ist ein Wahn zu glauben, es gebe irgendwo in der Literatur versteckt die richtige Lösung, man müsse sie nur finden. Das Suchen nach der richtigen Lösung endet oft im Frust. Die Lösung findet sich nicht selbst, sondern man muss sich die Lösung erarbeiten. Auch der Glaube, sich durch Anfertigung von Unmengen von Kopien tüchtig mit der Arbeit zu beschäftigen, führt nicht weiter („nicht kopieren, kapieren!").

Die Lösung findet sich nur, wenn man sich die grundlegenden Gedanken selber macht. Die Lösung ergibt sich im Durchdenken der Probleme. Das ist zwar mühseliger als das erhoffte Finden der Lösung, aber der einzige Weg zur richtigen Falllösung.

Hierfür ist eine korrekte Handhabung erforderlich. Die Lösung ist nicht wie ein Mosaik von aneinander gereihten Problemen zu finden. Vielmehr müssen der Lösungsweg und die Lösung vom Fallbearbeiter insgesamt durchdacht werden. Es ist eine ganzheitliche Betrachtung vorzunehmen. Um dies zu erreichen gibt es ein bewährtes Mittel. Es empfiehlt sich, die Examenshausarbeit als Klausur zu lösen („Klausurlösung"). Das bedeutet: Man nimmt den Aufgabentext, stellt sich vor, es sei eine (Examens-)Klausur und versucht, innerhalb von fünf Stunden Bearbeitungszeit eine brauchbare Lösung zu finden.

Diese Handhabung ermöglicht es, die Arbeit als Ganzes aufzunehmen und zu durchdenken („Blick aufs Ganze"). Die Klausurlösung stellt die erste grobe Bearbeitung dar. Die Lösung wird dann immer weiter vertieft. Als nächster Schritt schließt sich die Bearbeitung und Vertiefung der Klausurlösung mit einem Standardkommentar an („Kommentarlösung"). Mit dieser Handhabung stößt man nach und nach auf die entscheidenden Probleme des Falles. Gleichzeitig werden die Probleme nicht isoliert betrachtet, sondern in Beziehung zur Gesamtlösung. Es kann nämlich passieren, dass eine Entscheidung oder Änderung an einem Einzelproblem Auswirkungen auf die Lösung an einer ganz anderen Stelle hat.

Erst wenn der gesamte Fall mithilfe der Kommentarlösung durchdrungen ist, schließt sich die eigentliche Vertiefung einzelner Problembereiche anhand der aufgefundenen einschlägigen Rechtsprechung und Literatur an. Auch bei der dann folgenden Vertiefung sollte stets der Blick aufs Ganze beibehalten werden.

Wichtig sind damit zwei Vorgehensweisen: Die Lösung des Falles ist vom Groben zum Feinen zu suchen und immer die ganze Lösung im Blick zu behalten. Durch die Beachtung dieser Prinzipien wird es dem Bearbeiter gelingen, den Fall insgesamt einer in allen Einzelheiten gut durchdachten Lösung zuzuführen.

2. Zeitplan

Wichtig für die Bewältigung der Examenshausarbeit ist ein gutes Management bezüglich der Zeiteinteilung („Timing").

Ein gutes Timing macht es erforderlich, vor dem eigentlichen Beginn der Arbeit einen genauen Zeitplan aufzustellen. Ratsam ist es, sich vorab einen tageweisen Arbeitsplan zu überlegen. In den Tagesplan werden die pro Tag zu erledigenden Arbeiten eingetragen, und zwar für jeden Tag, der zur Bearbeitung zur Verfügung steht (Tagesziel).

Nun lässt sich nicht im Vorhinein festlegen, welche Themen zu bearbeiten sind. Eine grobe Einteilung ergibt sich jedoch daraus, dass etwa die Hälfte der Bearbeitungszeit für Lesearbeit und die andere Hälfte für Schreibarbeit zur Verfügung steht. Gibt es beispielsweise sieben ungefähr gleich umfangreiche Problempunkte, und stehen für die Lesearbeit 14 Tage zur Verfügung, können auf die Lösung jedes Problems etwa 2 Tage verwandt werden. Das bedeutet in der Folge aber auch, dass i.d.R. nach spätestens 2 Tagen mit der Lesearbeit für das nächste Problem begonnen werden muss. Keinesfalls darf man sich am ersten Problem festhaken und die Lösung der weiteren Probleme aus dem Auge verlieren. Sinn und Zweck des Zeitplans ist es, eindringlich darauf hingewiesen zu werden, wann zur Bearbeitung des nächsten Problems übergegangen werden muss. Dasselbe gilt für die Schreibarbeit. Auch hier darf nicht bei der Niederschrift zu einem Problempunkt übermäßig viel Zeit aufgewendet werden. Der Zeitplan zeigt auf, wann es erforderlich ist, mit der Formulierung des nächsten Problempunktes zu beginnen. Darüber hinaus lässt sich im Rahmen der Niederschrift durch den Zeitplan ein Überblick gewinnen, wieviele Seiten pro Tag anzufertigen sind, um etwa auf die vorgesehene Seitenzahl der endgültigen Ausarbeitung zu kommen. Die Verwendung eines Zeitplans ist eine Orientierungshilfe, die es ermöglicht, die gesamte Arbeit innerhalb der vorgegebenen Zeit zu bewältigen. Zusätzlich verschafft ein Zeitplan auch Sicherheit. Wer sein durch den Arbeitsplan vorgesehenes Tagewerk erfüllt hat, kann mit seiner Leistung zufrieden sein und am nächsten Tag beruhigt seine Arbeit fortsetzen. Das konsequente und disziplinierte Abarbeiten der vorgegebenen Arbeitsportionen führt zu einem Anwachsen der Lösung, an deren Ende der fertige Lösungstext steht.

Im Rahmen der vorgeschlagenen Probehausarbeit lässt sich die Aufstellung und Einhaltung eines Zeitplans bereits sinnvoll üben.

3. Psychologie

Der Kaffeekonsum nimmt zu.
Das Essen wird immer weniger.
Das Gesicht wird immer blasser.
Die Nächte werden zu Tagen.
Die Freunde werden weniger.
Die Zigarettenschachteln werden immer leerer (für Raucher).

Das sind die Tage der Examenshausarbeit.

Einige sagen, man komme als anderer Mensch aus der Examenshausarbeit. Andere sagen, das juristische Staatsexamen sei nichts anderes als ein Test, inwieweit man in der Lage ist, Angst zu ertragen. In diesen Betrachtungen mag als wahrer Kern enthalten sein, dass es im Examen und insbesondere bei der Hausarbeit darum geht, Ängste zu überwinden und die Bewältigungssituation zu überstehen. Hilfreich kann es dabei sein, sich vor Augen zu halten, dass es schon viele vorher geschafft haben.

Die Zeit der Hausarbeit ist eine Zeit großen psychischen Drucks und höchster Anspannung. Man gelangt teilweise an die Grenzen der eigenen Psyche. Die Belastung ist enorm. Man ist über einen längeren Zeitraum in erster Linie nur mit einem einzigen Thema beschäftigt. Alles andere ist nahezu nebensächlich. Man steht morgens auf und denkt an die Hausarbeit, ist den ganzen Tag damit beschäftigt und schläft abends mit dem Gedanken an die Hausarbeit ein. Manchmal folgt sie einem sogar noch in die Träume.

Es gilt, diese Situation durchzustehen und zu bewältigen. Wichtig ist es, im psychischen Gleichgewicht zu bleiben und sich nicht entmutigen zu lassen (seelische Balance"). Hausarbeiten sind von Frustrationen und Selbstzweifeln begleitet. Es gibt immer wieder Durchhänger („durch das Tal der Tränen"). Davon darf man sich aber nicht unterkriegen lassen. Keine Angst vor Schwierigkeiten. Es ist wie beim Anblick hoher Berge („Bergblick"). Am Fuß überschätzt man ihre Steigung. Steigt man höher, so wird einem Schritt für Schritt deutlich, dass man einer optischen Täuschung zum Opfer fiel. Es geht gar nicht so steil bergauf wie gedacht. Genauso gilt es bei der Examenshausarbeit, die Situation zu meistern und durchzukommen. Wichtig ist, für sich das Ziel zu haben, die gestellte Aufgabe zu meistern. Eine Hilfe können hierbei feste Orientierungspunkte bieten. Ein gewisser Halt ergibt sich aus der Einhaltung des Zeitplans. Wichtig ist es dabei, sich nicht ständig vor Augen zu halten, wieviel noch zu bewältigen ist. Vielmehr sollte man eher nur auf die Bewältigung des nächsten Arbeitsschrittes schauen. Eine grobe Orientierung ergibt sich aus dem Zeitpunkt in der Hälfte der Bearbeitungszeit. An diesem „Bergfest" sollte man seine Gedanken und Ziele zunächst ausrichten. Das gilt zunächst im Hinblick darauf, bis zu diesem Termin das Gesamtkonzept der Lösung in seinen wesentlichen Zügen erarbeitet zu haben. Hat man dieses Ziel erreicht, sollte man für einen Moment innehalten und in einem Rückblick das gefundene Ergebnis nochmals betrachten: „Ist das die Lösung meiner Arbeit?" Anschließend besteht das Ziel darin, die gefundene Lösung in den schriftlichen Text umzusetzen.

Beim Schreiben stellt sich manchmal ein besonderes Problem ein. Man hat alles im Kopf und weiß nicht, wie man es formulieren soll („Schreibstau"). Es ist wie eine psychische Hürde („Angstbarriere"). Jede Formulierung, die man gerade noch im Kopf erdacht hatte, wird sofort wieder verworfen. Man denkt: Das kann doch so nicht richtig sein, das klingt überhaupt nicht. Selbst wenn der Anfang gemacht ist, eine Formulierung zu Papier zu bringen, findet sich kein Weg, sie richtig zu Ende zu bringen. Dieses typische Phänomen stellt sich bei vielen ein, die vor einem leeren Blatt sitzen und etwas zu Papier bringen wollen oder müssen. Die Gedanken wollen einfach nicht aus der Feder fließen.

Diese Hürde gilt es zu überwinden. Es gibt sicherlich keine Patentrezepte. Jeder muss seinen eigenen Weg finden, die psychische Mauer zu durchbrechen. Ist es erst einmal geschafft, stellt sich oft ein Schreibfluss oder Schreibrausch ein. Man kann gar nicht so schnell schreiben, wie einem die Gedanken kommen. Diesen Punkt zu erreichen, bedarf einiger Überwindung. Auf dem Weg dorthin befindet man sich manchmal auf der Flucht („Verhinderungsstrategien"). Es gibt Studenten, bei denen war die Wohnung nie so sauber wie kurz vor dem Niederschreiben der Arbeit. Es fällt einem so viel ein, was man vorher noch aufräumen oder erledigen könnte. In Wirklichkeit handelt es sich um unbewusste, mehr oder weniger geschickte Verhinderungsstrategien. Aber irgendwann kommt der Punkt, wo wirklich alles aufgeräumt ist, und dann muss man ran. Es gibt kein Zurück mehr. Dieser Punkt wird natürlich beschleunigt durch den wachsenden Druck. Das mag der Grund dafür sein, warum so viele Arbeiten erst im letzten Augenblick und dann unter enormem Druck geschrieben werden.

Zur Bewältigung diese Phänomens lässt sich auf die Erfahrung von anderen Personen zurückgreifen, die ein schriftliches Werk verfassen wollen und mit ähnlichen Problem konfrontiert sind, beispielsweise Schriftsteller. Manche sagen, man schreibe nicht mit dem Kopf, sondern mit dem Hintern, d.h. mit dem Hinterteil, auf dem man sitzt. Damit ist gemeint, dass man sich einfach immer wieder hinsetzen und schreiben und schreiben muss. Insoweit ist zunächst eine enorme Selbstdisziplin gefordert. Hilfreich soll es sein, sich selbst feste Arbeitszeiten vorzuschreiben. Damit dürfte es zunächst wichtig sein, für einen geordneten Tagesablauf zu sorgen.

Ein bewährtes Mittel zur Überwindung des Schreibstaus liegt darin, einfach darauf los zu schreiben („Befreiungsschlag“). Auch wenn man das Gefühl hat, es sei der größte Unsinn, sollte man es erst einmal zu Papier bringen. Korrigieren kann man später immer noch. Ein lateinisches Sprichwort sagt:

„Incipe dimidium facti est coepisse.
Superfit dimidium; rusum hoc incipe et efficies.“

Damit ist gemeint: „Angefangen zu haben ist die halbe Tat getan zu haben“. Darin steckt sicherlich sehr viel Weisheit. Das erste Wort, der erste Satz, die erste Seite ist am schwierigsten. Aber sobald man sich auf den Weg macht, kommt man dem Ziel ein Stück näher. Jede große Reise beginnt mit einem kleinen Schritt. Oft stellt sich dann nach einer Zeit des quälenden Schreibens eine gewisse Leichtigkeit ein, die es ermöglicht, weiter zu schreiben. Mehr und mehr gerät man in den Schreibfluss, der es dann ermöglicht, die Gedanken flüssig zu formulieren. Dann ist man drin, dann hat man es geschafft. Nunmehr gelingt es auch, die anfangs etwas holprig formulierten Sätze ohne größere Probleme passend umzuformulieren. Wenn man an diesem Punkt angelangt ist, sollte man schreiben! schreiben! schreiben! was die Feder hergibt. Manchmal „wacht“ man nach einigen Stunden der Bearbeitung auf und wundert sich, wie weit man gekommen ist. Das ist dann eine Zeit höchster Konzentration gewesen.

Die Schwierigkeit beim Schreiben besteht darin, diesen Punkt immer wieder aufs Neue zu erreichen. Das kostet jedes Mal wieder Überwindung. Man muss immer wieder den Willen und die Kraft auftreiben, sich selbst zum Schreiben zu bringen. Es ist ein immer währender Kampf gegen sich selbst.

Einige kleine Tricks können hierbei helfen. Dazu gehört, sich zu Beginn mit solchen Handhabungen und Gedanken zu beschäftigen, die man am liebsten mag. Auch ein kleines Gläschen Wein zu Beginn kann hilfreich für den Einstieg sein. Natürlich keinesfalls mehr, sonst gelingt an diesem Tag überhaupt nichts mehr. Eine andere Methode besteht darin, sich zu belohnen. Nach jeweils 10 geschriebenen Seiten eine Zigarette oder ein Stück Schokolade. Man kann sich ja nach der Hausarbeit das Rauchen wieder abgewöhnen oder abnehmen. Derartige Tricksereien mögen vielleicht etwas spaßig klingen, aber sie können auch hilfreich sein, den eigenen „inneren Schweinehund“ zu bekämpfen.

Zu einer guten psychologischen Handhabung gehört es auch, den Leidensweg einer Hausarbeit nicht allein zu durchleben. Soziale Kontakte zur Familie, zum Partner und zu guten Freunden sollten nicht vernachlässigt werden. Ein aufmunterndes Wort von nahe stehenden Personen kann Wunder wirken. Sie helfen, das seelische Gleichgewicht wieder herzustellen und bewirken neue Tatkraft zur Bewältigung der Aufgabe. Wer ein Tierfreund ist und einen Hund oder eine Katze hat, kann darin auch etwas Beruhigung und Ablenkung finden. Ebenfalls ist es ratsam, von Zeit zu Zeit Pausen einzulegen, aber ohne schlechtes Gewissen. Wer gerne Sport macht, sollte auch während der Examenshausarbeit für körperlichen Ausgleich sorgen.

Die psychologische Bewältigung einer Examenshausarbeit ist genauso wichtig wie die juristische Handhabung. Das ganze Wissen nützt nichts, wenn es nicht umgesetzt werden kann. Angst ist zwar auch ein guter Motor, aber sie darf einen nicht lähmen. Die Angst darf nie so groß werden, dass sie die geistige Beweglichkeit allzu sehr einschränkt. Wie gesagt: Einige sind der Ansicht, das juristische Examen sei nichts anderes als ein Test, inwieweit man unter Druck und Anspannung arbeiten kann und in der Lage ist, Angst zu ertragen und zu bewältigen. Bei der juristischen Hausarbeit geht es darum, zu zeigen, dass man dazu fähig ist. Es gilt „alles zu geben!"

III. Abgabe

1. Der Abgabetag

Am Abgabetag herrscht meist Hektik. Es ist noch einiges zu erledigen, um die Arbeit zu Ende zu bringen. Dabei sollte der Abgabezeitpunkt nicht aus den Augen verloren werden.

Es fällt einem noch so vieles ein, was man noch ändern möchte. Damit muss Schluss sein („Redaktionsschluss"). Die Arbeit, so wie sie jetzt vor einem liegt, ist abzugeben. Die noch verbleibende Zeit dient der Kontrolle. Die Bearbeitung beschränkt sich im Wesentlichen auf ein gründliches Korrekturlesen und das Überprüfen von Fußnoten.

Ratsam ist es, diese Zeit nicht allein zu durchstehen. Ansonsten besteht gleich die Gefahr, sich in der Zeit zu verlieren. Es kann sehr hilfreich sein, wenn einem eine gute Freundin oder ein guter Freund am letzten Tag zur Seite steht. Aufgabe dieser Person ist es dann, auf die Zeit zu achten und ggf. seelischen Beistand zu leisten. In manchen Fällen kann es auch angebracht sein, die notwendigen Fahrten mit dem Auto nicht mehr selbst vorzunehmen.

2. Bindung

Das Abgabeexemplar der Examenshausarbeit muss in eine feste Form gebracht werden. Dies geschieht normalerweise durch eine Bindung. Es stehen verschiedene Bindungstechniken zur Verfügung. Angeboten werden die Leimbindung, die Klemmbindung oder die Einbindung mittels Lochschiene. Die klassische Form ist die Leimbindung. Die Klemmbindung ist zwar etwas fester, hat allerdings den Nachteil, dass das Exemplar nicht aufgeschlagen liegen bleibt. Die Verwendung einer Lochschiene ermöglicht demgegenüber ein problemloses Umblättern, sieht aber vielleicht nicht ganz so gut aus wie eine Leimbindung. Letztlich handelt es sich um eine Frage des persönlichen Geschmacks, wie man seine Arbeit gern abgeben möchte. Dies gilt auch für die farbliche Gestaltung des Umschlags. Auch ein „schwarzer" Einband wird keine Nachteile bringen.

Da das Binden einige Zeit in Anspruch nimmt, muss diese Zeit am Abgabetag mit berücksichtigt werden. Die Frage nach der richtigen Bindung kann bereits im Rahmen der Vorplanung geklärt werden. Dies betrifft auch den Kopierladen, in dem die Bindung vorgenommen werden soll. Am besten ist es, sich vorher bei einem Copy-Shop über die Dauer der Bindung und vor allem auch über die Öffnungszeiten zu erkundigen.

Zuweilen stellt sich ein Glücksgefühl ein, wenn man die Hausarbeit zum ersten Mal als gebundenes Werk vor sich sieht. Das Abgabeexemplar, das in gebundener Form vor einem liegt, gibt schon was her. Es sieht doch ansehnlich aus und müsste doch eigentlich zum Bestehen bzw. für einige gute Punkte reichen. In dieser Glückseligkeit sollte nicht vergessen werden, dass die Hausarbeit auch noch abgegeben werden muss.

3. Abgabeort

Die Abgabe der fertigen Examenshausarbeit erfolgt entweder beim Justizprüfungsamt selbst oder im Wege der Versendung durch die Deutsche Bundespost. Auch die hierfür notwendigen Materialien, insbesondere der Briefumschlag und Klammern, können bereits im Rahmen der Vorplanung beschafft werden. Besonders wichtig ist, sich nach den Öffnungszeiten der Postämter zu erkundigen. Diese können durchaus unterschiedlich sein. Das Abgabeexemplar muss bei einem Postamt per Einschreiben aufgegeben werden, ein Einwurf in den Briefkasten reicht nicht. Von einem Einwurf in einen Nachtbriefkasten, sofern ein solcher beim Justizprüfungsamt vorhanden ist, sollte nur in „dringenden Notfällen“ Gebrauch gemacht werden.

Wenn die Hausarbeit dann endlich im Kasten ist, darf erst einmal gefeiert werden!

D. Zusammenfassung

Mit „Tipps und Tricks“ soll die Bewältigung der Aufgabe, eine Klausur oder Hausarbeit zu schreiben, erleichtert werden. Bei der Anfertigung von Klausuren und Hausarbeiten kommt es darauf an, innerhalb einer vorgegebenen Zeit eine brauchbare Lösung zu präsentieren. Das vorhandene juristische Wissen muss auf den Fall angewendet werden. Wichtig ist, die Lösung durch eine konsequente arbeitsmäßige Handhabung der juristischen Arbeitstechnik zu bewältigen mit dem festen Willen, die gestellte Aufgabe zu meisten. Die Anfertigung von Klausuren und Hausarbeiten bedingt oft eine besondere psychische Situation, die es zu meistern gilt. Hierbei helfen Erfahrung und Routine. Zur Vorbereitung auf das Examen sollte das Anfertigen von Übungsarbeiten so oft wie möglich geübt werden.

Übungs- und Prüfungsarbeiten werden unter Zeitdruck geschrieben. Wichtig ist dabei, die Nerven und den Überblick zu behalten. Hilfreich kann eine Planung der Zeiteinteilung sein. Für Klausuren und Hausarbeiten gilt: Spätestens nach der Hälfte der Zeit („Bergfest“) sollte mit der Ausformulierung des Gutachtens begonnen werden.

Durch eine wohlüberlegte Organisation des Klausur- und Hausarbeitschreibens kann wertvolle Zeit für die eigentliche juristische Arbeit gewonnen werden.

Hilfreich ist insbesondere eine ausreichende Materialbeschaffung und bei einer Hausarbeit zusätzlich eine vorherige Literaturbeschaffung.

Einer besonderen Vorplanung und Organisation bedarf die Examenshausarbeit. Für die Anfertigung der Examenshausarbeit empfiehlt sich vorab eine genaue Planung des Ablaufs („Hausarbeitsmanagement"). Der richtige Zeitpunkt zur Anmeldung ergibt sich aus dem Abschluss der Vertiefung des Examensstoffes und den Erfahrungen aus Übungsklausuren. Ein häufiges Bestehen von Übungsklausuren ist ein wichtiger Indikator zur Anmeldung. Durch organisatorische Vorkehrungen im Rahmen der Vorplanung kann wertvolle Zeit für die eigentliche Ausarbeitung gewonnen werden. Wichtig sind Materialbeschaffung und -beherrschung. Zur besonders gründlichen und effektiven Vorbereitung wird die Anfertigung einer freiwilligen Übungshausarbeit in dem gewählten Rechtsgebiet empfohlen.

Die Bewältigung der Examenshausarbeit erfordert eine konsequente, zielstrebige Bearbeitung des Falls. Bewährt hat sich, zu Beginn die Anfertigung einer Klausurlösung vorzunehmen. Die weitere Vorgehensweise erfordert ein gedankliches Durchdringen der Lösung, und zwar vom Groben zum Feinen immer mit dem Blick aufs Ganze. Ein wichtiges Hilfsmittel ist die Erstellung eines genauen Zeitplans. Die einzelnen Tagespläne sind möglichst genau abzuarbeiten. Eine konsequente Bearbeitung, methodisch zielstrebig Schritt für Schritt, ermöglicht die Bewältigung der Aufgabenstellung.

Die Zeit einer Examenshausarbeit bringt oft große psychische Belastungen mit sich. Wichtig ist, die durch Druck und Angst hervorgerufene Belastung zu durchstehen mit dem Ziel, die Arbeit zu schaffen. Ein gewisser Halt ergibt sich aus der Orientierung an dem Zeitplan. Die psychische Hürde eines Schreibstaus muss durchbrochen werden. Manchmal kann ein „Befreiungsschlag" hilfreich sein, d.h. einfach mit dem Schreiben anzufangen. Entscheidend ist, sich selbst immer wieder zum Schreiben zu motivieren.

Am Abgabetag ist die Arbeit nochmals Korrektur zu lesen und die Fußnoten sind zu überprüfen. Es ist keine Zeit mehr für größere Änderungen an der Arbeit. Wichtig ist, die Zeit nicht aus den Augen zu verlieren. Das Abgabeexemplar der Hausarbeit wird normalerweise in gebundener Form abgegeben. Die Arbeit ist während der vorher ermittelten Öffnungszeiten bei einem Postamt per Einschreiben an das Justizprüfungsamt zu senden.

7. Abschnitt: Zusammenfassung

A. Rückblick

Das war unser Weg durch die Methodik der Fallbearbeitung. Am Anfang stand die Frage: „Wie schaffe ich mein Examen?“

Auf dem Weg zum juristischen Staatsexamen sind Klausuren und Hausarbeiten zu schreiben, in denen die Lösung eines Falls verlangt wird. Damit stellte sich die weitere Frage: „Wie löse ich einen Fall?“

Die Lösung eines Falls besteht in der Antwort auf die Fallfrage. Die richtige Beantwortung ergibt sich aus einem bestimmten Vorgehen durch die Vornahme bestimmter Arbeitsschritte. Damit stellte sich noch die weitere Frage: „Welche Schritte muss ich gehen, um die richtige Lösung zu finden?“

Aus dieser Fragestellung ergab sich die Zielrichtung dieses Skriptes. Es sollte der Weg aufgezeigt werden, um von der Fallfrage zur Lösung des Falls zu gelangen.

Die Lösung von Klausuren und Hausarbeiten folgt aus einem methodischen Vorgehen. Die juristische Methode zeigt auf, in welchen Arbeitsschritten und mit welchen Arbeitstechniken eine Falllösung zu erarbeiten ist. Eine Fallbearbeitung erfordert eine Vielzahl von Arbeitsschritten. Diese erfolgen im Wesentlichen in den drei Arbeitsbereichen: Fall, Gesetz, Lösung. Aus den Arbeitsbereichen ergeben sich die drei Stationen der Fallbearbeitung: Arbeit am Sachverhalt, Begutachtung des Sachverhalts, Formulierung der Lösung. Daraus folgen im Wesentlichen die drei Arbeitstätigkeiten: Lesearbeit, Denkarbeit, Schreibarbeit.

Innerhalb der ersten Station der Fallbearbeitung haben wir die Arbeit am Sachverhalt mittels der juristischen Lesetechnik kennen gelernt. Ziel es ist, den Sachverhalt richtig und vollständig aufzunehmen. Die Arbeit am Sachverhalt ist in zwei Arbeitsschritten vorzunehmen: Die Aufnahme des Sachverhalts und die Aufarbeitung des Sachverhalts. Zum Aufnehmen des Sachverhalts ist der Fall mit allen Sachverhaltsumständen durch gründliches Lesen zu erfassen. Das Aufarbeiten des Sachverhalts wird durch ein optisches Veranschaulichen des Sachverhalts und das Kenntlichmachen von Textpassagen sowie das Anfertigen einer Fallskizze ermöglicht.

Innerhalb der zweiten Station der Fallbearbeitung haben wir die Begutachtung des Sachverhalts mittels der juristischen Denktechnik kennen gelernt. Ziel der Begutachtung ist es, die Fallfrage richtig zu beantworten. Die Begutachtung ist der Weg von der Fallfrage bis zu deren Beantwortung. Für die Begutachtung sind drei Arbeitsschritte vorzunehmen. Zunächst ist die Aufgabenstellung durch ein Erfassen und Aufarbeiten der Fragestellung herauszuarbeiten. Anschließend sind im Rahmen einer Vorarbeit die einschlägigen Rechtsnormen zu suchen, zu sammeln und zu ordnen. Die eigentliche Begutachtung erfolgt durch das Anwenden des Rechts auf den Sachverhalt. Bei der Rechtsanwendung sind als Arbeitstechnik die juristischen Denktechniken, das juristische Handwerkszeug anzuwenden. Zu den juristischen Arbeitstechniken gehören insbesondere die Subsumtion, die Auslegung, die Lückenausfüllung, die teleologische Reduktion und die Entscheidung eines Meinungsstreits.

Innerhalb der dritten Station der Fallbearbeitung wurde das Anfertigen des Gutachtens mittels der juristischen Schreibtechnik vorgestellt. Ziel des Gutachtens ist es, den Gedankengang des Lösungswegs für den Leser nachvollziehbar darzustellen und ihn von der Richtigkeit der gefundenen Lösung zu überzeugen. Zur Anfertigung des Gutachtens sind zwei Arbeitsschritte vorzunehmen. Zunächst sollte im Rahmen einer Vorarbeit eine Lösungsskizze angefertigt werden, die den Gedankengang des Lösungswegs in Stichworten enthält. Grds. ist der Gedankengang der Begutachtung in Form des Gutachtenstils darzustellen. Die Formulierung der Lösung erfolgt durch Anwendung der juristischen Formulierungstechniken. Erforderlich ist eine schlüssige Darstellung durch eine geordnete Darlegung des Gedankengangs der Lösung. Begründungen dienen dazu, den Lösungsweg folgerichtig und nachvollziehbar zu formulieren. Mithilfe der juristischen Argumentation soll der Leser von der Richtigkeit der Lösung überzeugt werden.

B. Erkenntnisse („Die sieben Schritte zum Erfolg“)

Die Anfertigung einer Fallbearbeitung erfordert eine Vielzahl von Arbeitsschritten. Im Wesentlichen lassen sich sieben große Schrittfolgen herauskristallisieren („Die sieben Schritte zum Erfolg“). Die einzelnen Schritte sind jedoch bei der Bearbeitung nicht streng voneinander zu trennen. Vielmehr ist sowohl beim gedanklichen Erarbeiten der Lösung als auch bei deren Niederschrift ein ständiges Hin- und Herwandern der Gedanken zwischen Sachverhalt und Lösung erforderlich. Dieses Vorgehen ermöglicht eine ganzheitliche Bearbeitung und eine in sich geschlossene Lösung. Hierdurch wird eine sichere Grundlage für eine gelungene Bearbeitung geschaffen und damit der Grundstein für den Erfolg der Bearbeitung gelegt.

Im Einzelnen handelt es sich um folgende sieben Schritte (zum Erfolg):

1. Schritt: Aufnehmen des Sachverhalts

Der Sachverhalt ist durch ein unbefangenes und sorgfältiges mehrmaliges Durchlesen zu erfassen, bis er in seinen Grundzügen klar ist. Da das Recht im „Hin-Blick“ auf den Sachverhalt auszulegen und anzuwenden ist, muss man auch während der weiteren Falllösung immer wieder in den Sachverhalt hineinsehen, um Einzelheiten zu klären und die Richtigkeit des Lösungswegs zu kontrollieren. Der Sachverhalt ist möglichst auszuschöpfen, d.h. es sollte jede Angabe und jedes Argument verwertet werden. Der Bearbeiter ist an die tatsächlichen Angaben im Sachverhalt gebunden, nicht jedoch an Rechtsauffassungen der Beteiligten. Der Sachverhalt ist, soweit notwendig, auszulegen.

Grundsätzlich darf nichts verändert, weggelassen oder unterstellt werden. Unterstellt werden müssen aber Formalien sowie Tatsachen, deren Vorliegen nach der Lebenserfahrung als sehr wahrscheinlich erscheint.

2. Schritt: Aufarbeiten des Sachverhalts

Umfangreiche Sachverhalte sind durch optisches Veranschaulichen mittels Kenntlichmachen von Textpassagen und Anfertigen einer Fallskizze aufzuschlüsseln.

3. Schritt: Herausarbeiten der Fragestellung

Soweit die Fragestellung nicht genau vorgegeben ist, bedarf sie einer Auslegung. Ziel ist es, den Willen des Aufgabenstellers bzw. der am Lebenssachverhalt Beteiligten festzustellen, wobei es im Wesentlichen auf den im Sachverhalt angelegten Interessenkonflikt ankommt. Im Zweifel ist die Fragestellung problemfreundlich, d.h. weit auszulegen. Im Zivilrecht lautet die idealtypische Fragestellung: „Wer will von wem was warum woraus?“ Bei der Frage nach der Rechtslage sind alle Rechtsbeziehungen zwischen den Beteiligten zu prüfen. Im Strafrecht sind grds. alle in Betracht kommenden Straftatbestände zu prüfen. Im Öffentlichen Recht sind i.d.R. die Rechtmäßigkeit eines staatlichen Handelns sowie die prozessuale Seite zu prüfen. Bei komplizierten Sachverhalten ist eine Aufgliederung der Fragestellung in Teilfragen möglich, und zwar nach Sachverhaltsabschnitten, nach Personen (Zwei-Personen-Verhältnisse) und nach Rechtsfolgen bzw. Begehren. Ergebnis dieser Aufgliederung ist eine erste grobe Gliederung der Falllösung.

4. Schritt: Sammeln der Rechtsnormen

Erforderlich ist das Suchen, Auswählen und Ordnen der Rechtsnormen. Bei der Normsuche sind die für die Lösung des Falles relevanten Normen aufzufinden. Die Suche erfolgt anhand der unterschiedlichen Funktionen der Normen (Antwortnormen, Gegennormen, Hilfsnormen). Suchstrategien basieren auf einem unkritischen Sammeln von Einfällen und orientieren sich an dem Gesetz und am Sachverhalt. Das Gesetz sowie das Inhaltsverzeichnis sind „rauf und runter“ zu lesen. Der Sachverhalt ist zu Rate zu ziehen, indem man sich in die Positionen der Beteiligen versetzt und danach fragt, warum eine Rechtsfolge gewünscht oder abgelehnt wird. Die Auswahl der Rechtsnormen erfolgt zunächst nach dem Grundsatz der Vollständigkeit und anschließend einer Untersuchung ihrer Prüfungsrelevanz. Die verbliebenen Rechtsnormen sind in eine Rangfolge zu bringen, und zwar nach logischem Vorrang, Spezialvorschriften, prozessualem Vorrang und Parteibestimmung.

5. Schritt: Anwenden des Rechts

Die Rechtsanwendung besteht in der Anwendung des abstrakten Rechts auf den konkreten Sachverhalt. Die Anwendung erfolgt durch das juristische Handwerkszeug. Bei der Subsumtion sind Rechtsnorm und Lebenssachverhalt zusammenzuführen. Die Feststellung der Übereinstimmung zwischen Rechtsbegriff und Sachverhalt erfordert mehrfache Einzelbegriffssubsumtionen. Als Hilfsmittel zur Konkretisierung der Rechtsbegriffe sind Definitionen fallbezogen einzusetzen. Generalklauseln und wertungsoffene Rechtsbegriffe sind durch Bildung von Fallgruppen zu konkretisieren. Oft hilft dabei der Vergleich des zu lösenden Falls mit realen oder selbst gebildeten Normal- und Extremfällen. Unklare Rechtsbegriffe sind auszulegen. Dabei ist der Inhalt nach den Auslegungsmethoden Wortsinn, Bedeutungszusammenhang, Entstehungsgeschichte und Normzweck zu bestimmen. Um zu überzeugenden Begründungen zu gelangen, sind möglichst viele Gesichtspunkte zu kombinieren. Die Schließung von Regelungslücken kann erforderlich sein, wenn die wortgebundene Auslegung ergibt, dass keine Vorschrift den zu entscheidenden Fall erfasst. Dann ist zu prüfen, ob eine Analogie oder Rechtsfortbildung möglich ist. Voraussetzungen sind ein Regelungsbedürfnis, eine planwidrige Lücke und eine vergleichbare Interessenlage. Ergibt die wortgebundene Auslegung, dass die Vorschrift den zu entscheidenden Fall eindeutig erfasst, so bleibt sie im Wege der teleologischen Reduktion gleichwohl unanwendbar, wenn sich Normzweck und Interessenlage des Falls wesentlich unterschieden.

6. Schritt: Anfertigen einer Lösungsskizze

Vor der Niederschrift des Gutachtens sind alle zu prüfenden Rechtsnormen (Anspruchsgrundlagen und Gegennormen) in einer Lösungsskizze festzuhalten. Die Skizze enthält sämtliche Tatbestandsmerkmale in der Reihenfolge ihrer Prüfung, bezeichnet die Problemschwerpunkte und gibt an schwierigen Stellen die wesentlichen Argumente in Stichworten an. Gedankenschritte, die gleichrangig einen übergeordneten Gedanken begründen, erhalten gleichstufige Gliederungspunkte. Gedankenschritte, bei denen ein Gedanke den anderen begründet, erhalten verschiedenstufige Gliederungspunkte.

7. Schritt: Formulieren des Gutachtens

In der Formulierung des Gutachtens wird der Gedankengang der rechtlichen Begutachtung dargestellt. Darstellungsform ist grds. der Gutachtenstil, d.h. es wird von der Fragestellung Schritt für Schritt zum Ergebnis gefolgert. Die juristische Formulierungstechnik erfordert eine schlüssige Darstellung. Die Gedanken sind folgerichtig und nachvollziehbar zu formulieren. Das Gutachten enthält nur den tragenden Gedankengang, also nur diejenigen Vorschriften oder rechtlichen Gesichtspunkte, aus denen sich die gesuchte Rechtsfolge entweder positiv ergibt oder ernsthaft ergeben könnte. Innerhalb des tragenden Gedankengangs werden problematische Prüfungspunkte so ausführlich wie möglich behandelt. Unproblematische Prüfungspunkte werden so knapp wie möglich im Urteilsstil formuliert. Unproblematisch ist ein Prüfungspunkt immer dann, wenn ein verständiger Jurist weder das Ergebnis noch dessen Begründung bestreiten würde. Sofern es sich um eine Vorschrift handelt, deren Vorliegen oder Nichtvorliegen unproblematisch verneint werden kann, ist stets eine, wenn auch nur ganz kurze Subsumtion erforderlich. Problematische Prüfungspunkte, auf die es für die Lösung ankommt, sind dem Leser zunächst anhand eines rechtlichen Aufhängers vorzustellen. Zur Begründung sind die gefundenen Aussagen und Ergebnisse nachvollziehbar und einsichtig zu machen. Durch die Argumentation ist der Leser von der Richtigkeit des Ergebnisses zu überzeugen. Bei der Darstellung eines Meinungsstreits sind die verschiedenen Ansichten mit den Folgen für die konkrete Lösung darzustellen. Ergeben sich unterschiedliche Ergebnisse, ist eine Streitentscheidung aufgrund eigener argumentativer Überzeugung vorzunehmen. Am Ende der Niederschrift ist die Lösung in einem abschließenden Ergebnissatz zu formulieren. Die sprachliche Darstellung orientiert sich an der Erwartungshaltung des Lesers. Die Formulierungen sollten klar verständlich und knapp sein. Die Wortwahl sollte zutreffend, anschaulich und abwechslungsreich sein. Bei der Sprache ist auf Sachlichkeit und guten Stil zu achten. Die Regeln der Rechtschreibung, Grammatik und Zeichensetzung sind richtig anzuwenden.

C. Ausblick

Das vorliegende Skript hat die Methodik der Fallbearbeitung aufgezeigt. Dabei wurde deutlich, wie wichtig es ist, bei der Bearbeitung eines Falls planmäßig vorzugehen, um zur richtigen Lösung zu gelangen. Die Überlegungen waren in erster Linie theoretischer Natur. Wer Interesse an der Methodik der Fallbearbeitung gefunden hat, findet im Literaturverzeichnis weiterführende Literatur zur Vertiefung des Wissens.

Entscheidend ist es nun in erster Linie, die Erkenntnisse in die Praxis umzusetzen. Das erworbene Wissen muss sich in der Praxis bewähren. Das bedeutet: Das Schreiben von Klausuren und Hausarbeiten muss geübt werden. Üben heißt insbesondere, möglichst viele Klausuren zu schreiben („Klausurtraining"). Die praktische Anwendung ermöglicht es, die Technik der Fallbearbeitung zu verinnerlichen und Erfahrungen zu sammeln („auf die Dauer wird man schlauer").

Erst die Erfahrung bringt die notwendige Routine der Fallbearbeitung. Das schafft Sicherheit, sich auch an die Lösung neuer Fälle ohne Angst heranzuwagen. Damit schwindet auch die Furcht vor unbekannten Fällen („keine Angst vor unbekannten Fällen"). Wer das Prinzip beherrscht kann jeden Fall lösen. Jeder neue Fall bedeutet auch eine Herausforderung. Wichtig dabei ist der unbedingte Wille, die gestellte Aufgabe zu meistern und den Fall in den Griff zu bekommen. Wer sich mit einer Falllösung beschäftigt, ist meist allein. In einer Klausur ist man der einsamste Mensch der Welt. Diese Situation sollte auch bei schwierigen und unbekannten Materien nicht zur Verzweiflung führen. Wer die juristische Methode kennt und anzuwenden vermag, wird auch bei unübersichtlichen und komplizierten Fällen sicher einen Weg zur Lösung beschreiten können. Das Beherrschen der Klausur- und Hausarbeitstechnik gewährleistet eine sichere Basis für das Bestehen des Examens und ermöglicht es auch, in höhere Punktebereiche vorzudringen.

Wer weiß, welche Schritte er zu gehen hat, verfügt über die erforderliche Orientierung, sich eine Lösung zu erarbeiten. Mit jedem Schreiben einer Klausur wird man sicherer auf dem Weg der Fallbearbeitung. Damit kommt man gleichzeitig dem eigentlichen Ziel näher, dem juristischen Staatsexamen. Jede Falllösung ist ein Schritt zum Examen.

D. Orientierung

In der mühevollen Situation einer Fallbearbeitung, insbesondere bei einer Prüfungsarbeit, kann es hilfreich sein, sich an eine alte chinesische Weisheit zu erinnern:

Ein chinesisches Sprichwort sagt:

„Der Weg ist das Ziel“ (siehe Anlage 10)

Diese Weisheit lässt sich auch auf die Fallbearbeitung übertragen. Auch bei einer juristischen Fallbearbeitung ist der Weg das Ziel. Entscheidend ist nicht das Ergebnis, sondern der Lösungsweg. Daraus lässt sich die weitere Erkenntnis ableiten:

„Der Weg führt zum Ziel“

Bei konsequenter Anwendung der Methoden der Fallbearbeitung führt der richtige Weg zum richtigen Ziel, dem richtigen Ergebnis. Wer die richtigen Schritte geht, befindet sich auf dem Weg zur richtigen Lösung.

Ich hoffe, die Einhaltung des aufgezeigten Weges führt jeden, der die Methodik der Fallbearbeitung gelesen hat, zum Ziel, dem juristischen Staatsexamen.

Viel Glück!

Anlagen

Anlage 1: Schaubild Methodik der Fallbearbeitung

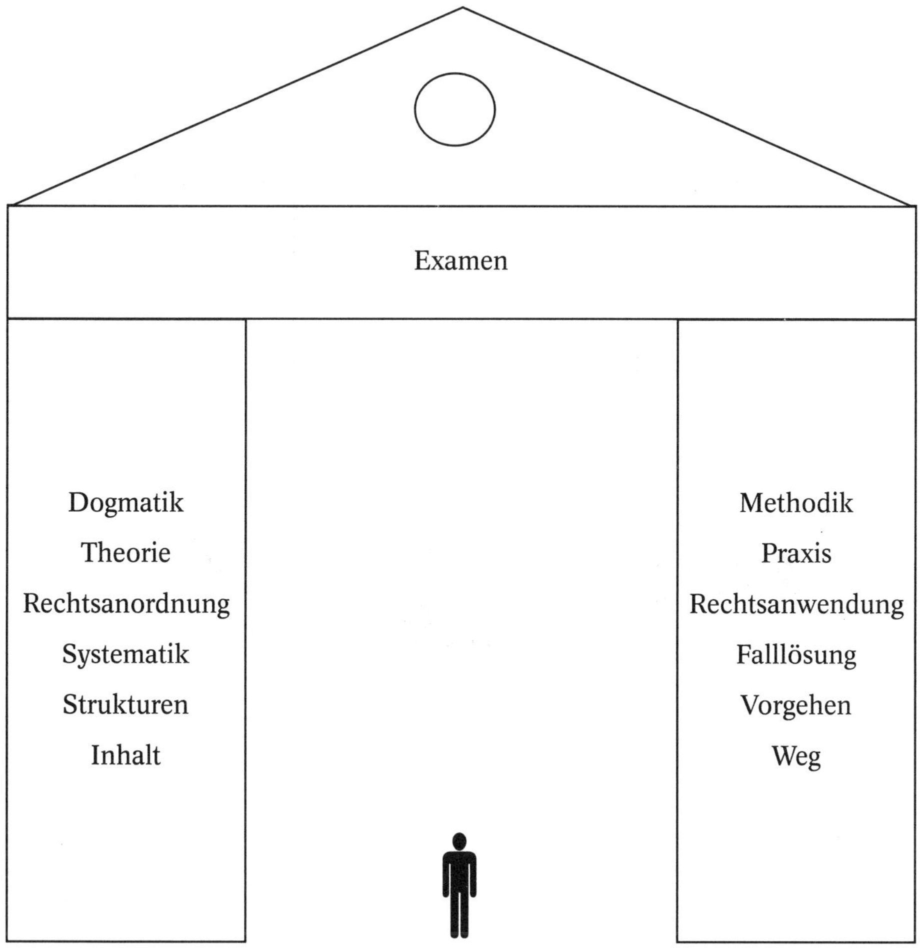

Anlage 2: Schaubild Die drei großen Arbeitsbereiche

Anlage 3: Typische zivilrechtliche Lebenssachverhalte

warum: Der zu entscheidende Lebenssachverhalt		**woraus:** Zugehörige Anspruchsgrundlagen
Erklärung abgegeben	▸ vorvertragliche Pflichten verletzt	§ 311 Abs. 2 BGB
	▸ Leistungsversprechen	Erfüllungsanspruch, z.B. § 433, § 516, § 535, § 611 BGB usw.
	▸ Pflichtverletzung	§ 280 Abs. 1, § 280 Abs. 3, § 281, § 283 BGB; spezielle Gewährleistungsansprüche, z.B. § 437, § 536, § 634 BGB
	▸ Vertragsbeendigung (Rücktritt, Kündigung)	§§ 346 ff., § 314, § 543 BGB
	▸ Zweckverfehlung	§ 313, § 812 BGB
Tätigkeit für einen anderen	▸ Fremdgeschäftsführung	§§ 677 ff., § 670 BGB
	▸ Eigengeschäftsführung	§ 687 Abs. 2 BGB
	▸ Gesamtschuldnerausgeich	§ 426 BGB
	▸ Verwendungen Wertverbesserungen	§§ 994 ff. BGB
	▸ sonstige Aufwendungen	§ 812 BGB
	▸ Schadensregress	§ 255 BGB
Eingriff in Rechte	▸ Vorenthaltung Sache	§ 985, § 1007, § 861 BGB
	▸ Rechtsverletzung	§§ 823 ff. BGB; Gefährdungshaftung, z.B. § 7 StVG, §§ 989 ff. BGB
	▸ Eingriff in Zuweisungsgehalt	§ 812, §§ 987 ff. BGB
	▸ Eigentumsverlust	§§ 946 ff., § 951, § 812 BGB
	▸ Verfügung eines Nichtberechtigten	§ 816, § 687 Abs. 2 BGB
	▸ Rechtsbeeinträchtigung	§ 1004, §§ 823, 1004 BGB

Anlage 4: Muster Deckblatt

NN

Straße

Wohnort

Matrikelnummer

Semester

Hausarbeit
im Rahmen der
Übungen
im Bürgerlichen Recht
für Fortgeschrittene

SS 2000

bei
Prof. Dr. NN
Universität

Anlage 5: Muster Gliederung

G l i e d e r u n g

Anlage 6: Muster Literaturverzeichnis

▶ 1. Möglichkeit

Literaturverzeichnis
===========================

AK	Reihe Alternativkommentare Kommentar zum Bürgerlichen Gesetzbuch Band 3 Besonderes Schuldrecht Neuwied 1979
Bartl	Zum gegenwärtigen Stand des Reiserechts in: NJW 1978, 729
	Das neue „Reisevertragsrecht" in: NJW 1979, 1384
	Reiserecht Kommentar zum Reisevertragsgesetz 2. Auflage, Bonn 1981
	Zum Stand des Reiserechts in: NJW 1983, 1092

▶ 2. Möglichkeit

Kaufmann, Arthur: Beiträge zur Juristischen Hermeneutik, Köln, Berlin, Bonn, München 1984

– Das Problem der Abhängigkeit des Strafrichters vom medizinischen Sachverständigen, JZ 1985, 165–1072

– Über die Wissenschaftlichkeit der Rechtswissenschaft, ARSP 72 (1986), 425–442

– Prozedurale Theorien der Gerechtigkeit, München 1989

– Recht und Rationalität, in: Rechtsstaat und Menschenwürde, Festschrift für W. Maihofer, Frankfurt a.M. 1988, 11–39

Kaufmann, Arthur/Hassemer, Winfried: Einführung in Rechtsphilosophie und Rechtstheorie der Gegenwart, 5. Aufl., Heidelberg 1980

Keller, Hugo: Der so genannte Beurteilungsspielraum in der verwaltungsgerichtlichen Prozesspraxis, NJW 1966, 857–863

Kelsen, Hans: Reine Rechtslehre, 2. Aufl., Wien 1960

– Hauptprobleme der Staatsrechtslehre, Entwickelt aus der Lehre vom Rechtssatze; Unveränderter Neudruck der zweiten, um eine Vorrede vermehrten Aufl., Tübingen 1923, Aalen 1960

– Allgemeine Theorie der Normen, Wien 1979

Anlage 7: Muster Abkürzungsverzeichnis

Abkürzungsverzeichnis

a.a.O.	am angegebenen Ort
Abs.	Absatz
AcP	Archiv für civilistische Praxis
Anm.	Anmerkung
AöR	Archiv für öffentliches Recht
ARSP	Archiv für Rechts- und Sozialphilosophie
Art.	Artikel
Aufl.	Auflage
BArBl.	Bundesarbeitsblatt
BayVGH	Bayrischer Verwaltungsgerichtshof
BB	Der Betriebs-Berater
Bd.	Band
Bde.	Bände
BG	Berufsgenossenschaft
BGB	Bürgerliches Gesetzbuch
BGBl.	Bundesgesetzblatt
BGH	Bundesgerichtshof
BGHZ	Entscheidungen des Bundesgerichtshofes in Zivilsachen
BSG	Bundessozialgericht
BSGE	Entscheidungen des Bundessozialgerichts
BT-Ds.	Bundestags-Drucksache
BVerfG	Bundesverfassungsgericht
BVerfGE	Entscheidungen des Bundesverfassungsgerichts
BVerwGE	Entscheidungen des Bundesverwaltungsgerichts
d.h.	das heißt
DÄ	Deutsches Ärzteblatt
dens.	denselben
ders.	derselben
dies.	dieselben
Diss.	Dissertation
DJT	Deutscher Juristentag
DOK	Die Ortskrankenkasse

Anlage 8: Muster Literaturkarte/Zitatkarte

L K M AUF S	LITERATURKARTE	

VERFASSER: ____________________

TITEL: ____________________

____

____

____

AUFLAGE: ____________ JAHR: ____________

ZEITSCHRIFT: ____________ JAHRGANG, SEITE: ____________

ZITIERT: ____________________

L K M AUF S	ZITATKARTE	SIGN.:

STICHWORT: ____________________

ZU §: ____________________

ZITAT: wörtlich O sinngemäß O

____

____

____

____

____

Anlage 9: Lateinische Begriffe

Merke: Latein ist eine vergangene Sprache. Aber Mediziner und Juristen nutzen sie, um sich von der Allgemeinheit abzugrenzen. Nachfolgend eine Auswahl der wichtigsten Begriffe, Redewendungen, abgeleiteten Begriffe zum „Würzen" einer Klausur oder Hausarbeit:

Aberratio ictus: Fehlgehen der Tat; Straftäter trifft statt des vorgesehenen Tatobjektes ein anderes: RF: Versuch bzgl. des anvisierten und Fahrlässigkeitsdelikt bzgl. des getroffenen Objekts (sofern Fahrlässigkeit unter Strafe gestellt).

Abstraktionsprinzip: Trennung zwischen schuldrechtlichem und dinglichem Rechtsgeschäft; d.h. Nichtigkeit des einen Rechtsgeschäfts lässt Wirksamkeit des anderen Rechtsgeschäfts unberührt.

actio: Klagemöglichkeit, Klage, Handlung

actio illicita in causa: Rechtsfigur der provozierten Notwehr

actio pro socio: Bei Personengesellschaften kann ein einzelner Gesellschafter den allen Gesellschaftern als Gesamthandsgemeinschaft gegen einen anderen einzelnen Gesellschafter zustehenden Anspruch in Notfällen einklagen (= Notklagerecht).

actus contrarius: Rechtshandlung oder Rechtsgeschäft, das das Gegenteil eines früher abgeschlossenen bezweckt, i.d.R. dessen Aufhebung bzw. Rückgängigmachung

Akkusationsprinzip: Anklagegrundsatz (prozessual: „Wo kein (An-)Kläger, da kein Richter)"

Akzessorietät: Abhängigkeit einer Sicherheit von der zu sichernden Forderung. Akzessorische Sicherheiten sind in § 401 BGB aufgeführt (Gegensatz: abstrakte Sicherheiten, z.B. Grundschuld, Sicherungsübereignung)

alias facturus: siehe omni modo facturus

aliud: Falschlieferung, in Abgrenzung zur Schlechtleistung i.S.d. Gewährleistungsrechts

Amortisation: Allmähliche Tilgung (meist langfristig) einer Verbindlichkeit

Amortisationshypothek: Tilgungshypothek

ante: Vorher; antezipiert -> vorweggenommen (z.B. Einigung); eingedeutscht: antizipiert

argumentum a maiore ad minus: Vom Größeren auf das Kleinere

argumentum a minore ad maius: Vom Kleineren auf das Größere

argumentum a simili: Vergleichende Betrachtung

argumentum ad absurdum: Unerwünschte Folgenbetrachtung

argumentum e contrario: Umkehrschluss

argumentum ex (arg. ex): Argument aus

Bona fides: Guter Glaube, relevant z.B. bei §§ 892, 932 BGB

Bonität: Guter Ruf im Hinblick auf Zahlungsfähigkeit des Schuldners

(Übereignung) brevi manu: Eigentumsübertragung „kurzer Hand" = Übereignung ohne Übergabe, § 929 S. 2 BGB

Causa: Rechtsgrund -> für die Vornahme des dinglichen Rechtsgeschäfts (= Kausalverhältnis = schuldrechtlicher Vertrag, z.B. §§ 433, 535 BGB)

(condictio) causa data non secuta: Zweckverfehlung i.S.d. § 812 Abs. 1 S. 2, 2. Alt. BGB

cessio: Abtretung, Zessionar, Zedent -> s. dort

cessio legis: Automatischer Forderungsübergang per Gesetz (z.B. bei § 426 Abs. 2, § 774, § 1143 BGB)

condictio indebiti: Kondiktion aus § 812 Abs. 1 S. 1, 1. Alt. BGB (Rechtsgrund fehlt von Anfang an)

condictio ob rem oder condictio ob causam finitam: Kondiktion aus § 812 Abs. 1 S. 2, 1. Alt. BGB (Rechtsgrund später weggefallen)

contra legem: Gegen das Gesetz

culpa in contrahendo (c.i.c.): Verschulden bei Vertragsschluss

culpa in eligendo: Verschulden bei der Auswahl

De facto: in Wirklichkeit/faktisch

de iure: von Rechts wegen

de lege artis: nach den Regeln der (ärztlichen, anwaltlichen) Kunst = fachgerechte Ausführung

de lege ferenda: vom Standpunkt des künftigen Gesetzes aus (Rechtsfortbildung)

de lege lata: nach geltendem Recht

Debet: Schuld, nicht i.S.v. Verschulden, sondern i.S.v. Verbindlichkeit

Debitor: Schuldner = debitorisches Konto

Delkredere: bes. Art des Garantievertrages bei Handelsvertretern und Kommissionären

Dereliktion: Eigentumsaufgabe

Derivativer Erwerb: abgeleiteter Erwerb (einer Forderung, einer Sache, eines Rechts = Zweiterwerb); Gegensatz: originärer Erwerb = s. dort

Devide et impera: teile und regiere

Devolutiveffekt: „Höherwälzungseffekt“: Bei Einlegung von Rechtsmitteln wird der Rechtsstreit in der höheren Instanz geführt.

Dilatorische Einrede: Aufschiebende Einrede in Bezug auf Klägeranspruch, z.B. Stundung; anders: peremptorische Einrede, s. dort

diligentia quam in suis: Sorgfalt wie in eigenen Angelegenheiten, § 277 BGB

Dispositionsmaxime: Verfügungsgrundsatz im Zivilprozess

Dispens: Aufhebung eines repressiven gesetzlichen Verbots für den Einzelfall (im Verwaltungsrecht)

Dissens: Meinungsverschiedenheit bezüglich bestimmter vertragsbegründender Fragen, §§ 154, 155 BGB - Gegensatz: Konsens, s. dort

do ut des: „Ich gebe, damit du gibst“ = gegenseitiger synallagmatischer Vertrag i.S.v. §§ 320 ff. BGB

dolo facit (agit), qui petit, quod statim redditurus est: Arglistig handelt, wer eine Leistung fordert, die er aus einem anderen Rechtsgrund sofort zurückgeben muss (Fall für § 242 BGB)

dolos: arglistig

dolus: Vorsatz

dolus directus: unbedingter Vorsatz

dolus eventualis: Eventualvorsatz

dolus generalis: In den Fällen, in denen ein einheitliches Tatgeschehen vorliegt, soll es genügen, wenn Vorsatz im ersten Handlungsakt (von mehreren) vorhanden war, der sich dann auch auf das anschließende Gesamtgeschehen erstrecken soll (Mindermeinung im StrR).

dolus subsequens (non nocet): Nachträgliche Billigung des unvorsätzlich Verwirklichten (schadet dem Täter nicht)

Error in persona vel in objecto: Irrtum in der Person oder im Objekt. Schadet (im StrafR) nicht, wenn Gleichwertigkeit der Tatobjekte, weil dann nur unbeachtlicher Motivirrtum des Täters

essentialia negotii: Die Mindestbestandteile eines Vertrages, über die man sich einigen muss (i.d.R.: Parteien, Leistung, Gegenleistung)

ex nunc: Von jetzt ab; Gegensatz = ex tunc, s. dort

ex tunc: Rückwirkend; Gegensatz = ex nunc, s. dort

exeptio: Einrede

exeptio doli: Einrede der Arglist

Exculpation: Sich vom Vorwurf des Verschuldens befreien, z. B. § 831 Abs. 1 S. 2 BGB

Falsa demonstratio non nocet: Die falsche Bezeichnung schadet nicht

furtum usus: Gebrauchsanmaßung <-> Abgrenzung zur Zueignungsabsicht i.S.v. § 242 StGB

In dubio contra reum: Im Zweifel gegen den Angeklagten (im StGB die Ausnahme, aber z.B. in § 186 StGB)

in dubio mitius: Im Zweifel soll dem Angeklagten unter verschiedenen strafrechtlichen Anwendungsmöglichkeiten die ihm günstigere zukommen.

in dubio pro reo: Im Zweifel für den Angeklagten

Idemnität: Strafrechtliche Verantwortungsfreiheit des Parlamentariers für Ab-stimmung/ Äußerung eines Abgeordneten im parlamentarischen Bereich

ignorantia facti: Der nicht Irrende -> mangels Fehlvorstellung keine Irrtumserregung i.S.v. § 263 StGB

Immunität: Während der Dauer des Mandates darf Abgeordneter wegen einer mit Strafe bedrohten Handlung nur mit Einwilligung des Bundestages zur Verantwortung gezogen werden.

Indossament: Rechtsgeschäftliche Erklärung, durch die der Indossant (= Übertragende) bei Orderpapieren (z.B. Wechsel) die Rechte aus dem Papier auf den Indossatar (= Erwerber) überträgt. -> Aus dem Italienischen: in dosso = auf die Rückseite (des Wechsels)

Ingerenz: Begründung einer Garantenpflicht (Unterlassen i.S.v. § 13 StGB) durch pflichtwidriges, vorangegangenes Tun

inter partes: zwischen den Parteien (z.B. Rechtskraftwirkung)

invitatio ad offerendum: Die Einladung (an die andere Seite), ein Angebot abzugeben = bloße Aufforderung zum Angebot

iudex a quo: Bezeichnung für den Richter (das Gericht), dessen Entscheidung angefochten worden ist = der Richter, der die Entscheidung getroffen hat; Gegensatz: iudex ad quem, s. dort

iudex ad quem: Bezeichnung für den Richter, der über das Rechtsmittel zu entscheiden hat = der Richter, zu dem es „hingeht"; Gegensatz: iudex a quo, s. dort

iudex non calculat: Ein Richter kalkuliert nicht -> er rechnet nicht die (genauen) Kosten des Prozesses aus (-> das macht vielmehr der Kostenbeamte beim Kostenfestsetzungsbeschluss)

Konnexität: Verbindung, z.B. zwischen Anspruch und Gegenanspruch = Voraussetzung für das Zurückbehaltungsrecht gem. § 273 Abs. 1 BGB

Konsens: Einigung (vertraglich); Gegensatz: Dissens, s. dort

Lex specialis (lex spec.): Speziellere Gesetzesmaterie

lege artis: Nach den Regeln der Kunst

lucidum intervallum: Lichter Augenblick (in dem ein geistig Gestörter zurechnungsfähig ist)

luxuria: bewusste Fahrlässigkeit

Nasciturus (pro iam nato habetur): Leibesfrucht (wird einem schon geborenen Kind gleichgesetzt, s. § 1923 Abs. 2 BGB)

ne bis in idem: Nicht zweimal in derselben Sache. Verbot der erneuten Strafverfolgung des Täters wegen ders. Tat, Strafklageverbrauch, Art. 103 GG

ne (eat iudex) ultra petita partium: Prozessualer Grundsatz, dass keiner Parteien durch eine gerichtliche Entscheidung mehr oder etwas anderes zugesprochen werden darf, als sie beantragt hat, s. § 308 ZPO

neminem leddere: Man soll niemanden schädigen

non liquet: Es besteht keine Klarheit, deswegen: Ist das Ergebnis einer Beweisaufnahme „non liquet", so verliert die beweispflichtige Partei den Prozess

nomen est omen: Der Name ist Omen (= sagt alles)

Omni modo facturus: Der auf jeden Fall zur Tat entschlossene Straftäter = kann nicht i.S.v. § 26 StGB angestiftet werden

originärer Erwerb: Erstmaliger Erwerb; Gegensatz: Derivativer Erwerb, s. dort

Pacta sunt servanda: Verträge müssen eingehalten (erfüllt) werden

pactum de non cedendo: Vereinbartes Abtretungsverbot, i.S.v. § 399, 2. Alt. BGB

pactum de non petendo: Stundungsabrede

possessorische Ansprüche: Besitzschutzansprüche, §§ 859 ff. BGB = schützen Besitzer als solchen, sind unabhängig vom Recht zum Besitz; Gegensatz: petitorische Ansprüche, s. dort

petitorische Ansprüche: Ansprüche, die auf das Recht zum Besitz abstellen, z.B. § 985 BGB (wegen § 986 BGB)

post: Nachträglich, danach

Präklusion: Ausschluss eines Anspruchs/Vorbringens, z.B. § 767 Abs. 2 ZPO

Prätendent: Anspruchsteller

peremptorische Einreden: Einreden, die der Durchsetzung eines Anspruchs auf Dauer entgegenstehen, z.B. Verjährung; Gegensatz: dilatorische Einreden, s. dort

prima-facie-Beweis: Beweis des ersten Anscheins, Anscheinsbeweis = bei typischen Lebenssachverhalten kann zunächst ein Tatbestandsmerkmal, z.B. Kausalität oder Verschulden, vermutet werden. Der Gegner muss dann einen atypischen Lebenssachverhalt darlegen und beweisen! Anderenfalls verliert er den Prozess.

procedere: Vorgehensweise

protestatio facto contraria: Gültigkeit einer Willenserklärung trotz Widerspruchs durch tats. Verhalten

Ratio legis: Sinn des Gesetzes

reformatio in peius: Verschlechterungsverbot bei Einlegung von Rechtsmitteln, z.B. § 331 StPO

rei vindicatio: Klageanspruch auf Herausgabe einer Sache = § 985 BGB -> E-B-V -> Vindikationslage

Remittent: Erster Wechselnehmer = 1. Gläubiger

reservatio mentalis: Geheimer Vorbehalt bei Abgabe einer Willenserklärung, gemäß § 116 BGB unbeachtlich

Sequestration: Begriff der Zwangsverwaltung (Absondern/Trennen) -> Sequester: Zwangsverwalter

se ut dominum gerere: Sich wie ein Eigentümer aufführen = relevant bei Zueignungsabsicht i.S.v. § 242 StGB

spiritus loci: Geist, Empfinden des Ortes

Suspensiveffekt: „Aufschubeffekt“, Hemmung der formellen Rechtskraft, also Hemmung der Unanfechtbarkeit durch Einlegung von Rechtsmitteln

synallagmatisch: In wechselseitiger Abhängigkeit stehend; s. do ut des

Universalsukzession: Gesamtrechtsnachfolge = Vermögen des Erblassers geht als Ganzes auf den Erben über, § 1922 BGB

Venire contra factum proprium: Zuwiderhandlung gegen eigenes früheres Verhalten -> widersprüchliches Verhalten (Fall des § 242 BGB)

vis absoluta: Absolute Gewalt durch Ausschalten der Willensbildung, z.B. Schubsen

vis compulsiva: Beugende Gewalt (z.B. Erzwingen einer Unterschrift durch Schläge)

volenti non fit iniuria: „Dem Einwilligenden geschieht kein Unrecht“ -> rechtfertigende Einwilligung

Zession (cessio): Abtretung

Zedent: Der Abtretende

Zessionar: Der Erwerber der Forderung

Zessionsregress: Regress nach einer Abtretung (z.B. nach § 255, § 285 BGB)

Anlage 10: Orientierung – chinesische Weisheit

道路本身是目标

„Der Weg ist das Ziel“

STICHWORTVERZEICHNIS

Die Zahlen verweisen auf die Seiten.

– – –

Klausurenkurs ...

... das Problem

Wer es nicht geübt hat, unter Zeitdruck einen **anspruchsvollen** Fall mit **Problemen** „quer durch den Garten" in den Griff zu bekommen, hat in der **schriftlichen** Examens-Prüfung **keine Chance**.

Nur das **ständige** Schreiben von Klausuren mit **Examensniveau** und die daraus resultierende Einübung ständig wiederkehrender **Problemstellungen** und **Aufbauproblematiken** kann Sie **sicher** auf die Anforderungen in den schriftlichen Prüfungen vorbereiten.

ALPMANN SCHMIDT

Juristische Lehrgänge

... die Lösung

Eignen Sie sich die für das schriftliche Examen unentbehrliche **Klausurroutine** mit unseren **Examensklausurenkursen** an.

Lösen Sie die Klausuren und senden Sie Ihre Bearbeitung ein. Ihre Niederschrift wird **ausführlich korrigiert** und **individuell benotet**.

... zur Vorbereitung auf das 1. Juristische Staatsexamen

Dieser Fernklausurenkurs bietet wöchentlich zwei Fälle, einen aus dem Zivilrecht sowie abwechselnd einen aus dem Strafrecht und dem öffentlichen Recht mit dem von Ihnen gewählten Landesrecht. Zusätzlich erscheinen in regelmäßigem Abstand sog. Spezialklausuren mit Aufgaben aus Wahlfachgruppen.

Zwei Wochen später erhalten Sie eine ausführliche Musterlösung mit dem aktuellsten Stand von Rechtsprechung und Literatur, sodass keine Fragen mehr offen bleiben.

Klausuren

Die Alpmann-Cards

Neu im Programm

... damit Sie im Examen gute Karten haben!

Alles, was für Sie wirklich wichtig ist:

Das **Grundwissen** eines Rechtsgebietes übersichtlich gegliedert auf handlichen Karten. **Maxi-Wissen im Mini-Format.**

Einfaches Lernen, schnelle und systematische Überprüfung des relevanten Wissens. **Die ideale Vorbereitung auf die Examensklausuren.**

Alpmann-Cards
Karteikarten

Die Karten sind ab sofort zu beziehen über den Buchhandel, Alpmann Schmidt oder unter www.alpmann-schmidt.de.

Unser Skriptenangebot:
Alles was Recht ist

ALPMANN SCHMIDT
Juristische Lehrgänge

Startwissen für Einsteiger		€
BGB-Trainer I	2002	12,50
ÖR-Trainer	2002	12,50
StGB-Trainer	2002	12,50

Zivilrecht		€
BGB AT 1	2002	16,40
BGB AT 2	2002	16,40
Express – Reform des Schuldrechts Das neue BGB	2002	14,90
Schuldrecht AT 1	in Überarbeitung	
Schuldrecht AT 2	2002	19,90
Schuldrecht BT 1	2002	19,90
Schuldrecht BT 2	2002	19,90
Schuldrecht BT 3	in Überarbeitung	
Schuldrecht BT 4	2002	19,90
Sachenrecht 1	2002	15,10
Sachenrecht 2	in Überarbeitung	
Sachenrecht 3	2002	14,30
Familienrecht	***2003***	***16,90***
Erbrecht	2002	17,90

Strafrecht		€
Strafrecht AT 1	2001	20,20
Strafrecht AT 2	2001	23,60
Strafrecht BT 1	2002	24,90
Strafrecht BT 2	***2003***	***19,90***
Strafrecht BT 3	in Überarbeitung	

Öffentliches Recht		€
Verfassungsrecht	2001	23,30
Grundrechte	***2003***	***24,90***
Europarecht	***2003***	***19,90***
Verwaltungsrecht AT 1	2002	20,50
Verwaltungsrecht AT 2	***2003***	***24,90***
VwGO	***2003***	***23,00***
Bes. OrdnungsR (VerwR BT 1)	2002	18,90
Öff. Baurecht (VerwR BT 2)	2002	15,90
Umweltrecht (VerwR BT 2)	in Überarbeitung	
PolizeiR u. Allg. OrdnungsR	in Überarbeitung	
PolizeiR u. Allg. OrdnungsR NRW	in Vorbereitung	
Kommunalrecht NRW	2002	19,90
Bayerisches Kommunalrecht	2000	18,40

Nebengebiete/Wahlfachgruppen		€
Handelsrecht	2002	16,80
Gesellschaftsrecht	in Überarbeitung	
Arbeitsrecht	***2003***	***24,90***
Wertpapierrecht	2001	16,70
Internationales Privatrecht	2002	15,00
ZPO	2002	23,40
StPO	2002	20,50
Kriminologie	2001	20,20
Beamtenrecht	2002	10,50
Kartell- und Wettbewerbsrecht	2001	15,10

Grundlagen		€
Klausur und Hausarbeit	***2003***	***19,90***
Grundstrukturen/Aufbauschemata Zivilrecht	in Überarbeitung	
Strafrecht	2002	20,40
Öffentliches Recht	2002	20,40
Rechtsgeschichte	2000	23,40
Rechtsphilosophie	2002	16,70
Studium und Referendariat BW	2000	5,10
Introduction to English Civil Law I	2002	20,20
English Civil Law II	2002	18,40
Introduction to the US-American Legal System I	2002	22,90
US-American Legal System II	***2003***	***22,90***

Assessorexamen		€
Vollstreckungsrecht 1	2002	21,90
Vollstreckungsrecht 2	2002	24,90
Insolvenzrecht	2002	15,10
Zivilprozess – Stagen und Examen	***2003***	***24,90***
Die zivilrechtl. Anwaltsklausur im Assessorexamen	2002	25,40
Die zivilgerichtliche Assessorklausur	***2003***	***24,90***
Die strafrechtliche Assessorklausur 1	2001	19,90
Assessorklausur 2	2002	18,90
Die öffentlich-rechtliche Assessorklausur	***2003***	***24,90***

Steuerrecht		€
Allgemeines Steuerrecht	in Überarbeitung	
Umsatzsteuerrecht	***2003***	***23,90***
Einkommensteuerrecht	2002	23,60
Erbschaftsteuerrecht	2000	20,40
Steuerstrafrecht	***2003***	***15,90***
Bilanzsteuerrecht	2002	25,50
Internationales Steuerrecht	***2003***	***13,50***

Die GmbH in der Beratungspraxis	2002	24,80

Kurse
Kursunterlagen
Karteikarten
Klausuren
Aufbauschemata
Rechtsprechungs Übersicht
RÜ-CD-ROM
Memo-Check
AS-Online

Skripten

Stand: Mai 2003

ALPMANN SCHMIDT
Postfach 1169 · 48001 Münster
Annette-Allee 35 · 48149 Münster
Tel.: 0251-98109-33/28 (Verkauf Verlagsprodukte)
Tel.: 0251-98109-36 (Klausurenkurse / RÜ / JP)
Tel.: 0251-527830 (Schulungszentrum)
Fax: 0251-98109-62
AS-Online: www.alpmann-schmidt.de